U0607103

教育部高职高专文秘类专业教学指导委员会
"十二五"规划教材

秘书职业基础、职业技术与技能训练系列

秘书思维训练

主 编 王瑞成 张春玲

重庆大学出版社

内容提要

　　本书是根据高等职业教育人才培养要求,以"学生发展为本"为指导,为高职高专文秘专业学生打造的特色教材。全书共五篇十九部分,其中包括 5 个训练模块(模块 1 侧重于非逻辑思维训练;模块 2 侧重于逻辑思维训练;模块 3 是建立在前两个模块基础上的综合训练;模块 4 为秘书活动思维训练;模块 5 是秘书工作思维案例),呈现出一幅完整的思维训练图,体现了训练领域的多样性。本书在整合课程内容和创新编写形式等方面进行了有益的探索。本书的开放性主要表现在训练内容、活动设计、思维拓展、习得交流等方面,给学习者提供了可选择的余地和创新空间。编写中注重内容与形式的统一、图文兼顾、形式多样,充分体现了思维训练的活动性。

　　本书适用于应用性、技能型人才培养的各类教育,还可作为企事业单位秘书和其他社会相关从业人员的培训用书或参考用书。

图书在版编目(CIP)数据

秘书思维训练/王瑞成,张春玲主编.—重庆:重庆大学
出版社,2011.1(2025.7 重印)
教育部高职高专文秘类专业教学指导委员会"十二五"
规划教材
　ISBN 978-7-5624-5391-8

　Ⅰ.①秘…　Ⅱ.①王…②张…　Ⅲ.①秘书学—高等学校:技
术学校—教材　Ⅳ.①C931.46

　中国版本图书馆 CIP 数据核字(2010)第 080191 号

教育部高职高专文秘类专业教学指导委员会
"十二五"规划教材
秘书思维训练
主　编　王瑞成　张春玲
策划编辑:唐启秀
责任编辑:李定群　龙沂霖　版式设计:唐启秀
责任校对:夏　宇　　　　责任印制:张　策
*
重庆大学出版社出版发行
社址:重庆市沙坪坝区大学城西路 21 号
邮编:401331
电话:(023) 88617190　88617185(中小学)
传真:(023) 88617186　88617166
网址:http://www.cqup.com.cn
邮箱:fxk@ cqup.com.cn(营销中心)
全国新华书店经销
重庆巍承印务有限公司印刷
*
开本:787mm×1092mm　1/16　印张:15.25　字数:316 千
2011 年 1 月第 1 版　　2025 年 7 月第 7 次印刷
ISBN 978-7-5624-5391-8　定价:42.00 元

本书如有印刷、装订等质量问题,本社负责调换
版权所有,请勿擅自翻印和用本书
制作各类出版物及配套用书,违者必究

总主编　孙汝建

编审委员会成员

孙汝建	严　冰	郭　冬	曹千里	王金星
陈江平	杨群欢	时志明	王箕裘	李　丽
张玲莉	韦茂繁	程　陵		

编写委员会成员（以拼音字母为序）

陈丛耘	陈江平	陈　雅	冯俊伶	顾卫兵
韩玉芬	侯典牧	胡晋梅	金常德	贾　铎
焦名海	李锦昌	李强华	梁志刚	刘秀敏
卢如华	楼淑君	骆光林	丘　进	孙汝建
石高来	时志明	史振洪	施　新	宋桂友
王金星	王　茜	王瑞成	王　勇	吴良勤
肖云林	徐乐军	俞步松	杨　梅	杨群欢
余红平	余允球	向　阳	徐　静	张小慰
赵志强	钟小安	朱利萍	周爱荣	周建平

参编学校 （以拼音字母为序）

长沙民政职业技术学院

长江职业学校

福建泉州黎明职业大学

广东农工商职业技术学院

湖州职业技术学院

湖南商务职业技术学院

河北科技师范学院

河北政法职业学院

黄河水利职业技术学院

湖南大众传媒职业技术学院

华侨大学

黑龙江工商职业技术学院

嘉兴职业技术学院

荆州职业技术学院

金陵科技学院

金华职业技术学院

丽水职业技术学院

辽宁装备制造职业技术学院

连云港高等专科学校

南通大学

南通职业大学

南通农业职业技术学院

宁波城市职业技术学院

深圳信息职业技术学院

苏州职业大学

石家庄铁路职业技术学校

山西大学

四川职业技术学院

四川文化产业职业学院

绍兴文理学院

上海工会管理职业学院

山东文化产业学院

太原大学

唐山师范学院

西安航空旅游学院

扬州大学

扬州职业大学

英国密德萨斯大学

浙江经济职业技术学院

浙江商业职业技术学院

浙江金融职业学院

浙江东方学院

浙江经贸职业技术学院

钟山职业技术学院

中华女子学院

郑州牧业工程高等专科学校

总　序

　　2006 年 1 月，教育部下发了《教育部关于成立 2006—2010 年教育部高等学校有关科类教学指导委员会的通知》（高教函［2005］25 号），经过调整，教育部高职高专文秘类专业教学指导委员会（以下简称"教指委"）由下列人员组成：孙汝建（主任委员）、严冰（副主任委员）、郭冬、时志明、曹千里、王金星、杨群欢、王箕裘、韦茂繁、陈江平、李丽、张玲莉。

　　"教指委"成立以来，始终把教材建设作为重要工作来抓。设立了专业建设分委员会、师资培训分委员会、实训基地建设分委员会。由主任委员兼任专业建设组组长、专业建设分委员会主任，具体负责包括教材建设在内的文秘专业建设研究和指导工作。委员会先后召开了五次委员会会议；举办了三期全国文秘专业骨干教师培训班；建立了全国高职高专文秘专家库并开展研讨活动；承担教育部课题"文秘专业规范研制"的研究；在全国高职高专遴选和建设了三批教指委精品课程；设立了三批文秘专业研究课题；举办了两届全国高校文秘技能大赛；对全国六百多所高校的文秘专业进行了问卷调查；等等。"教指委"始终把教材的研究与开发作为主线贯穿在这些活动中，并多次组织专题研讨，在认真调查研究、反复论证的基础上，组织编写了教育部高职高专文秘类专业教学指导委员会"十二五"规划教材 36 种，由主任委员任总主编。经过网上公开招标、委员投票，该套教材由国家一级出版社重庆大学出版社出版。

　　2009 年 8 月 24—27 日，由"教指委"主办、重庆大学出版社承办的本系列教材主编会在重庆召开。会议期间，主编们就高职高专文秘专业课程设置、教学目标以及本系列教材编写指导思想、编写原则、体例和编写队伍组成原则等问题进行了认真而热烈的讨论，达成了以下共识：1. 根据我国高职高专文秘专业各方向的培养目标、专业建设、课程建设的发展规律与趋势以及国家秘书职业资格证书的考证要求、用人单位对文秘人才的需求，构建编写大纲、选择编写内容、设置编写栏目。2. 教材编写以文秘专业学生应具备的基本素质、基础知识、基本职业能力、核心职业能力为依据。3. 教材使用对象以高职高专学生为主体，兼顾文秘培训和秘书行业的社会需求。4. 教材内容以"够用为度，适用为则，实用为标"为原则，给课堂教学留有发挥空间，突出主要知识点，实训举一反三，紧扣文秘岗位实际，表达准确流畅。5. 教材由秘书职业基础、职业技术与技能训练和文化素质课程(高职高专各专业通用)两大版块组成。6.教材资料尽量使用2007年以后的新成果,保证教材内容的前沿性。7.教材采用立体开发的方式出版,除了纸质教材外,还包括教学资源网站和教学资源包。

会后,本系列教材主编积极组织力量,遴选副主编和参编者,以每本教材为单位,分别组织研讨和开展教材编写工作。

经过长期运作,本系列教材36本终于面世。其中:

(一)秘书职业基础、职业技术与技能训练课程系列23种

秘书理论与实务	秘书写作实务
涉外商务文书	文案阅读与评析
档案管理实务	社会调查实务
办公室事务处理	秘书信息工作实务
会议策划与组织	中国秘书简史
商务秘书实务	秘书岗位综合实训
秘书职业概论	秘书思维训练
领导科学与领导艺术	毕业设计(论文)写作指导
人力资源管理理论与实务	企业管理基础
秘书语文基础	市场营销理论与实务
办公自动化教程	公共关系实务
秘书心理与行为	

(二)文化素质教育系列13种

规范汉字与书法艺术	普通话训练
口语交际与人际沟通	新闻写作
社交礼仪	商务写作实训
实用美学	形体塑造与艺术修养
文化产业基础	中外文化概论
地域与旅游文化	文学艺术鉴赏
法律文书写作	

本套教材由"教指委"确定教材目录、提出编写意图、组织编写队伍、审定编写大纲、并对编写出版过程进行了全程管理、指导与监控;系列教材全体主编有丰富的教学经验和科研成果;出版社有较高的资质和声誉。全体编写者都怀有一个共同的愿望:在教指委指导下,编写出一套能全面反映文秘专业最新教学科研成果、代表文秘专业建设方向、能在较长时间内指导全国高职高专文秘专业教学的精品教材。

重庆大学出版社从领导到该项目负责人,对教材的组织编写到出版一直给予高度重视和大力支持,特别是邱慧主任、贾曼老师几年来为教材辛苦奔走、精心策划、辛勤付出,其敬业精神令我们感动,我代表"教指委"及教材全体编写人员向他们深表敬意和谢意!

任何成果都是阶段性的,本套教材也不例外。但是,探索是无止境的,在教材的使用过程中,我们会发现修改的空间,在适当的时候,我们还可以对教材做适当的修订,使之日臻完善。

教育部高等学校高职高专文秘类专业教学指导委员会

华侨大学华文学院院长、教授　　孙汝建

2010年6月16日于厦门

高等职业教育的人才培养,应坚持"以服务为宗旨,以就业为导向,走产学研结合的发展道路"。随着我国教育改革的不断深入,高等职业教育在办学宗旨、教学管理、教学方法与手段、课程体系与教学内容、教材建设等方面已发生了革命性的变化。高职文秘专业的教育目标已由"知识人"转变成"职业人",职业能力培养越来越受到重视。作为"秘书"这样一个特殊职业,仅仅会"办文""办会""办事"还不够,还要学会做人,做一个"职业人"。

秘书作为领导的参谋助手,不是简单地做一些辅助工作,而是要能运用科学的思维方法,妥善处理好工作中的各项事务,为领导出主意、想办法、共谋发展。基于这一思考,我们编写了本教材。

本教材根据教育部《关于加强高职高专教育教材建设的若干意见》,结合现代社会实际,以"必需""够用"作为秘书工作思维训练内容的编写标尺,吸收了国内外相关研究成果,选取、编写了大量的秘书工作思维案例并进行分析。旨在通过教学,使学生养成思维习惯、掌握思维方法、增强思维能力,以适应职业需要。

本教材在"理论与实践一体化"编写思想的指导下,体现了以下特色:

1. 内容注重面向职业、面向企业。教材内容紧扣秘书职业,案例大多来自于企业秘书工作实际,职业化明显。

2. 创新编写体例。教材各项思维训练内容以"图解→要点讲解→范例展示→活动设计→思维拓展→习得交流"的形式呈现。生动新颖、求真实用。尤其是"活动设计"环节,"看一看、想一想、议一议、练一练"等动脑动手活动及专题综合探究活动,可有效地增强学生思维的参与度。

3. 案例新颖、情境真实。教材选取的案例真实、新颖,直白展示案例、直观描绘情境。教材主体围绕实例或工作情境展开,有机融入各种"动脑"或"活动"设计,提供思考路径,为学生的思维拓展留有余地。

4. 知识性与操作性高度融合。本教材知识讲解融进了思维操作过程,训练案例、情境包含了思维知识点、实现教、学、做一体化。

5. 训练形式多样化。突出综合实践活动,以案例为起点展开学习过程;以学习活动设计为载体参与实践;探究拓展完成训练内容,提供有关背景材料,引导学生学以致用。

本教材由王瑞成、张春玲任主编,撰写具体分工如下:第一、二、三篇由张春玲编写,第四、五篇由王瑞成编写;任孝珍参与了第一篇的编写工作,陈桃源参与了第三篇的编写工作,吴良勤参与教材的部分案例编写;全书由王瑞成统稿。

感谢教育部文秘类教学指导委员会主任委员孙汝建教授和秘书专家谭一平老师对本书编写的指点。感谢所有为本书付出辛劳、提供支持和帮助的人们。在编写过程中,编者参阅了国内外多位专家的相关著作、资料,获得启发和借鉴。在此一并向有关人士致以诚挚的谢意!

由于作者水平有限,真诚期待专家、同学和广大社会读者提出宝贵意见,以便不断修改完善。

编 者

2010 年 8 月

目录
CONTENTS

第一篇　非逻辑思维训练

第一部分　直觉思维训练

2　　　第一单元　直觉思维概念感知

5　　　第二单元　直觉思维特性介绍

8　　　第三单元　直觉思维方法推介

12　　　第四单元　秘书直觉思维实训

第二部分　换位思维训练

15　　　第一单元　换位思维概念感知

17　　　第二单元　换位思维特性介绍

20　　　第三单元　换位思维方法推介

22　　　第四单元　秘书换位思维实训

第三部分　发散思维训练

25　　　第一单元　发散思维概念感知

28　　　第二单元　发散思维特性介绍

31　　　第三单元　发散思维方法推介

33　　　第四单元　秘书发散思维实训

第四部分　联想思维训练

38　　　第一单元　联想思维概念感知

41　　　第二单元　联想思维特性介绍

42　　　第三单元　联想思维方法推介

46　　　第四单元　秘书联想思维实训

第五部分　逆向思维训练

49　　　第一单元　逆向思维概念感知

51　　　第二单元　逆向思维特性介绍

53　　第三单元　逆向思维方法推介

56　　第四单元　秘书逆向思维实训

第六部分　形象思维训练

60　　第一单元　形象思维概念感知

63　　第二单元　形象思维特性介绍

66　　第三单元　形象思维方法推介

68　　第四单元　秘书形象思维实训

第七部分　类比思维训练

71　　第一单元　类比思维概念感知

73　　第二单元　类比思维特性介绍

76　　第三单元　类比思维方法推介

79　　第四单元　秘书类比思维实训

第八部分　超前思维训练

81　　第一单元　超前思维概念感知

83　　第二单元　超前思维特性介绍

85　　第三单元　超前思维方法推介

88　　第四单元　秘书超前思维实训

第二篇　逻辑思维训练

第九部分　基础逻辑思维训练

92　　第一单元　基础逻辑思维概念感知

105　　第二单元　基础逻辑思维特性介绍

108　　第三单元　基础逻辑思维方法推介

110　　第四单元　秘书基础逻辑思维实训

第十部分　论证思维训练

113　　第一单元　论证思维概念感知

115　　第二单元　论证思维特性介绍

118　　第三单元　论证思维方法推介

122　　第四单元　秘书论证思维实训

第十一部分　辩证思维训练

126　　第一单元　辩证思维概念感知

129　　第二单元　辩证思维特性介绍

131　　第三单元　辩证思维方法推介

135　　第四单元　秘书辩证思维实训

第十二部分　实性思维训练

138　　第一单元　实性思维概念感知

141　　第二单元　实性思维特性介绍

143　　第三单元　实性思维方法推介

145　　第四单元　秘书实性思维实训

第三篇　综合创新思维训练

第十三部分　领悟思维训练

150　　第一单元　领悟思维概念感知

153　　第二单元　领悟思维特性介绍

155　　第三单元　领悟思维方法推介

157　　第四单元　秘书领悟思维实训

第十四部分　潜概念思维训练

160　　第一单元　潜概念思维概念感知

162　　第二单元　潜概念思维特性介绍

164　　第三单元　潜概念思维方法推介

166　　第四单元　秘书潜概念思维实训

第十五部分　创新思维训练

168　　第一单元　创新思维概念感知

171　　第二单元　创新思维特性介绍

173　　第三单元　创新思维方法推介

177　　第四单元　秘书创新思维实训

第四篇　秘书活动思维训练

第十六部分　公文写作思维训练

182　　第一单元　公文写作思维概念感知

186　　第二单元　公文写作思维特性介绍

189　　第三单元　公文写作思维方法推介

193　　第四单元　公文写作思维实训

第十七部分　秘书说话思维训练

198　　第一单元　说话思维概念感知

200　　第二单元　说话思维特性介绍

202　　第三单元　说话思维方法推介

205　　第四单元　秘书说话思维实训

第十八部分　秘书临时事务处理思维训练

209　　第一单元　临时事务概念感知

211　　第二单元　临时事务处理思维特性介绍

213　　第三单元　临时事务处理思维方法推介

216　　第四单元　临时事务处理思维实训

第五篇　秘书工作思维案例

第十九部分　秘书工作思维案例20个

参考文献

第一篇　非逻辑思维训练

第一部分　直觉思维训练

训练内容图解

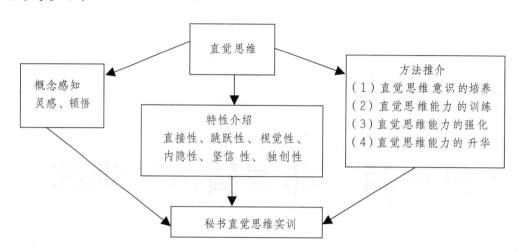

第一单元　直觉思维概念感知

一、要点讲解

我相信直觉和灵感——爱因斯坦

所谓直觉，是"一种不经过分析、推理的认识过程而直接快速地进行判断的认识能力"。"直觉能力"是形成灵感直觉思维、创新思维活动的最直接、最主要的思维能力。敏锐的思维直觉能力来自于其他思维基本能力的相互作用，是一种更高级的整体性思维能力。

历史上相信直觉和灵感的例子很多，人们在创新发明的过程中也常常会千头万绪，却偶然受一件事情或一样东西（触发灵感的媒介物）的相关信息的触动而使其灵感顿悟，产生直觉思维，继而达成创新发明。

直觉思维是指不受已有的理论框架和某种固定的逻辑规则约束，而只是凭借感性经验和已有知识对事物的性质作出直接判断或对百思不得其解的问题突然有了"灵感"和"顿悟"，甚至对未来事物的结果有"预感"或"预言"等。因此，直觉思维又被称为灵感思维、顿悟思维。

比如,美国富商洛克开发空气罐头就是一个很好的例子。

洛克到日本富士山度假时感到心旷神怡。有一天,他忽然心血来潮:为什么不把这里的空气拿来卖呢? 他立即抓住这一灵感,扩展出了一系列宏伟计划:他派人进行各种数据分析、申办营业执照并在富士山腰上办了一家"富士空气罐头厂"。这种新产品一经投入市场,对于那些在大都市里备受污染的人们相当有吸引力。因此,庞大的销量迅速占领了日本市场,并远销欧美。

根据周义澄在《科学创造与直觉》中的观点,直觉思维的基本内容包括直觉的判别、直觉的想象、直觉的启发三个方面:

(一)直觉的判别

这是人脑对客观存在的客体、现象、语词符号及其相互关系的一种迅速的识别、直接的理解和综合的判断。人的这种能力,就是我们通常所说的思维的洞察力。例如,同时有两个陌生人向我们推销同样的商品,我们在思想上觉得更相信某个人,就会购买那人的产品。这仅仅是一种直接的觉察和判断。再如,有时我们在思想上觉得某个句子不通,但我们并没有以句子的语法分析为中介,而是一种直接的觉察和判断。像这些直觉的判别都不是分析性的,不是按部就班地进行逻辑推理得出的,而是对问题所作的一种直接的判断和整体的把握。

(二)直觉的想象

在许多情况下,主体并不能仅仅根据所面临的实物、符号或情势做出上述直觉的判别来。当外界所提供的信息不充分,具有许多空白点时,单凭这些有限的信息很难作出判断的,这就需要求助于想象和猜测,才能形成一个大致的判断来。

(三)直觉的启发

即在凭借直觉的判别和直觉的想象都未能解决问题的情况下,偶尔在某一时刻,从所思考的问题之外的另一信息中受到启发,从而使问题得到了解决。这种启发,既包括由实物载体所载信息的启发,也包括由词语载体所载信息的启发。在科学发现和发明中这种直觉启发的例子很多,例如,飞机的设计受到鸟和蜻蜓的启示,潜艇的制造得益于对鱼类的模拟,鲁班发明锯子受到割手的茅草的启发,牛顿从苹果坠地找到了解决引力问题的线索,等等。

上面所说的三种基本形态在实际的直觉思维过程中是难以截然分开的,它们常常结合于一个统一的思维过程之中。其中最基本的表现是直觉的判别,直觉的想象和直觉的启发最终也总要以判断的形式出现。

【范例展示】

爱迪生巧难阿普顿

发明家爱迪生曾经有个助手叫阿普顿,他毕业于普林斯顿大学数学系,又在德国深造了一年,自以为了不起。甚至觉得比爱迪生还强很多,但事实教育了他。

有一次,爱迪生拿了一个有孔的废灯泡,问阿普顿灯泡的容积是多少。阿普顿拿着这个梨形灯泡打量了一番,心想,虽然这个问题计算起来非常复杂,但是凭着自己的数学本领,多用些时间,还是可以求出来的。于是,阿普顿拿起皮尺这么测那么量,又用钢笔这么画,那么算,弄得满头大汗。

过了好半天,爱迪生问:"求出来了吗?"

"办法有了,已经算了一半。"阿普顿自信地回答。

爱迪生走过来一看,在阿普顿面前放着许多稿纸,上面写满了密密麻麻的等式。爱迪生看了微笑着说:"何必这么复杂呢?你用这个办法吧!"说着他用水装满了灯泡,然后交给阿普顿:"把灯泡里的水倒到量筒里量一量,就知道灯泡的容积了。"这时阿普顿恍然大悟,羞得满面通红,不得不佩服爱迪生处理实际问题的才能。

虽然阿普顿的计算才能及逻辑思维能力是令人钦佩的,然而,事实表明,他所缺少的恰恰是像爱迪生那样的直觉思维能力。

二、活动设计

(一)看一看

在图中你分别看见了什么?

图1　　　　　　　　　　图2　　　　　　　　　　图3

(二)议一议

天狼星的伴星

在地球上天狼星看起来最为明亮,这不单是因为它本身发光能力强,也因为它离地球较近,只有8.17光年,是宇宙中离地球第15近的恒星。其表面温度9 970 K,直径为太阳的1.7倍。1844年,德国天文学家贝塞尔在观测天狼星时,发现它在天穹上移动的轨迹是波纹状的,便凭直觉猜想这是一个双星系统,在天狼星附近有一颗伴星。直到18年后的1862年,克拉克父子在检验他们磨制的47 cm折射望远镜质量时,才发现了这颗亮度微弱几乎淹没在天狼星光辉中的伴星。为此,克拉克父子获得了法国科学院的奖章。

问题探讨:请将案例中的贝塞尔和克拉克父子的思维运用进行比较。

（三）练一练

1. 有一根长 1 米的铁管子,直径略比乒乓球大,管子的一端牢牢地固定在地面上。请用最简单的方法将掉进铁管子的乒乓球取出来。

2. 有一个旅游爱好者从 A 点出发,向南走了 1 000 米,又向东走了 1 000 米,再向北走了 1 000 米回到了出发点 A。可能发生这种事情吗?

3. 请用 8 根火柴摆成一条鱼的形状,然后移动 3 根火柴使鱼游向相反的方向。

第二单元　直觉思维特性介绍

一、要点讲解

直觉思维的主要特征在于不受一般思维规律的束缚,跳跃性强,能直观地揭示出事物的本质特征的同时,还具有直接性、跳跃性、视觉性、内隐性、坚信性、独创性等特点,并且往往对传统体系有重大的突破。许多重大的发现都是直觉思维的成功典范。比如,哈密顿迸发出构造四元素的火花,达·芬奇预见了惯性原理,欧几里得基于直觉的平行公理而建立起几何学,牛顿提出万有引力定律,达尔文创立进化论,凯库勒获得苯环结构式,门捷列夫列出化学元素周期表,彭加勒发明福克士函数,魏格纳创立大陆漂移说……

在科学研究中,科学家都具有十分深厚的理论知识基础,在顿悟前都经过了长期的逻辑严密的思考过程(酝酿期——苦索期),顿悟前都受到有关信息的触发,顿悟后及时地进行记录并整理自己的想法,结合理论知识进行分析,从而升华得到新的知识。直觉思维抛弃了已有的思维定势,利用理性思维所积累的知识体系,在灵光一闪中冲破一切旧范式的规约,以一种全新的方式去审视认知对象,以达到突破现状、超越自我的效果。直觉思维与理性思维是融合同步发展的,它体现着知识内化、知识迁移的过程。只是直觉思维更多时刻存在于潜意识中,处于一种隐存的状态。

（一）直接性

主体不通过一步步的分析过程而直接获得对事物的整体认识,这是直觉思维最基本和最显著的特征。直觉思维不依赖于严格的证明过程,是以对问题全局的总体把握为前提,以直接的、跨越的方式直接获取问题答案的思维过程。直觉的形式表现为很快产生假设,迅速对问题的解决方案作出猜想和预测,在表现形式上往往表现为一种"顿悟"。以至于思维者对所进行的过程无法作出逻辑的解释——只可意会,不可言传。

(二)跳跃性

在认知过程中,分析思维是以常规的方式按步骤展现的。而直觉思维是对思维对象从整体上考察,一旦出现,便摆脱了原先常规的束缚,调动自己的全部知识经验,通过丰富的想象作出的敏锐而迅速的假设、猜想或判断,它省去了一步一步分析推理的中间环节,而采取了"跳跃式"的形式,从而产生认知过程的急速飞跃和渐进性的中断。

它是一瞬间的思维火花,是长期积累上的一种升华,是思维者的灵感和顿悟,是思维过程的高度简化,但是它却能清晰地触及到事物的"本质"。

(三)视觉性

直觉思维者往往以视觉化的方式再现并处理事物,其信息编码方式倾向于图像形式。当然,在信息编码加工过程中表现为果敢的甄别和取舍,而这种果敢的甄别和取舍又决定于思维者对问题解决方向和目标的大胆的、直接的预见。

(四)内隐性

直觉思维的智力操作是内隐的,其思维的过程往往是思维者不能言表的,而且不能对思维结果作出评论。因为它不依赖于分析技巧而掌握问题的意义和结构组成,它是一种对问题的无意识的直接把握。

牛顿从苹果落地而发现"万有引力定律"——"苹果落地"和"月亮绕地球旋转"在一般人看来是风马牛不相及的两件事,但是牛顿却从中领悟到苹果之所以掉到地上而不朝天上飞,月亮始终绕着地球转而没有脱离地球和太阳系飞向宇宙深处,都是由于有地心引力作用,他即看到了两个表面互不相关的事实之间的内在联系(内隐关系),这就是一种高度发展的直觉思维能力。

(五)坚信性

坚信性,主体以直觉方式得出结论时,理智清楚,意识明确,这使直觉有别于冲动性行为,主体对直觉结果的正确性或真理性具有本能的信念(但这并不意味着取消进一步分析加工和实验验证的必要性)。学生对思维训练产生兴趣的原因有两种:第一,是教师的人格魅力。第二,是来自思维训练本身的魅力。不可否认情感的重要作用,但兴趣更多来自思维训练本身。成功可以培养一个人的自信,直觉发现伴随着很强的"自信心"。相比其他的物质奖励和情感激励,这种自信更稳定、更持久。当一个问题不用通过逻辑证明的形式而是通过自己的直觉获得时,那么成功带给人的震撼是巨大的,人们内心将会产生一种强大的学习钻研动力,从而更加相信自己的能力。

(六)独创性

直觉思维是基于对研究对象整体上的把握,不专意于细节的推敲,而是从大处着眼、总揽全局,是思维的大手笔。正是由于思维的无意识性,它的想象力才是丰富的、发散的,使人的认知结构向外无限扩展,具有反常规律的独创性。

【范例展示】

王冠真假的辨别

阿基米德(公元前287—前212年)发现浮力原理的故事,一直是人们津津乐道并加以引证的例子。当希腊王叫阿基米德想出一个办法来检验金王冠是否为纯金时,这位古代世界的,第一位也是最伟大的近代型物理学家为此颇费心计地考虑多日,仍毫无结果。一天,他在桶中洗澡时,发现浴桶溢出的水在体积上与他的身体相等。霎时,一道思维的光芒在他脑际划过:纯金王冠比金银合金王冠排出的水要轻,同样重量的合金体积要比同样重量的纯金体积大,因而会排开更多的水。想到这里,阿基米德不顾一切地光着身子冲到大街上,发狂地喊叫到:"我找到了! 我找到了!"就

阿基米德

这样,在经过长时间潜心思索、研究之后,由于受到溢出来的水的启发,阿基米德获得了"直觉的顿悟",并由此创立了表示物体在水中所受浮力大小与物体排开水的重量关系的阿基米德原理。阿基米德的顿悟(直觉)思维也因此成了脍炙人口的典故。

二、活动设计

(一)议一议

会活的雨水

一天,天空忽然下起了滂沱大雨,狭小的实验室里又黑又闷,荷兰微生物学家列文虎克无法继续观察显微镜,便站在屋檐下眺望从天飞落的雨水。忽然,他萌生了一个念头:用显微镜来看看雨水里有什么东西。于是,他用吸管在水塘里取了一管雨水,滴了一滴在显微镜下进行观察。

"雨水怎么会活?"列文虎克不禁大叫起来。原来,他看到雨水里有无数奇形怪状的小东西在蠕动。他以为是自己眼睛过于疲劳而造成的错觉,便揉了揉发涩的眼皮再看,结果仍与刚才一样。他感到十分惊讶,连忙大声呼唤自己的女儿。女儿听到父亲的喊叫声,以为实验室里发生了什么意外的事,直奔实验室。

"我给你看个东西。"列文虎克指了指显微镜。女儿凑到显微镜跟前一看,惊奇地叫道:"哎呀,这是什么东西啊? 跟童话里的'小人国'一样。"

"这是雨水里的世界。"列文虎答道。

问题探讨:请结合案例谈谈直觉思维的优势。

（二）练一练

1. 一个成年人和一个小孩儿在独木桥上相向而行,独木桥非常窄仅容一人通过。在两个人都不后退并且不借用外力的情况下,他们怎样才能过桥?

2. 用打火机点燃一根 30 厘米长的香,等它完全燃烧需要 30 分钟。不用其他工具,如何用打火机和香来判断 15 分钟?

3. 以 5 只猫 5 分钟捉 5 只老鼠的速度计算,要在 100 分钟内捉 100 只老鼠,需要多少只猫?

第三单元　直觉思维方法推介

一、要点讲解

直觉思维不仅在创造性思维活动的关键阶段起着极为重要的作用,还是人生命活动、延缓衰老的重要保证,直觉思维是完全可以有意识地加以训练和培养。

直觉思维是一种以高度省略、简化、浓缩的方式洞察问题实质的思维,具有整体性的特点。因此,培养和发展直觉思维能力,就必须在解决问题时从宏观上进行整体分析,抓住问题的框架结构和本质关系,从思维策略的角度去确定解决问题的总体思路。从而在整体分析的基础上培养迅速作出直觉判断的洞察能力和思维的跳跃能力,养成敢于猜想、善于探索的思维趋势。

（一）直觉思维意识的培养

1. **松弛**　遐想躺在海滩上休憩的情景,或仰面躺在草坪上凝视晴空。以此进行自我松弛,有利于右脑机能的改善。

2. **回想**　尽量形象地回想以往美好愉快的情景,这对大脑中负责贮存记忆的功能可以起到积极促进的作用。训练时间以 2～3 分钟为宜。

3. **想象**　根据自己的心愿去想象所希望的未来前景,并浮想通过哪些途径得以成功的实现。开始闭眼想,习惯之后可睁眼想。

以上 3 种方法应一日一次地坚持 3 个月左右。

4. **听古典音乐**　听莫扎特的曲子,直接触及他的情感,会使直觉力变得敏锐。我国的"梁祝协奏曲""平湖秋月"等乐曲,最适用于平定心情和思考问题时的伴音。

5. **使用指尖**　打玻璃弹子等,最需要速断力,可培养"秒的直觉力"。

6. **进行自由联想**　将空中飘浮不定的朵朵白云,想象成各种形象,这能提高左脑进行逻辑思维和记忆贮藏库的功能,进而提高思维的集中能力。

7. **用左手拿筷子**　不妨先试两天,然后中间休息 1 天,再继续 2 天,为此坚持 1 个月左右。

8. **在书店速读**　即使忙得不可开交,也要抽空逛逛书店,牢牢地盯着书目来推想书中写着什么。

9. **向似乎办不到的事情挑战**　有时灵感是在被逼得走投无路时突然产生的,简直是绝路逢生,不要惧怕艰难的工作,要勇敢地去挑战。

10. **回到童心**　回想幼儿时期唱过的歌,玩过的游戏,并历历在目地描绘出当时的情景,有助于增强记忆源泉。

(二)直觉思维能力的训练

1. **学会换角度看问题**　换个角度看问题,可以使你获得新的理解,做出与常规思维不一样的行为决策。正所谓"变则通,通则灵"。常规思维会限制我们的视野,尤其在遇到挫折困难时,常规思维通常使我们无法摆脱困扰,从而导致行为上的偏差。因此,我们要从生活自身的逻辑出发,学会变通进取,换一种立场和角度看问题,从挫折中不断总结经验,产生创造性的变革。

2. **获得有益的知识**　有效的学习能力,是动态衡量人才质量高低的重要尺度。我们通过学习开发大脑潜力,吸纳有实用价值的信息和资讯。实践证明,凡是通过自我超越、心智模式等提高学习的修炼,都能在原有基础上重焕活力,再铸辉煌。提高学习力,读书是一种有效的方法,通过读书可以从他人的成功里汲取经验。练好"内功"不仅能提高自身的素质和修养,也有益于身心健康,这是古今能人共同追求的目标。

3. **提高领悟力**　孔子在《论语》中说过:"学而不思则罔,思而不学则殆。"意思是说你不仅要会学,还要勤思考、会领悟。表现在实际的工作中,就是要把学到的东西融会贯通、触类旁通、理论联系实际。通过不断领悟,让自己的经验与理论日益完善与成熟。

海尔集团首席执行官张瑞敏说:"人生最重要的是悟性和韧性。"灵商高的人能够在日常的生活和工作中明白很多事理,在不断思考的过程中促成一次次灵感的飞跃。

(三)直觉思维能力的强化

直觉思维能力对于突然出现在面前的事物、新现象、新问题及其关系能够迅速识别、敏锐而深入地洞察而得到直接的,本质理解和综合的整体判断。

1. **获取广博的知识和丰富的生活经验**　前面已经指出,直觉思维的产生不是无缘无故、毫无根基的,它是凭借人们已有的知识和经验才得以出现的,因此,直觉往往比较偏爱知识渊博、经验丰富的人。从这种意义上说,获取广博的知识和丰富的生活经验是直觉思维强化的基础。扎实的基础是产生直觉的源泉,直觉不是靠"机遇",它的获得虽然具有偶然性,但绝不是无缘无故的凭空臆想,而是以扎实的知识为基础。

2. **学会倾听直觉的呼声**　直觉思维凭的是"直接的感觉",人们平常说的"跟着感觉走",这句话里已蕴涵着直觉思维的萌芽,只不过没有把它上升为一种思维观念。直觉更需要你去细心体悟,去倾听源自它的信息、呼声。当直觉出现时,你不必迟疑,应快速地、跳跃地进行立体空间拓展,顺其自然地作出判断、得出结论。

美籍华裔物理学家丁肇中在谈到"J"粒子的发现时写到:"1972 年,我感到很可能存在许多有光的而又比较重的粒子,然而理论上并没有预言这些粒子的存在。我直观上感到没有理由认为这种较重的发光的粒子(简称重光子)也一定比质子轻。"这就是直觉。正是在这种直觉的驱使下丁肇中决定研究重光子,终于发现了"J"粒子,并因此获得诺贝尔物理学奖。

3.要培养敏锐的观察力和洞察力　直觉突出的特点是其洞察力及穿透力,因此,直觉与人们的观察力及视角息息相关,观察力敏锐的人直观透视能力很强,其直觉出现的几率也会更高,直抵事物本质的效果更强,能有效迅速地进行空间整合。因此,要有意识地培养自己的观察力,特别是提高对那些不太明显的软事实,如印象、感觉、趋势、情绪等无形事物的观察力。

1904年,一个叫欧内斯特·汉威的小贩,获准在圣路易斯世界博览会上设摊出售一种可以同其他甜食一起食用的,很薄的鸡蛋饼。在他所摆的小摊的旁边,是另一个用小盘子卖冰淇淋的摊子。一天,他俩的生意都特别好。卖冰淇淋的小摊把盘子用完了,而小摊的前面还站着许多顾客,眼看就要失去赚钱的大好机会,把卖冰淇淋的小贩急坏了。欧内斯特·汉威也在一旁替他着急,一急之下,汉威灵机一动,想出了一个办法。他把鸡蛋饼趁热时卷成一个圆锥形,而等它凉了以后便用它来代替盘子盛冰淇淋。这一应急措施出乎意料地大受顾客们的欢迎,而被人们誉为"世界博览会的亮点",这也就是蛋卷冰淇淋这一"老少皆宜"的可口食品的由来。

4.真诚地对待直觉　虽然直觉是凭借着人们已有的知识及经验和直接的感觉产生,但却常常会受到客观环境的影响及个人情绪的干扰。特别是后者,当一个人处在猜忌、埋怨、愤怒等情绪的困扰中,直觉的判断就有可能付之东流。

美国的迪斯尼曾一度从事美术设计,和妻子租住在一间老鼠横行的公寓里。但失业后,因付不起房租,夫妇俩被迫搬出了公寓,过起了居无定所的日子。一天,两人呆坐在公园的长椅上,正当他们一筹莫展时,突然从迪斯尼的行李包中钻出一只小老鼠。望着老鼠机灵滑稽的面孔,夫妻俩感到非常有趣,心情一下子就变得愉快了,忘记了烦恼和苦闷。这时,迪斯尼头脑中突然闪过一个念头,他对妻子惊喜地大声说道:"好了!我想到好主意了!世界上有很多人像我们一样穷困潦倒,他们肯定都很苦闷。我要把小老鼠可爱的面孔画成漫画,让千千万万的人从小老鼠的形象中得到安慰和愉快。"于是风行世界数十年之久的"米老鼠"就这样诞生了。在失业前,迪斯尼一直住在公寓里,每天从早到晚都同老鼠生活在一起,却并没有产生这样的设想。而在穷途末路、面临绝境的时候出现了这样的灵感,原因何在?其实,"米老鼠"就是触发了灵感的产物。他说:"'米老鼠'带给我的最大礼物,并非金钱和名誉,而是启示我陷入穷途末路时的构想是多么伟大!还有,它告诉我倒霉到极点时,正是捕捉灵感的绝好机会。"

(四)直觉思维能力的升华——渗透审美观念

美感意识是直觉的本质,提高审美能力有利于培养事物间所有存在着的和谐关系及秩序的直觉意识。审美能力越强,则直觉能力也越强。

美国某玻璃瓶厂的工人路透的女友来看望他。这天,女友穿着时髦的紧腿裙,实在漂亮极了。这种裙子在膝部附近变窄,强调了人体的线条美。路透突发奇想:为何不把又沉又重的可口可乐瓶设计成这种紧腿裙的式样呢?他迅速按照裙子样式设计了一种流线型的新瓶子,并申请了专利拿到可口可乐公司去推销。

可口可乐公司的经理看了大为赞赏,马上与路透签订了一份合同,约定每生产12打瓶子付给路透5美分,这就是可口可乐饮料现在所用的瓶样。路透由欣赏女友漂亮的裙子,想到改变又沉又重的可口可乐瓶形状的过程是美感意识在其中发挥了重要的作用。

【范例展示】

纪晓岚机敏释词化凶险

传说有一次,乾隆皇帝与和珅一块来到纪晓岚家,走进阅微堂,看到纪晓岚正在练习书法。乾隆便顺手把自己拿着的一把纸扇交给纪晓岚,让他在上面题上一首诗。

纪晓岚接过纸扇,只见上面有远山、近城、杨柳春风。他略加思索,便龙飞凤舞写下了王之涣的《凉州词》:"黄河远上白云一片孤城万仞山羌笛何须怨杨柳春风不度玉门关"。

纪晓岚题完诗,把纸扇交到乾隆皇帝手中,乾隆接过纸扇,大加赞赏:"好!好!龙飞凤舞,一气呵成,好!"

乾隆看完,又递到和珅手中说:"和爱卿,你评判一下。"

和珅接过纸扇,对纪晓岚的书法也大加赞赏。但是仔细一看,中间缺少了一个"间"字,便挑拨说:"纪晓岚一向喜欢恶作剧,上次臣建一凉亭,请他为凉亭题一匾额,他写了'竹苞'二字,表面上是祝凉亭主人时运亨通,实际上是骂我全家,个个草包。这一玩笑开得也过分了,但臣下知道纪晓岚常搞作弄人的把戏,也就不计较了。今天纪晓岚居然对皇上也无礼,故意少写一个字,意思是说圣上不懂诗,这不是犯了欺君之罪吗?"乾隆皇帝听了,心中生出不快,于是喝令纪晓岚作出解释。

纪晓岚刚听到和珅说扇面上少了一个字时,脑袋"轰"的一声早炸了。给皇上扇面题字,写了错别字都是不敬,更何况是漏写了一字?但他马上提醒自己千万要镇定,他一边思索怎么应答,一边请皇上把扇面给他看。纪晓岚很快心中有了底,于是答道:"万岁,我写的不是王之涣的《凉州词》,而是根据他的诗,重新写的一首词。王之涣《凉州词》是28字,但是这扇面上并不是王之涣的大作,这其实是纪晓岚的《凉州词》,是依王之涣的诗改写成的一首词。"和珅在一旁喝道:"你不要强词夺理,怎么这就成了你的词?欺骗万岁,该灭九族。"乾隆看了看纪晓岚那镇定的样子说:"既然你写的是另一首词,那你就给朕读一读。"纪晓岚拿起纸扇,不慌不忙,清了清嗓子,便朗诵起来:"黄河远上,白云一片,孤城万仞山。羌笛何须怨,杨柳春风,不度玉门关。"

中国古代赋诗作文都不用标点,全靠念诵时来断句,同一句话若断句不同,就可能有不同效果。明明是少写了一个字的诗,但经纪晓岚这么一念,文意也就通畅了,显得就应这么来写。

乾隆皇帝见纪晓岚文思敏捷,经他这么一断句,这一扇面也就不用报废,于是转怒为喜,命身边太监将扇面珍藏起来,又叫仆人拿出若干金银作为润笔费赏赐纪晓岚。和珅看纪晓岚不但没有被罚,反而受到恩赏,心里气得不行,但也无话可说。

二、活动设计

(一)议一议

一块软奶酪的创意

超现实主义大师达利有一幅名画《永恒的回忆》,画面中最引人注目,也最具创意的部分是三个披挂在枯树、平台、动物尸骸上软趴趴、看似会流动的钟表。而这幅画的灵感来源于一块软奶酪。

原来达利当时已决定要画一幅以回忆为主题的画,他希望透过一些象征的景物来传达心灵对时间的深层而迷离的感受。当时,他这幅画已画了一半,夕阳余晖下荒凉而孤寂的海边、光秃秃的橄榄树……,某种概念呼之欲出,但却又不知从何下笔。就在那个晚上,他品尝了法国卡棉伯地方出产的软奶酪,奶酪超软的品质在他口中留下深刻的印象。上床前,他一如平日到画架前看看当天的进度。突然,他灵光一闪,觉得自己抓住了那个难以表达的概念,于是立刻拿起画笔,画上那三个软趴趴的、奶酪一般的钟表。

问题探讨:请你谈谈如何理解一块软奶酪带来的灵感?

(二)练一练

1.一艘船要穿过一座桥,由于船舱顶部比桥底高1厘米而无法通过。这时,船长要所有船员到甲板上集合,没过多久船就顺利地穿过了石桥。请问船长用的是什么方法?

2.请用3条相接的直线把图中这9个黑点连起来。

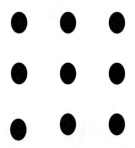

第四单元　秘书直觉思维实训

一、要点讲解

爱因斯坦说:真正有价值的东西就是直觉。

诚如《7 Brains——怎样拥有达·芬奇的七种天才》一书中所说的,"找出你的酝酿节奏,并学着信赖它们,这是通往直觉和创造力的简单秘诀。"

【范例展示】

苏小妹三难新郎　　东坡巧帮秦少游

　　传说苏小妹是宋朝著名文学家苏东坡的妹妹,历史上有名的才女。经苏东坡做媒,嫁给他的好友秦少游。洞房花烛夜,苏小妹出了三道难题,要求秦少游完全答对才能进洞房。如果只答对一个,则罚秦少游粗茶淡饭,外厢房去补习三个月才能进来;答对两题,可以到第二天补考,再进洞房;答对了三题可以饮三杯美酒进入洞房。秦少游是江南有名的才子,第一、二两题迅速答对了,可是却被第三题难住了,原来第三题是一对对联,上联是"闭门推出窗前月"。他一边嘴里叨念着上联,一边在走廊上来回踱着方步动脑思索,可是仍然想不出来。这时,苏东坡一看秦少游在外面踱来踱去嘴里念念有词,便知道他遇到了难题,就设法给他一个灵感,于是,苏东坡随手拾起一块小石子,扔向走廊旁的小池塘里。秦少游看到石子掉入池里在水面上激起了一个小浪花,立即受到了启发(这就是直觉顿悟),即刻将下联想出来了。这下联是"投石冲开水底天"。他赶快动笔写了下联,叫丫环送进新房,新娘看了非常高兴,新郎果真是名不虚传的才子,于是马上大开洞房将秦少游迎了进去。这个故事从此成了一段千古佳话。

二、活动设计

(一)议一议

案例 A　会议地点

　　上午 11 点,领导正在会见客人,一个客户公司的秘书来电话说,原定于今天下午两点,他们的老总到我们公司来会谈,由于种种原因,他们的老总脱不开身,希望我们公司的老总到他们公司去谈。下午能不能过去,请马上答复他们。

　　问题探讨:对于此事你直觉是什么?

案例 B　领导的电话

　　领导正在开董事会,外面来了一个找领导的电话,说是很急很重要。在一般情况下,开董事会这种很重要的会议时是不能接电话的。在这个时候,秘书就得凭自己的直觉判断,是不是把电话转给领导。如果秘书公事公办,把电话推了,让领导知道了,就有可能要受到训斥,因为也许他整整一个上午都在等这个电话。

　　问题探讨:此时的秘书该怎么办?

(二)练一练

　　1.从小事开始练习,只给自己几秒钟的时间决定事情,例如:点什么菜? 穿什么衣服? 或看哪一部电影?

　　2.用第一反应去预测事情,当电话响的时候,猜猜看是谁打来的。

三、思维拓展

　　谭一平:"有大量的特殊情况需要我们秘书凭直觉来处理。"

直觉能力精彩表现一：我的表现令领导满意。

直觉能力精彩表现二：读懂领导的"晴雨脸"。

直觉能力精彩表现三：直觉体悟与"迂回行动"。

学有所得：

秘书在辅助决策、撰拟文稿或处理协调事务中，也可运用灵感思维的方法，产生富有创新意义的奇思妙想，但同时必须配合使用逻辑思维方法进行科学论证。

四、习得交流

在这个强调理性思考的年代，很多人不敢相信自己的直觉。理性的逻辑训练让我们瞻前顾后，大家通常是怀疑直觉。但是当今世界变化迅速，加之信息超载，从而使人们不可能预知一切，因而也无法透过逻辑分析和推理来应付所有情况。让直觉进入我们的生活与思考的能力并行时，一旦发挥功能，就能迅速地越过思维过程的某些具体细节、个别阶段，直接把握对象的总体本质。

中国著名科学家钱学森说，"凡是有创造经验的同志都知道，光靠形象思维和抽象思维是不能创造、不能实践、不能突破的。要创造、要突破得有灵感。"钱学森同志还指出："创造性的思维在开始时是模糊的，到处搜索，但在思维的网络中，总有一点突然变得清晰了，模糊的概率分布突然变得很集中了，这就是创造、就是智慧、就是智能"。灵感的出现常常带给人们渴求已久的智慧之光。当"模糊的概率突然变得清晰了"这就是灵感来了。

因此，平时记录自己的直觉或灵感，写下突如其来的想法或者有关直觉的具体观察。透过简短的笔记或长期的日记，可以帮助自己了解曾经有过什么样的感动或灵感，长期的纪录甚至可以连成一个具体的结果。事实上，越来越多的高级秘书正在学习如何应用、升华自己的直觉能力和凭借自己的"胆色"行事。

第二部分 换位思维训练

训练内容图解

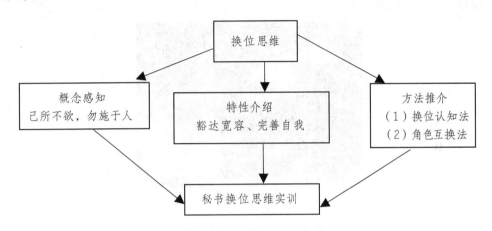

第一单元 换位思维概念感知

一、要点讲解

中国传统文化中推己及人的思维方式,即孔子倡导的"己所不欲,勿施于人"等,就是换位思维的基础和标准。

换位思维是主体站在客体的角度来提出问题、分析问题和解决问题的一种思维方式。换位思考的实质就是设身处地的为他人着想,即想人之所想,急人之所急,理解至上。在工作生活中,人们在处理人际交往问题时往往从自身的利益出发,表现出以自我中心、固执己见,总认为自己是对的,别人是错的。将换位思维运用到日常工作生活中,站在对方的角度和立场,将心比心的去想问题,设身处地的为对方着想,认真体会对方的感受,认同对方的情感、体验对方的处境,从而促进人与人之间思想、情感上的沟通,有效地防范和化解矛盾。

【范例展示】

商场里的脚

有一位母亲很喜欢带着 5 岁的女儿逛商店,可是女儿却总是不愿意去。母亲觉得很奇怪,商店里琳琅满目五颜六色的东西那么多,小孩子为什么不喜欢呢?直到有一次,孩子的鞋带松开了,母亲蹲下身子为孩子系鞋带,她突然发现了一种从未见过的可怕的景象:眼前晃动着的全是腿和胳膊。于是,她抱起孩子,快步走出商店。从此,即便是必须带女儿去商店的时候,她也把女儿扛在肩上。

真是一位细心的母亲!

二、活动设计

(一)看一看

请谈谈图片给你的冲击力。

(二)议一议

案例 A 目不识丁的使臣

北宋初年,南方偏安一隅的小朝廷南唐仍然存在,但每年都会向北宋王朝进贡。有一次,南唐派遣的进贡使臣是著名的江南名士"三徐"中名声最大的徐铉。南唐每次前来进贡,北宋朝廷都要选派官员担任押伴使前往接收贡品。这次官员们都怕在博古通今的徐铉面前丢丑而不愿担任押伴使。宋太祖赵匡胤叫人开列了十位不识字的侍者的名字,他从中随便圈了一个说:"就让他去吧。"满朝文武无不惊讶,都不知道宋太祖葫芦里究竟装的是什么药。这位侍者使臣在江南某地上船见到徐铉后,徐铉就滔滔不绝说古论今,讲的全是深奥的大道理,他一句也听不懂,自然是无言以对。一连几天,徐铉讲得唇干舌燥,疲惫不堪,北宋朝廷的侍者使臣始终都只是点头微笑。徐铉一直不了解这位押伴使学问的深浅,同时话说久了也不免自觉没趣,后来便不吭声。于是二人相安无事,最后这位侍者使臣也就顺利地完成了任务。宋太祖派一字不识的侍者去担任押伴使,是为了在这件事上既不输于南唐,又能使江南名士难知北宋使臣的深浅,还以此显示北宋泱泱大国不屑与之相争。

问题探讨:请分析宋太祖在此事中的思维过程。

案例 B 如此发放奖金

一位退休老人在靠近一所小学的地方,买了一间简陋的住房。没过多久,有三个小学生,每天下午放学后都要到老人住处的附近来踢垃圾桶玩。老人实在受不了小孩们的吵闹,但他的反复耐心劝告,不仅没能起到制止的作用,反倒使他们踢得更加来劲。并且他们说,还要约更多的同学到这里来一起玩。后来,有一天,老人对踢得正起劲的三个小学生说:"你们踢得这么高兴,看来踢垃圾桶真是好玩。以后你们天天来踢,我每天发给你们一人一块钱奖金。"孩子们听了十分高兴,此后每天来得更加积极、更加准时。过了三天,老人对孩子们说:"我现在经济上有困难了,从明天起,每天只能给你们一人 5 毛钱。"孩子们听了积极性大大下降,但还是天天都来。又过三天,老人对孩子们说:"我现在收入更少了,只能每天给你们每人两毛钱。"孩子们听了垂头丧气地说道:"才两毛钱就想要我们天天到这里来踢垃圾桶? 哪有这么便宜的事,我们不来了。"从此以后,孩子们再也没有到这里来踢垃圾桶,老人又过上了安静的日子。

问题探讨:请就此案例谈谈你的体会。

(三) 练一练

1. 伸出你的手,用两个食指来做出一个"人"字给同桌看。

2. 一天,一只小鸟透过开着的窗户飞进了屋子,尽管窗户一直开着,可它隔着玻璃拍打着翅膀始终没能够找到出口。人们费了很大的劲儿,最终在主人的引导下,它终于找到了生命的出口,拍打着翅膀回归了大自然。

请问:主人用的是什么办法?

3. 有一架小型飞机中途引擎失灵,驾驶员在一条人车稀少的州际公路降落。驾驶员跳出舱来向唯一看到的一辆汽车走去,希望能搭便车到最近的出口。这辆汽车缓缓地停在路边,坐在驾驶座的女人探出头来,紧张地说:对不起,我会马上开走的,先生,只要你告诉我怎么回到公路上,我会把车子尽快开离机场的!

请问:这位女士对换位思维的运用正确吗? 请说说你的理由。

第二单元　换位思维特性介绍

一、要点讲解

(一) 豁达宽容——换位思维的基础

宽容别人是对别人的理解,是一种放得下的大度,是一种与人为善的观念释然,是一种对异质文化和不同评议持可接受的态度。

在足球王国巴西,不会踢足球的男孩子绝对不会招人喜欢。在那里,富人的孩子有自己的足球场,穷人的孩子也有穷人的踢球方式。球王贝利就出生在一个贫寒的家庭里,他的父亲是一个因伤退役、穷困潦倒的足球队员。

贝利从小就显现出非凡的足球天赋,他常常踢着一个用大号袜子塞满破布和旧报纸,然后尽量捏成球形,外面再用绳子捆紧。贝利经常光着黑瘦的上身,在家门前那条坑坑洼洼的小街上赤脚练球。尽管他经常摔得皮开肉绽,但他仍然不停地向着想象中的球门冲刺。

渐渐地,贝利有了点名气,许多认识或不认识的人常常跟他打招呼,还给他敬烟。像所有未成年人一样,贝利喜欢吸烟时的那种"长大了"的感觉。

终于有一天,当贝利在街上向人要烟时被父亲看见了。父亲的脸色很难看,贝利低下头,不敢看父亲的眼睛。因为,他看到父亲的眼睛里有一种忧伤,有一种绝望,还有一种恨铁不成钢的怒火。

父亲说:"我看见你抽烟了。"

贝利不敢回答父亲,一言不发。

父亲又说:"是我看错了吗?"

贝利盯着父亲的脚尖,小声说:"不,你没有。"

父亲问:"你抽烟多久了?"

贝利小声为自己辩解:"我只吸过几次,几天前才……"

父亲打断了他的话,说:"告诉我,味道好吗? 我没抽过烟,不知道到底是什么味道。"

贝利说:"我也不知道,其实并不太好。"贝利说话的时候,突然绷紧了浑身的肌肉,手不由自主地往脸上捂去,因为,他看到站在他眼前的父亲猛地抬起了手。但是,那并不是贝利预料中的耳光,而是父亲把他搂在了怀中。

父亲说:"你踢球有点天分,也许会成为一名高手,但如果你抽烟、喝酒,那你的足球生涯就到此为止了。因为,你将不能在 90 分钟内一直保持一个较高的水准,这事由你自己决定吧。"

父亲说着便打开他瘪瘪的钱包,里面只有几张皱巴巴的纸币。他说:"你如果真想抽烟,还是自己买的好,总跟人家要,太丢人了。你买烟要多少钱?"

贝利感到又羞又愧,眼睛里涩涩的,可当他抬起头来,看到父亲的脸上早已是泪水纵横……后来,贝利再也没有抽过烟。他凭着自己的勤学苦练,终于成了一代球王。

多年以后,贝利仍不能忘记当年父亲那温暖的怀抱,他回忆说:"父亲那个温暖的拥抱,比给我多少个耳光都更有力量。"

(二)完善自我——换位思维的潜在目标

换位思考最本质的意思还是安顿自己,就是通过体验对方的角色,进而进一步完善自己的角色。就像平时照镜子一样,主角永远是你自己。通过对照内在的自己,来发现外在自己的不足,进而加以改进,达到完善自我、升华自我的目标。

【范例展示】

"富贵不全"与"富贵无边"

中国有一位著名的国画家俞仲林,他擅长画牡丹。

有一次,某人慕名要了一幅他亲手绘制的牡丹。回去以后,那人高兴地挂在客厅里。

此人的一位朋友看到了,大呼不吉利,因为这朵牡丹没有画完,缺了一边。而牡丹代表富贵,缺了一边,岂不是"富贵不全"吗?

此人一看也大为吃惊,认为牡丹缺了一边总是不妥,拿回去预备请俞仲林重画一幅。俞仲林听了他的理由,灵机一动,告诉买主既然牡丹代表富贵,那么缺一边,不就是"富贵无边"吗?

那人听了他的解释后,觉得有道理,高高兴兴地捧着画回去了。

同一幅画,因为心态不同,便产生了不同的看法。现实生活中也是如此,对待一件事情我们不妨学着换位思考,凡事都持一种积极的心态,往好处想,这样就会少些烦恼而多些欢乐。

二、活动设计

(一)议一议

案例 A　鲍叔牙惜才

春秋时期,管仲少时贫贱,早年曾与好友鲍叔牙以经营小买卖为生。管仲出的本钱没有鲍叔牙多,可是到分红的时候,他拿到了应得的那一份儿,还要求再添点儿。鲍叔牙手下骂管仲贪得无厌,鲍叔牙替他辩解说,他家里人口多,开销大,我自愿让给他。管仲带兵胆小怕事,手下士兵不满,而鲍叔牙却说,管仲家有老母亲,他为了侍奉老母亲才自惜其身,并不是真的怕死。鲍叔牙百般袒护管仲,是因为他知道管仲是个不可多得的人才,只是还没有机遇施展。管仲感叹道:"生我者父母,知我者是鲍叔牙也!"就这样,他们成了莫逆之交。后来,管仲在鲍叔牙的极力推荐下,成了齐国宰相,帮助齐桓公成为春秋五霸之首。鲍叔牙总能替管仲着想,这才成就了管仲,成就了强大的齐国。

问题探讨:请谈谈从这个故事中我们可以悟到些什么。

案例 B　以话免死

有一次刘墉惹恼了乾隆,乾隆说:"君叫臣死,臣不死该当如何? 那为不忠;父叫子亡子不亡,那为不孝! 既如此,朕为君、你为臣,我叫你死,你死去吧!"

怎么办? 抗旨不遵,死罪。可要遵旨,也活不了。刘墉为了保命眼球一转:"臣,候旨。""你候什么旨? 叫你死你就死吧!"乾隆怒。"您让我死,还没说让我怎么死呢!"乾隆一想,说:"前面就是太液池,一丈多深的水哪,跳下去就死,去跳吧!""臣遵旨!"刘墉站起来转身奔向了太液池。

刘墉来到太液池没往下跳,直眉瞪眼冲水池鞠了三个躬后又回到乾隆面前:"臣交旨。""啊? 交什么旨? 让你死,死了才交旨呢。没跳又回来了,这算交什么旨?""万岁,臣刚要跳,水里有一个人把臣给拦住了,跟臣说了两句话,让臣问问您,问完再跳。"

乾隆纳闷:"水里有人? 谁呀?"刘墉说:"是屈原。"屈原是楚国大夫,让昏君逼得跳汨罗江死了,乾隆当然知道这件事。

乾隆说:"屈原跟你说什么了?"

乾隆听了刘墉接下来的话当即免其一死。

问题探讨:请推测刘墉所说的话的内容。

(二)练一练

1. 回顾春晚上叮当、郭东临演的儿子和老爸换位思考的小品,并谈谈你的感想。

2. 妈妈有 2 000 元,要分给她的 2 个孩子。由哥哥先提出分钱的方式,如果弟弟同意,那么就这么分。但如果弟弟不同意,妈妈会没收1 000元,由弟弟提出剩下1 000元的分钱方式,这时如果哥哥同意了,就分掉这剩下的1 000元。但如果哥哥也不同意,妈妈会把剩下的1 000元也拿走,然后分别只给他们每人100元。

问:如果你是哥哥,你会提出什么样的分钱方式,使你有可能得到最多的钱?(最小单位1元)

3.请就以下故事谈谈你的体会。

乞丐与兄弟

屠格涅夫在一次外出散步时碰到一个穷人向他乞讨。他在衣袋里摸了半天,然后抱歉地说:"兄弟啊,实在对不起,我没带吃的东西,钱包也丢在家里了。"乞丐突然紧紧地抓住屠格涅夫的手,一个劲儿地说:"谢谢您,谢谢您,太谢谢您了!"屠格涅夫奇怪地说:"你谢我什么呢?我什么也没有给你啊。"乞丐激动地说:"我本想找点东西吃然后就去自杀,没想到您竟然称我为兄弟!还向我表示歉意,您给了我活下去的勇气。"

第三单元　换位思维方法推介

一、要点讲解

(一)换位认知法

即与人共处中产生了矛盾,首先不要为自己找理由、为自己辩护,而应设想自己是对方,主动地站到对方的位置上,去认知对方的观念,去体悟对方的情感,以便在理解对方的同时,寻找解决问题的最佳方案。

同是一朵花放在面前,会有"花谢花飞飞满天,红消香断有谁怜"的感怀,也会有"落红不是无情物,化作春泥更护花"的深刻。

同是一轮明月挂夜空,张若虚会吟出"江畔何人初见月,江月何年初照人"的思索,李白则会叹出"床前明月光,疑是地上霜"的乡愁。

我们既不能苛责寄人篱下的林妹妹的伤怀,也不能否认落红护花的事实;我们既不能不屑于张若虚对生命之始的思考,也不能轻视李白的乡情。唯有用换位思考的方法去体会一朵花的丰富内涵,去感受如此多情的同一轮明月。

(二)角色互换法

所谓角色互换,就是假设自己处在别人的角色位置上,站在对方的角度来重新看待问题。

不同的生活、不同的环境、不同的人生观、不同的思考方式以及不同的身份决定了思考角度的不同。或许两个人的思想会有冲突,但请设身处地的为对方想一想,从对方的角度去思考问题,涌入内心的埋怨或是愤怒便会消失。眼看无法调和的冲突,在我们"山重水复疑无路"时,会因为我们的换位思考而进入了"柳暗花明又一村"的境界。正如读者眼中的哈姆雷特,谁能说出哪一个绝对正确?正所谓世事无绝对。所以要容纳对方的观点,换位思考,才能获得更透彻的认识。

【范例展示】

农民与和尚

过去有一个农民在田间劳动,感到非常辛苦,尤其是在炎热的夏天,感到更是苦不堪言。他每天去田里劳动都要经过一座庙,看到一个和尚经常坐在山门前的一株大树下,悠然地摇着芭蕉扇纳凉,他很羡慕这个和尚的舒服生活。一天他告诉妻子,想到庙里做和尚。他的妻子很聪明,没有强烈反对,只是说:"出家做和尚是一件大事,去了就不会回来了,平时我做织布等家务事较多很多农活没学过,我明天开始和你一起到田间劳动,一方面向你学做农活,另外及早把当前重要的农活做完了,可以让你早些到庙里去。"

从此,两人早上同出,晚上同归。为不耽误时间,中午农民的妻子提早回家做了饭菜送到田间,在庙前的树荫下两人同吃午饭。很快田里的主要农活也完成了,择了吉日,妻子帮他把贴身穿的衣服洗洗补补,打个小包,亲自送他到庙里,并说明了来意。庙里的和尚听了非常诧异,说:"我看到你俩,早同出,晚同归,中午饭菜送到田间来同吃。家事,有商有量;讲话,有说有笑、恩恩爱爱。我看到你们生活过得这样幸福,羡慕得我已经下决心还俗了,你反而来做和尚?"

这则故事不仅表现了农民的妻子聪明贤惠,还有一个换位思考的道理在里面。

二、活动设计

(一)议一议:案例研讨

案例 A　"雨伞"和"阳伞"

有两个南方商人,他们各自带了一大批雨伞到北方去卖,因为南方的伞质量好而且便宜。

可到到了北方,他们渐渐发现,北方人很少用伞,因为那里的天气常年干旱少雨,两个商人都陷入了困境。

一个月后,两个商人在回家的路上相遇,一个垂头丧气,一个却志得意满。

"看你这样,肯定是把伞都卖了,赚了不少的钱?"没卖出伞的商人向另一个问道。

"是啊,都卖了。"

"北方不常下雨,谁用雨伞啊,我都为此而破产了,你是怎么卖掉的?"失意的商人叹道。

"伞还是那些伞,我只是卖的时候把所有'雨伞'都改成了'阳伞',伞可以挡雨,难道就不能遮阳吗?"

问题探讨:请分析两个商人思维方式的差异。

案例 B　失恋的女孩

有个失恋的女孩心有不甘,十分伤心,便在公园里悲痛哭泣。一个哲学家知道她为什么而哭之后,不仅没有安慰,而是笑着对女孩说:"你不过是失去了一个不爱你的人,而他失去的是一个爱他的人。他的损失比你大,你恨他做什么? 不甘心的人应该是他呀!"这位哲学家就这样帮助女孩从失恋的悲痛中解脱出来。

问题探讨:请谈谈案例给我们的启示。

(二)练一练

1.尝试描述别人眼中的你。

2.一对恋人乘坐一辆巴士进入山区,只有他们在中途下车。他们下车后,巴士继续往前行驶。不幸的是,巴士在继续行驶途中,一块大石从高处坠下并将巴士压得粉碎,所有乘客无一生还。

那对恋人看到这一幕后说:"如果我们都在那辆巴士上就好了!"

请问:为什么这对恋人会这么说?

3.请就以下故事谈谈你的感想。

钉 子

有一个男孩有着很坏的脾气,于是他的父亲就给了他一袋钉子并告诉他,每当他发脾气的时候就钉一根钉子在后院的围篱上。

第一天,这个男孩钉下了 37 根钉子。慢慢的每天他钉下的数量减少了。男孩发现控制自己的脾气要比钉下那些钉子来得容易些。

终于有一天这个男孩再也不会失去耐性乱发脾气,他告诉了父亲这件事,父亲告诉他,现在开始每当他能控制自己的脾气的时候,就拔出一根钉子。

一天天过去了,最后男孩告诉父亲,他终于把所有钉子都拔出来了。

父亲握着他的手来到后院说:"你做得很好,我的好孩子。但是看看那些围篱上的洞,这些围篱将永远不能恢复成从前的样子。你生气的时候说的话将像这些钉子一样留下了永远的疤痕。如果你拿刀子捅别人一刀,不管你说了多少次对不起,那个伤口将永远存在。话语的伤痛就像真实的伤痛一样令人无法承受。

第四单元　秘书换位思维实训

一、要点讲解

换位思考,有时要以己度人,进而才可能做到"己所不欲,勿施于人";换位思考,有时要由此及彼,进而才可能追求"知己知彼,百战百胜"的效果;换位思考,有时要设身处地的为别人考虑,进而才可能明白"萝卜白菜各有所爱";换位思考,有时要从多角度看问题,进而才可能明白"横看成岭侧成峰,远近高低各不同"的哲理。

【范例展示】

　　人们常说瞎子点灯——白费蜡。有一位盲人夜间出门,提着一盏明晃晃的灯笼,行人迷惑不解,忍不住上前问道:"大哥,你眼睛不好使,还打着这个灯笼有用吗?""有用有用,怎么会没用?"盲人认真地回答。这时,周围聚来好些好奇的人。没想到,这位盲人的回答令人振聋发聩:"正因为我看不见你们,我才需要这盏灯笼给你们这些明眼人以提示,免得你们在黑暗中看不见我这个盲人把我撞倒了。"听者心中豁然开朗,都被这位盲人的聪明所折服。而这位盲人手中灯笼所映照出的智慧,正是换位思考的成功范例。

二、活动设计

(一)议一议

心中有佛

　　一次,苏东坡与一位和尚比试坐禅。苏东坡不仅是著名诗人,也是一代禅学大师。两人面向而坐,苏东坡看着和尚心里就乐,有些看不起人家。他问和尚:"你看我坐禅像什么?"和尚说:"你像一尊佛。"苏东坡对和尚说:"你猜猜我看你像什么?"和尚问:"像什么?"苏东坡说:"我看你像一堆牛粪。"比试之后,和尚很无趣地离开了。回到家里,苏东坡很得意地和他妹妹即苏小妹讲了这件事,没想到苏小妹却说:"人家说你像佛,因为人家心中有佛;你说人家像牛粪,因为你心中有牛粪。不要得意忘形,你自己好好想想吧。"

　　问题探讨:请谈谈这个典故对我们的启发。

(二)练一练

　　1.在一个暴风雨的晚上,你开着一辆车经过一个车站。看见三个人正在等公车。

　　一个是快要死的老人。

　　一个是医生,他曾救过你的命,你做梦都想报答他。

　　还有一个男人/女人,他/她是那种你做梦都想嫁/娶的人,也许错过就没有了。

　　但你的车只能坐一个人,你会如何选择?请解释一下你的理由。

　　2.请谈谈你对以下这段话的理解。

　　一位年轻人去拜访一位年长的智者。他问:"我如何才能变成一个自己愉快、也能够给别人带来愉快的人呢?"智者微笑着说:"我送给你四句话。第一句话是,把自己当成别人。第二句话是,把别人当成自己。第三句话是,把别人当成别人。第四句话是,把自己当成自己。"

　　3.请就以下故事谈谈你的感想。

　　早年在美国的阿拉斯加,有一位年轻人的太太因难产而死,遗下一孩子。

　　年轻人又忙生活,又忙看家,因没有人帮忙看孩子,他就训练了一只聪明听话的狗,这只狗不仅能照顾小孩,还能咬着奶瓶喂奶给孩子喝。

　　有一天,主人出门去了,叫它照顾孩子。

　　年轻人到了别的乡村,因遇大雪当日不能回来。第二天才赶回家,狗立即闻声出来迎接主人。他把房门开一看,屋里到处是血,床上也是,孩子不见了。狗也满嘴是血,年轻人以为狗性发作把孩子吃掉了,大怒之下拿起刀向着狗头一劈,把狗杀死了。

之后,他忽然听到孩子的声音,又见孩子从床下爬了出来,虽然身上有血,但并未受伤。

他很奇怪,不知究竟是怎么一回事,再看看狗身上、腿上的肉都没有了,屋旁边还有一只死狼,狼口里还咬着狗的肉。狗救了小主人,却被主人误杀了,这真是天下最令人伤心的误会。

4. 阅读下面案例,推测馆员的新方案。

相传,大英图书馆老馆年久失修,于是在新的地方另建了一个图书馆,新馆建成以后,要把老馆的书搬到新馆去。这本来是一个搬家公司的活,没什么好策划的,把书装上车,拉走,运到新馆即可。问题是按预算需要 350 镑,图书馆没有这么多钱。眼看雨季就要到了,不马上搬家损失就大了,怎么办?馆长想了很多方案,但一筹莫展。正当馆长苦恼的时候,一个馆员找到馆长,说他有一个解决方案,不过仍然需要 150 万英镑。馆长十分高兴,因为图书馆有能力支付这笔钱。

"快说出来!"馆长很着急。

馆员说:"好主意也是商品,我有一个条件。"

"什么条件?"

"如果 150 万全部花完了,那权当我给图书馆做贡献了。如果有剩余,图书馆要把剩余的钱给我。"

"那有什么问题,350 万我都认可了,150 万以内剩余的钱给你,我马上就能做主!"馆长很坚定地说。

"那我们来签个合同?"馆员道。

合同签订了,不久实施了馆员的新搬家方案。150 万英镑连零头都没有用完就把图书馆给搬完了。

三、思维拓展

躬自厚而薄责于人

出处:《论语·卫灵公》子曰:"躬自厚而薄责于人,则远怨矣。"

译文:孔子说:"多责备自己而少责备别人,那就可以避免别人的怨恨了。"

学有所得:

对秘书个人而言,换位思维的一个诀窍是在遇到问题时多站在别人的角度看问题,设身处地的为别人着想,只有当我们做到这些的时候,我们才能够更多的理解别人,宽容别人。在生活中,要学会换位思考,当与别人发生矛盾时,才能化干戈为玉帛,重建良好的友谊。

四、习得交流

以责人之心责己,以宽人之心宽人——运用"换位思考"的方法设身处地地站在他人的角度去考虑问题,进而建立相互理解的良好人际关系。

第三部分 发散思维训练

训练内容图解

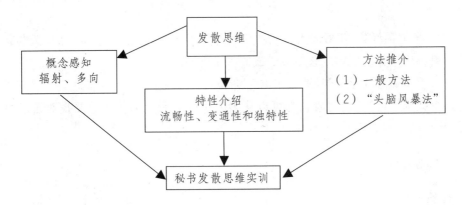

第一单元 发散思维概念感知

一、要点讲解

古人说:"少年读书如隙中窥月;中年读书如庭中望月;老年读书如台上玩月。"少年、中年、老年,年龄越长、历事越多、见识越广。隙中、庭中、台上,视野依次开阔,感悟也自然会得到加强和提升。

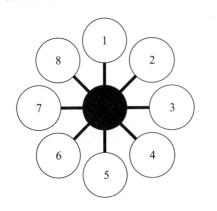

发散思维又称"辐射思维""放射思维""多向思维"或"扩散思维",是指从一个目标出发,沿着各种不同的方向、不同的角度和不同的途径去思考,并且,从多方面探求多样性答案的展开性思维方式与聚合思维相对

由此可见,由于背景的不同,考虑问题的角度不同,知识积累的差异等原因,事物的正确答案往往不止一个。因此,每一种事物都可以从不同的角度去观察,观察的角度不同,结

论也不相同。当我们面临问题的时候,只有突破思维定势,才能很快地拓宽思维领域,从各个方向各个角度去观察思考、快速联想获取众多可供分析和解决问题的信息,提出两种或两种以上解决问题的方案、假设或答案,以全新的视野去感悟生活。

【案例阅读】

快乐与悲哀

一个老太太有两个女儿:大女儿嫁给一个卖雨伞的,二女婿则靠卖草帽为生。

一到晴天,老太太就唉声叹气道:"大女婿的雨伞不好卖,大女儿的日子不好过了。"可一到雨天,她又想起二女儿:"又没有人买草帽了。"所以,无论晴天还是雨天,老太太总是不开心。

一位邻居觉得好笑,便对老太太说:"下雨天你想想大女儿的伞好卖了,晴天你就想二女儿的草帽生意不错,这样想,你不就天天高兴了吗?"

老太太听了邻居的话,天天脸上都有了笑容。

在这个案例中可知,任何事物都可以从多个角度去看。为什么总要找对自己最不利的角度,和自己过不去呢?

二、活动设计

(一)看一看

在图中你看见了多少个人?

(二)议一议

案例 A 立体思维的发散

> 立体绿化:屋顶花园增加绿化面积、减少占地改善环境、净化空气
>
> 立体农业(间作):如玉米地种绿豆、高粱地里种花生等
>
> 立体森林:高大乔木下种灌木、灌木下种草,草下种食用菌
>
> 立体渔业:网箱养鱼充分利用水面、水体
>
> 立体开发资源:煤、石头、开发产品

问题探讨:你还能想出什么样的立体思维形式?

案例 B　铅笔的用途

纽约市里士满区有所穷人学校,是贝内特牧师在经济大萧条时期创办的。1983 年,一位名叫普热罗夫的法学博士在做毕业论文时发现,50 年来,该校毕业的学生在纽约警察局的犯罪记录最低。

普热罗夫对此做了长时间的调查研究。从 80 岁的老人到 8 岁的顽童,从贝内特牧师的亲属到在校任教的老师,总之,凡是在此学习和工作过的人,只要能打听到住址和信箱,他都给他们寄去了一份调查表,询问他们:"贝内特学校教会了你什么?"在将近 6 年的时间里,他共收到了 3 765 份答卷。在这些答卷中,74% 的人答道:母校让我们明白了"一支铅笔有多少种用途"。

普热罗夫专门走访了调查对象之一,纽约市最大的一家皮货老板。老板说:"是的,当年贝内特牧师教会了我们'一支铅笔有多少种用途',我们入学后的第一篇作文就是这个题目。当初,我认为铅笔只有一种用途——那就是写字。后来渐渐知道了,铅笔不仅能用来写字,必要时还可以用作尺子画直线,能作为礼物送人表示友爱,还能当商品出售获利。铅笔的铅芯磨成粉末后可以当作润滑剂,演出时可以充当化妆品,削下的木屑还可以做成装饰画。一支铅笔按比例可以分成相等的若干份做成一副象棋,可以当作玩具车的轮子。在野外遇险时,抽掉铅笔芯还可以当作吸管吮吸岩石缝里的水滴。在遇到坏人时,削尖的铅笔可以当作防身的武器……一支铅笔有无数种用途,并且任何一种用途都足以使我们活下去。我本人原来是电车司机,后来失业了。现在你瞧,我成了皮货商人。"

普热罗夫后来又采访了一些贝特纳学校的其他毕业生,发现无论当年他们的成绩是好是坏、智商是高是低,如今都有一份职业,都生活得快乐而满足。

问题探讨:试分析贝内特牧师的高明之处。

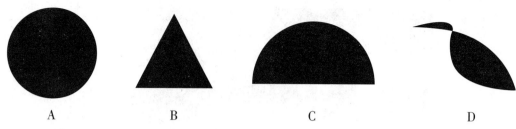

| A | B | C | D |

上面四个图形符号中,哪一个和其他3个类型不同? 请说明你的理由。

其实,由于标准和角度不同,这4个图形都可以作为正确答案。

A——因为它是唯一没有角的图形。

B——因为它是唯一由直线构成的。

C——因为它是唯一由直线和曲线组成的。

D——因为它是唯一非对称性的图形。

(三)练一练

1. 下面的图形,是由15根火柴杆排成大小6个正方形。试试看,移动3根火柴杆,放在适当的位置后,把它变成4个正方形。

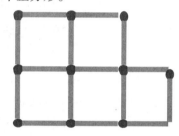

2. 发散思维立意训练:

请根据以下材料运用发散思维的多角度提炼观点。

材料:一滴水在宇宙中只不过是一个微小的点,可是它却能反映出整个太阳。这就意味着整个太阳被"压缩"进一个水滴之中。于是,当我们面对清晨绿叶上的串串露珠时,仿佛看到无数的太阳在微风中舞蹈;当我们凝视到秋潭般碧澈的眼睛时,似乎看到了一个奥妙无穷的宇宙。

第二单元　发散思维特性介绍

一、要点讲解

美国吉尔福特学派认为,创造性思维的核心是发散思维。吉尔福特说:"发散思维是从给定的信息中产生信息,其着重点是从同一的来源中产生各种各样的,为数众多的输出,很可能会发生转换作用(背异、求异)其模式是由一到多。"例如,砖头有什么用途? 围绕这个问题就可以作出各种各样的回答:

可以用来造房子、砌墙、铺地、造桥……

可以用作武器,打狗、打坏人……

可以用作压纸张;

可以用作锤子敲打钉子;

可以用来磨刀;

可以用来垫桌腿。

吉尔福特认为一个人如果对某一问题提出的方案越多、越新鲜,则说明他的发散思维能力越强。

发散思维具有三个特点:

(1)变通性。思考变化多端,能举一反三、触类旁通,不易受思维定势的束缚,因而能够提出不同凡响的新观念。

(2)独特性。这种独特的功能表现为对事物有超乎寻常的独特见解。别人想不到的他能想到。

(3)流畅性。能在较短的时间内表达出较多的观念,反应迅速并善于进行联想。

当然,发散思维的这些特点也不是彼此孤立的,它们之间互相关联。只有流畅,才能变通;只有流畅且变通,才能产生出独特的创意。

【范例展示】

拼图之道

有一天,牧师正在家里准备布道用的材料,不料,他的小儿子却一直吵闹不休。牧师灵机一动,从杂志上撕下一页地图,撕成碎片,对小儿子说:"宝贝,地图被弄坏了,你要是能把它拼好,我就给你2美元。"小孩子高高兴兴接过了那些碎片。牧师长吁一口气说:"现在好了,可以安心工作了!"不料,没到10分钟他的小儿子就回来了,高兴道:"爸爸,给我2美元吧。"牧师看到那张拼好的地图,充满疑惑地看着小儿子问:"怎么会这么快就拼好了呢?"

小儿子神气地把刚刚粘好的地图翻过来:"看,地图背后是一位明星的画像!我不熟悉要拼的地图,但是,如果这个明星的画像正确,那么地图就肯定也就正确了!"

牧师拿出2美元叹道:"对啊。只要人是正确的,那么他的世界就一定也是正确的!谢谢你给我提供了讲道的材料!"

在这个案例中,如果我们沿着固有的思路,认真地投入到支离破碎的地图碎片中去,肯定会浪费很多时间,事倍功半。而牧师的小儿子只是在开工之前多想了一小步,于是,成功发现了地图背后的秘密,事半功倍。

二、活动设计

(一)议一议

案例 A

两位学生运用发散思维方式在5分钟内分别列举出了茶杯的用途。

学生 A 在 5 分钟内写出了茶杯的 20 余种用途:装水、装酒、装醋、装味精、装酱油、装盐、装糖、装墨水、装沙子、装米、装酱菜、装颜料、装茶叶、装药……

学生 B 在 5 分钟内写出了茶杯的如下用途:

作容器,放各种东西;作武器,砸小偷;作装饰品,美化橱柜;作礼品,赠送他人;作模特,供人绘画;作道具,演戏、拍电视用;作花盆,养水仙花。

问题探讨:请对比分析学生 A 和学生 B 哪位的发散思维能力较强。

案例 B　徐文长智慧故事

徐文长从小就善于动脑筋思考问题,他不仅聪明机智,还充满了情趣。

徐文长的伯父很喜欢他,时常想些法子逗他玩,考他的思考能力。有一次,伯父领着徐文长来到一座挨着水面、桥身又窄又软的竹桥边,把两只水桶都装满了水,然后对徐文长说:"我想考考你,如果你能提着这两桶水过桥,我就送你一件礼物。"

徐文长想了一下,就脱下鞋,用两根鞋带把木桶系住,然后再把装满了水的木桶放到水里,他就这样拉着两根鞋带,利用水的浮力把两桶水提过了竹桥。

伯父还想用一个更难的法子把徐文长难倒。他说:"既然你过了桥,礼物我当然要给你,但必须要按我的要求去取礼物。"说着,他就把那件礼物吊到了一根长竹竿的顶端,并且告诉徐文长:"你既不能站在凳子之类的高地方去取,又不能把竹竿横下来。"

伯父想,这下徐文长应该没办法了吧。

但徐文长摸了摸后脑勺,马上就想出了取礼物的方法。只见他拿起竹竿一直走到一口井边,然后把竹竿往井里放,当竹竿顶端快到井口时,他就顺利地拿到了那件礼物。

伯父被聪明的徐文长惊呆了,不禁拍手称赞:"真是个聪明的孩子啊!"

问题探讨:请谈谈来自聪明孩子徐文长的启示。

(二)练一练

1.请在 10 个"十"字上加最多三笔构成新的字。

十、十、十、十、十、十、十、十、十、十

2.请在"日"字、"口"字、"大"字、"土"字的上、下、左、右,上下一起各加笔画写出尽可能多的字来(每种至少 3 个)。

3.下面的图形是什么? 答案越多越好。

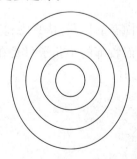

第三单元 发散思维方法推介

一、要点讲解

发散思维是大脑在思维时呈现的一种扩散状态的思维模式,它表现为思维视野广阔,思维呈现出多维发散状。可以通过从不同方面思考同一问题,如"一题多解""一事多写""一物多用"等方式,培养发散思维能力。

从问题的要求出发,沿不同的方向去探求多种答案的思维形式。当问题存在着多种答案时,才能发生发散思维。它不墨守成规、不拘泥于传统的做法,有更多的创造性。

(一)一般方法

1.材料发散法 以某个物品尽可能多的"材料",以其为发散点,设想它的多种用途。

2.功能发散法 从某事物的功能出发,构想出获得该功能的各种可能性。

3.结构发散法 以某事物的结构为发散点,设想出利用该结构的各种可能性。

在北戴河孟姜女庙前檐柱上有一副对联,原文如下:

> 海水朝朝朝朝朝朝朝落
> 浮云长长长长长长长消

根据"朝"有两个读法:表示早晨的"朝"和表示潮水的"潮","长"也有两个读法:表示长短的"长"和表示涨潮的"涨",三个游客议论开了:

游客甲认为这对联可读成:

> 海水潮,朝朝潮,朝潮朝落;
> 浮云涨,长长涨,长涨长消。

游客乙认为,这对联可读成:

> 海水朝潮,朝朝潮,朝朝落;
> 浮云长涨,长长涨,长长消。

游客丙认为,这对联可以读成:

> 海水朝朝潮,朝潮,朝朝落;
> 浮云长长涨,长涨,长长消。

这3个游客的读法是他们各自以对联的结构为发散点,所做出的不同处理。

4.形态发散法 以事物的形态为发散点,设想出利用某种形态的各种可能性。

5.组合发散法 以某事物为发散点,尽可能多地把它与别的事物进行组合成新事物。

6.方法发散法 以某种方法为发散点,设想出利用方法的各种可能性。

7.因果发散法 以某个事物发展的结果为发散点,推测出造成该结果的各种原因,或者由原因推测出可能产生的各种结果。

(二)"头脑风暴法"——集体发散思维

集体发散思维可以采取不同的形式,通常采用的是"头脑风暴法"。发散思维有时候还需要集思广益,通常戏说的开个"诸葛亮会"——每个与会人员都要说出自己的想法,只要言之有理,都可以被大家认同并且被采纳,最后总结出结论。这个方法就叫做"头脑风暴"。

头脑风暴法出自"头脑风暴"一词,所谓头脑风暴,最早是精神病理学上的用语,专指精神病患者的精神错乱状态而言的。而现在则成为无限制的自由联想和讨论的代名词,其目的在于产生新观念或激发创新设想。

"头脑风暴"何以能激发创新思维? 根据 A. F. 奥斯本本人及其他研究者的看法,主要有以下几点:

1. **联想反应**   联想是产生新观念的基本过程。在集体讨论问题的过程中,每提出一个新的观念,都能引发他人的联想。会相继产生一连串的新观念,产生连锁反应,形成新观念堆,为创造性地解决问题提供了更多的可能性。

2. **热情感染**   在不受任何限制的情况下,集体讨论问题能激发人的热情。人人自由发言、相互影响、相互感染,能形成热潮,突破固有观念的束缚,最大限度地发挥创造性地思维能力。

3. **竞争意识**   在有竞争意识情况下,人人争先恐后、竞相发言,不断地开动思维机器,力求有独到见解、新奇观念。心理学的原理告诉我们,人类有争强好胜心理,在有竞争意识的情况下,人的心理活动效率可增加50%或更多。

4. **个人欲望**   在集体讨论解决问题过程中,个人的欲望自由,不受任何干扰和控制是非常重要的。头脑风暴法有一条原则,不得批评仓促的发言,甚至不许有任何怀疑的表情、动作、神色。这就能使每个人畅所欲言,提出大量的新观念。

【范例展示】

关于雨伞存在问题的解决方案

1. 雨伞存在的问题:

(1) 容易刺伤人;

(2) 拿伞的那只手不能再派其他用途;

(3) 乘车时伞会弄湿乘客的衣物;

(4) 伞骨容易折断;

(5) 伞布透水;

(6) 开伞收伞不够方便;

(7) 样式单调、花色太少;

(8) 晴雨两用伞在使用时不能兼顾;

(9) 伞具携带收藏不够方便,等等。

2. **解决方案:**

(1) 增加折叠伞品种;

(2) 伞布进行特殊处理;

（3）伞顶加装集水器，倒过来后雨水不会弄湿地面；

（4）增加透明伞、照明伞、椭圆形的情侣伞、拆卸式伞布等；

（5）还可以制成"灶伞"，除了挡风遮雨外，在晴天撑开伞面对准太阳，伞面聚集点可产生 500 度的高温，太阳伞则成了名副其实的"太阳灶"，用途一下子就拓宽了许多。

二、活动设计

（一）议一议

曲别针的用处

许国泰信息场图示。该图由一张两维表格呈现：X 轴是指人类活动，就是想像曲别针在勾、挂、联、画、化学反应、计算、书写、日常活动等方面的应用；Y 轴是表示曲别针的要素，包括有材质、重量、体积、长度、截面、韧性、弹性、硬度、直边、弧边等。两轴相交就是信息场，各点相乘，进行信息交和，可见其用途是无穷无尽的。曲别针可以变成数字和加减乘除；可以变成英文、拉丁文、俄文字母组成各种语言文字；还可以和各种酸类及其他的化学物质产生反应，制作成各种东西。

问题探讨：请谈谈许国泰这一"魔球理论"给你怎样的启示？

（二）练一练

1. 用 8 根火柴作 2 个正方形和 4 个三角形（火柴不能弯曲和折断）。

2. 尽可能多地说出领带的用途。

3. 一棵树上有 5 只鸟，猎人对着鸟开了一枪，树上还有几只鸟？常见的回答是：

（1）还剩 1 只鸟（猎人开枪打死 1 只，其余的全飞走了）；

（2）还剩 5 只（猎枪出了故障）；

（3）还剩 0 只（猎人枪法不准，全飞走了）。

试问：除上面的几种情况之外，你还能有多少种答案？

4. 两个朋友外出旅游，夜晚在一家旅馆过夜，谈到了体重的问题。两个都认为自己比对方瘦，但到底谁更胖呢？看来只有称一称才知道了。于是他们向旅馆借体重秤，可旅馆只有一台小磅秤，而且最多只能称 20 千克的物品。这该怎么办呢？其中一人拿来一些小小的道具，就把问题解决了。

你认为该怎么做？

第四单元　秘书发散思维实训

一、要点讲解

美国心理学家吉尔福特说过："人的创造力主要依靠发散思维，它是创造思维的主要成分。"发散思维是以一个问题为中心，向四面八方拓展出去，在多方向、多角度、多层次、

多维度上展开思考。例如,尤伯罗斯在奥运会"节流"和"开源"上所想到的高招:

(一)在"节流"方面

主要有:

(1)尽可能利用洛杉矶已有的运动场;

(2)利用大学生宿舍代替奥运村;

(3)必须新建一个游泳池(以提供场地和做广告为条件,说服麦当劳兴建游泳池);

(4)必须新建一个自行车赛场(以同样的条件,将这一"任务"交给了当地的一家商店)。

(二)在"开源"方面

主要有:

(1)他慎重地选择了30家"赞助"商,让这些厂商出资;

(2)他找来了50家供应商,让这些厂商捐助;

(3)让电视网竞争独家播映权;

(4)购买照相器材权出售给了日本的富士公司;

(5)火炬传递接力权的办法,以每公里3 000美元出售;

(6)把奥运会的标志——山鹰,也作为一种商标专利广泛出售。

【范例展示】

重塑的亮点

一个商场只要对外营业,就会产生出自己的社会形象。如果某家商场邀请我们设计或者重塑这家商场的社会形象。

此时我们可以从以下诸多方面考虑:

1. 从商场的一般特征来说,其因素有:经营历史、社会知名度、在商界范围的渗透程度、商场的目标市场……

2. 从商场的具体特征来说,其因素有:商场中的商品特征、商品的价格特征、职员的服务特征、商场的物质设施、商场的宣传特征……

(1)从商场中的商品特征来说,其因素有:品种齐全的程度、商品的质量、商品的适应性及其更新速度、商标名称的使用……

(2)从商品的价格特征来说,其因素有:总体价格水平、质量价格比、与同行业竞争者的比较……

(3)从职员的服务特征来说,其因素有:员工的仪表、售货员的态度、业务技能、服务方式和设施、对消费者利益的关心程度、消费者的反映……

(4)从商场的物质设施来说,其因素有:商场建筑的外貌、所处地段和周围环境、内部装修水平、顾客的走道和升降设备、商品的布局和陈列、清洁卫生程度……

(5)从商场的宣传特征来说,其因素有:广告媒体的使用、发布商品信息的数量和速度、宣传的真实程度……

二、活动设计

(一)议一议

案例 A　积压的手帕

有一家手帕厂生产因销售受阻使库存积压了 20 万条锦缎白手帕。

问题探讨:你作为秘书,会作何反应?

案例 B　滞销的香蕉

广西香蕉丰收,总产量达 210 万吨。因与南方其他香蕉主产区同时上市,加上遭遇北方雪灾使大雪封路,广西香蕉遭遇了 10 年来最严重的滞销问题。

问题探讨:请采用集体发散思维法,讨论我们需要考虑如何解决?

(二)练一练

1. 0 是什么?(至少想出 30 种)

2. 如果可以不计算成本,还可以用哪些材料做衣服?

3. 模拟"头脑风暴"法的"诸葛亮会"

(1)组织形式

A. 以小组为单位确定选题;

B. 会议时间控制在 1 小时左右;

C. 设主持人一名,主持人只负责主持会议,对设想不作评论。设记录员 1～2 名,要求不论好坏都完整记录下来与会人员的每一设想。

(2)会议原则

为使与会者畅所欲言,互相启发和激励达到较高效率,必须严格遵守下列原则:

A. 禁止批评和评论,也不要自谦;

B. 目标集中,追求设想数量,越多越好;

C. 鼓励巧妙地利用和改善他人的设想,这是激励的关键所在。每个与会人员都要从他人的设想中激励自己,从中得到启示。或补充他人的设想,或将他人的若干设想综合起来提出新的设想等;

D. 与会人员一律平等,各种设想都能被全部记录下来;

E. 主张独立思考,不允许私下交谈,以免干扰别人思维;

F. 提倡自由发言,畅所欲言,任意思考;

G. 不强调个人的成绩,应以小组的整体利益为重,注意和理解别人的贡献。人人创造民主环境,不以多数人的意见阻碍个人新的观点的产生,激发个人追求更多更好的主意。

三、思维拓展

《三国演义》第七十二回　诸葛亮智取汉中　曹阿瞒兵退斜谷

……

操屯兵日久,欲要进兵,又被马超拒守;欲收兵回,又恐被蜀兵耻笑,心中犹豫不决。

适庖官进鸡汤。操见碗中有鸡肋,因而有感于怀。正沉吟间,夏侯惇入帐,禀请夜间口号。操随口曰:"鸡肋!鸡肋!"惇传令众官,都称"鸡肋"。行军主簿杨修,见传"鸡肋"二字,便教随行军士,各收拾行装,准备归程。有人报知夏侯惇。惇大惊,遂请杨修至帐中问曰:"公何收拾行装?"修曰:"以今夜号令,便知魏王不日将退兵归也:鸡肋者,食之无肉,弃之有味。今进不能胜,退恐人笑,在此无益,不如早归:来日魏王必班师矣。故先收拾行装,免得临行慌乱。"夏侯惇曰:"公真知魏王肺腑也!"遂亦收拾行装。于是寨中诸将,无不准备归计。当夜曹操心乱,不能稳睡,遂手提钢斧,绕寨私行。只见夏侯惇寨内军士,各准备行装。操大惊,急回帐召惇问其故。惇曰:"主簿杨德祖先知大王欲归之意。"操唤杨修问之,修以鸡肋之意对。操大怒曰:"汝怎敢造言,乱我军心!"喝刀斧手推出斩之,将首级号令于辕门外。原来杨修为人恃才放旷,数犯曹操之忌:操尝造花园一所;造成,操往观之,不置褒贬,只取笔于门上书一"活"字而去。人皆不晓其意。修曰:"'门'内添'活'字,乃阔字也。丞相嫌园门阔耳。"于是再筑墙围,改造停当,又请操观之。操大喜,问曰:"谁知吾意?"左右曰:"杨修也。"操虽称美,心甚忌之。又一日,塞北送酥一盒至。操自写"一合酥"三字于盒上,置之案头。修入见之,竟取匙与众分食讫。操问其故,修答曰:"盒上明书'一人一口酥',岂敢违丞相之命乎?"操虽喜笑,而心恶之。操恐人暗中谋害己身,常分付左右:"吾梦中好杀人;凡吾睡着,汝等切勿近前。"一日,昼寝帐中,落被于地,一近侍慌取覆盖。操跃起拔剑斩之,复上床睡;半晌而起,佯惊问:"何人杀吾近侍?"众以实对。操痛哭,命厚葬之。人皆以为操果梦中杀人;唯修知其意,临葬时指而叹曰:"丞相非在梦中,君乃在梦中耳!"操闻而愈恶之。操第三子曹植,爱修之才,常邀修谈论,终夜不息。操与众商议,欲立植为世子,曹丕知之,密请朝歌长吴质入内府商议;因恐有人知觉,乃用大簏藏吴质于中,只说是绢匹在内,载入府中。修知其事,径来告操。操令人于丕府门伺察之。丕慌告吴质,质曰:"无忧也:明日用大簏装绢再入以惑之。"丕如其言,以大簏载绢入。使者搜看簏中,果绢也,回报曹操。操因疑修潜害曹丕,愈恶之。操欲试曹丕、曹植之才干。一日,令各出邺城门;却密使人分付门吏,令勿放出。曹丕先至,门吏阻之,丕只得退回。植闻之,问于修。修曰:"君奉王命而出,如有阻当者,竟斩之可也。"植然其言。及至门,门吏阻住。植叱曰:"吾奉王命,谁敢阻当!"立斩之。于是曹操以植为能。后有人告操曰:"此乃杨修之所教也。"操大怒,因此亦不喜植。修又尝为曹植作答教十余条,但操有问,植即依条答之。操每以军国之事问植,植对答如流。操心中甚疑。后曹丕暗买植左右,偷答教来告操。操见了大怒曰:"匹夫安敢欺我耶!"此时已有杀修之心;今乃借惑乱军心之罪杀之。修死年三十四岁。后人有诗曰:"聪明杨德祖,世代继簪缨。笔下龙蛇走,胸中锦绣成。开谈惊四座,捷对冠群英。身死因才误,非关欲退兵。"

由《三国演义》中的片段分析"杨修之死"主要是因为"杨修为人恃才放旷,数犯曹操之忌"

改建花园大门	"操虽称美,心甚忌之"
分食一盒酥	"操虽喜笑,而心恶之"
梦中杀侍卫	"操闻而愈恶之"

告发曹丕　　　　　　　　"操因疑修害曹丕,愈恶之"

教曹植斩门吏而出　　　　"操大怒"

为曹植作答教　　　　　　"大怒……已有杀修之心"

请以《"杨修之死"留给秘书的启示》为题,从发散思维的角度提炼观点。

学有所得:

从秘书学的角度看,杨修根本不了解秘书工作的性质。虽才华出众,却不具备领导人秘书的素质,因此难免招来杀身之祸。

四、习得交流

请以第一人称的口吻述说杨修的心迹。

第四部分　联想思维训练

训练内容图解

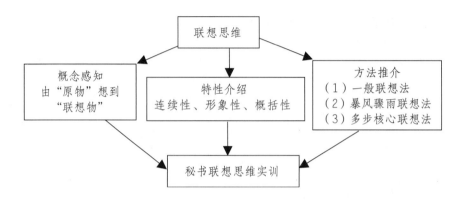

第一单元　联想思维概念感知

一、要点讲解

人类失去联想,世界将会怎样?

以上这句是联想电脑的一则经典广告语。这句广告语妙就妙在一语双关,它将思维现象和产品名称融为了一体,首先它指人类的发展离不开联想思维,同时也暗指大家的生活里不能没有联想集团的产品。并且以设问的形式引起受众的注意,使人在不知不觉中接受了"'联想'对世界很重要"这样一个宣传主旨。

《世说新语》中有这样一个故事:

有一次,东晋著名的政治家谢安和他的家人一起吃午饭,窗外纷纷扬扬下起了雪,这么大的雪南国还是少见的,孩子们都瞪着眼睛向外看着。谢安乘机问道:"你们看这飘飘的雪花像什么?"他的侄子谢朗说:"撒盐空中差可拟。"他的侄女谢道韫说:"未若柳絮因风起。"

这里谢朗把飘飘而落的雪花比作盐粒,谢道韫则把它比作柳絮。无论是盐粒还是柳絮,都是他们因看到眼前的雪花而想到的。这就是联想。所谓联想思维,就是人们在观察的基础上,运用已有的知识和经验,由当前的某一事物(原物)回忆起或想到另一有关事物(联想物),从而找到事物之间的联系的思维活动。联想思维是由"原物"想到"联想物"的思维过程。不管怎样,"原物"与"联想物"之间总是存在着一定的关系:或由此及彼,或由近及远,或由结果到原因,或由原因到结果,或由具体到抽象,或由现象到本质,或由生活现象到社会现象,等等。

【范例展示】

源自游戏的"分期付款"

美国国际农机公司创始人梅考克在一次下班回家的路上看到几个小孩在做游戏,于是便驻足观看。

游戏要完了,一个较大的孩子拿出一包软糖在伙伴面前炫耀说:"真好吃呀。"说着糖已经塞进嘴里。

这可把大家馋得直流口水,大孩子好像看透了伙伴们的心思,他说:"我吃不了这么多,但要我白送给你们,我又舍不得。这样吧,每包10美分卖给你们。"

小伙伴们争先恐后地从兜里掏钱,其中一个小朋友的脸上显出为难的神情,原来他口袋里只有3美分,他害羞地说:"我可不可以只买3块?"

大孩子果断地说:"我是不零卖的。"

梅考克向小孩子递去了同情的目光并想替他付钱。

这时,旁边不知是哪个小朋友说:"让鲁德先欠你7美分,以后再还给你。"

大孩子说:"可以,可是要付利息的呀!"

"好的。"小鲁德满口答应,"明天我还你8美分,只要你肯先把糖卖给我。"

几个小孩儿游戏中的小小赊欠,使梅考克顿时想出了一个好主意——分期付款:在推销收割机时,有许多顾客想买可又苦于资金不足而不能买,如果我也用分期付款的方法,岂不正为他们解决了这个难题。我的产品库存积压不是也同时减少了吗?

梅考克从小孩儿的游戏中创造了"分期付款"的销售法,使他的公司在经营和销售上,获得了第一次腾飞。1849 年,梅考克创造了收割机年销售 2 000 部的高记录。从此,梅考克公司的农机销售量始终居美国同行业之冠。

二、活动设计

(一)看一看

对下列图片充分展开联想。

图 1　　　　　　　　图 2　　　　　　　　图 3

(二)议一议

微生物的发现

荷兰生物学家列文虎克就曾从联想中发现了微生物。那是 1675 年的一天,天上下着细雨,列文虎克在显微镜下观察了很长一段时间,眼睛累得酸痛,便走到屋檐下休息。他看着那淅淅沥沥下个不停的雨,思考着刚才观察的结果,突然想到一个问题:在这清洁透明的雨水里,会不会有什么东西呢? 于是,他拿起滴管取来一些水,放在显微镜下观察。没想到,竟有许许多多的"小动物"在显微镜下游动。他高兴极了,但他并不轻信刚才看到的结果,又在露天下接了几次雨水,却没有发现"小动物"。过几天后,他再接雨水观察,又发现了许多"小动物",于是,他又广泛地观察,发现"小动物"在地上有,空气里也有,到处都有,只是不同的地方"小动物"的形状不同。活动方式不同罢了。列文虎克发现的这些"小动物",就是微生物。这一发现,打开了自然界一扇神秘的窗户,揭示了生命的新篇章。

问题探讨:请分析列文虎克这一联想过程。

(三)练一练

1.回想一个你成功地发挥想象力的事例。

2.对唐代张若虚的《春江花月夜》"春江潮水连海平,海上明月共潮生。滟滟随波千万里,何处春江无月明"的优美诗句进行联想。

第二单元 联想思维特性介绍

一、要点讲解

(一)连续性

联想思维的主要特征是由此及彼,连绵不断地进行。可以是直接的,也可以是迂回曲折的、闪电般的联想链,而链的首尾两端往往是风马牛不相及的。

(二)形象性

由于联想思维基本的思维操作单元是表象,是一幅幅画面。所以,联想思维和想象思维一样显得十分生动,具有鲜明的形象。

(三)概括性

联想思维可以很快把联想到的思维结果呈现在联想者的眼前,而不顾及其细节如何,是一种整体把握的思维操作活动,因此具有很强的概括性。

【范例展示】

方便面的诞生

面条是日本人的传统食品。日本人虽然以爱惜时间闻名于世,但即使是在上班的时候,为了能吃到一碗热面条,他们宁愿在饭馆前排成一条长龙。这个现象被一家公司的经理安藤百福注意到了。他想:"做面条太费时间,为什么不可以让它更简便呢? 那样人们就不用排队了。"有了这样的想法,安藤百福马上开始试制方便面。

这一雕虫小技,无异是面食技术的一场革命。第一批方便面条便是如今老幼皆知的"鸡肉方便面",此产品 1958 年 8 月第一次上市销售。正如安藤百福所预想的那样,方便面一上市就立即引起轰动,爆发性畅销。到 1959 年 4 月,"鸡肉方便面"就出售了 1 300 万包。由于它能为众多消费者节省时间,从而受到世界人民的欢迎。

二、活动设计

(一)议一议

案例 A 深山藏古寺

古有画师收徒,出题"深山藏古寺"。第一人画层峦叠嶂,群山环抱一古寺,画师批曰:"愚不可教"。第二人画山一座,万绿丛中隐约可见一舍利塔尖,画师批曰:"难成大器"。最后一人所画,只有一老僧在山涧泉水旁担水,画师极为赞许,批曰:"藏机毕露,以一当十"。是曰:景愈幽、愈深、愈大。

问题探讨:请从联想思维的角度分析最后一人缘何极为画师赞许。

案例 B　棋圣赌棋

范西屏向朋友借了一头小毛驴去扬州探亲,来到江边船老板却不让他的毛驴上船,因为小小的船舱只能载人,不能载牲口。

范西屏既不能上船,又不能把朋友的毛驴给丢了,于是他一筹莫展地牵着毛驴在县城的街道上闲逛。当他走到一家布店时,布店老板正和一个年轻人用围棋一赌输赢,原来布店老板经常以围棋为赌博的工具来赢取别人的财物。

范西屏将毛驴拴在旁边的柱子上,挤入几个观棋的人中。此时,年轻人的棋子已全被老板给封住了,正在苦思怎么杀出重围。范西屏忍不住想为年轻人出主意,但说的都是外行话,让围观的人给嘘回去了。接着他又批评店主的棋下的不对,这下可把店主给惹火了:"你以为你很行吧! 咱俩就赌一盘,不要在旁边穷嚷嚷。"

范西屏十分痛快地说:"好啊! 如果我赢了,你就给我一匹布,如果你赢了,我就给你这头毛驴。"

一局对下来,范西屏输得极惨,他表现出一副非常不甘心的样子将毛驴让店主牵了去并说:"我因为有事在身,没尽全力,所以输的不服气。一个月之后再来找你,如果我输了,我给你钱;如果我赢了,我给你这头毛驴。"

店主心想,凭他现在的基础,一个月之后棋艺又能有多大进步? 于是满口答应。相约一个月后再决雌雄,兴奋得连输驴者的姓名也没有问一问。

一个月后,范西屏赶到布店,店主万万没有想到,对方棋路奇异诡谲。自己的心思似乎被对方洞悉穿了。没下多久,店主就败下阵来,一言不发地愣在那儿。范西屏摸了摸吃了一个月上好粮草,膘肥体壮的毛驴纵身骑上去。

店主急忙追上去问道:"敢问先生尊姓大名?""在下范西屏。"说完仰天大笑。店主不禁一惊,自己原来是在与赫赫有名的"棋圣"赌棋。

"棋圣"范西屏利用了赌徒的贪婪,轻而易举地让赌徒心甘情愿地饲养了一个月的毛驴。

问题探讨:请分析案例中"棋圣"范西屏的联想思维。

(二)练一练

1.今天我们来一次联想比赛,看谁联想得合理、迅速。现在我先给一个实在的事物——足球,请大家由此展开联想。

由"足球"看到一切生命的竞争……?

2.你的朋友突然晕倒了,你该怎么办?

3.这架飞机是正向你飞来,还是正离你远去?

第三单元　联想思维方法推介

一、要点讲解

联想思维方法是指由此及彼、由近及远、由表及里拓展联想空间的方法。

(一)一般联想法

1. 相似联想法 大脑受到刺激后会自然地想起与这一刺激相类似的动作、经验或事物。

相似联想是指从对某一事物的感知、认识或回忆而引起与它在性质上接近或相似事物的感知和认识。

相似联想,可以是与所思考的事物或者在形态上接近或相似,或者在属性上接近或相似,或者在时空上有某种联系等。当我们看到棉桃会联想到洁白的雪花,这是因为雪花和棉花的颜色相同;我们看到大西瓜会联想到篮球,这是因为西瓜和篮球的形状相似;我们看到冰在雪地中郁郁葱葱的松树,想起那些在敌人面前不怕严刑拷打,决不屈膝的英雄,那是松树与英雄的品质上有相似之处。

相似联想是一种类推性联想,由一事物想起性质、特点、功能相似的另一事物。"春蚕到死丝方尽,蜡炬成灰泪始干。"这是文学创作出神入化的相似联想。德国植物学家施莱登在1938年发表了植物细胞学说;接着,德国解剖学家施旺由植物想到动物,既然植是由细胞组成的,那么,动物是否也是由细胞组成的呢? 经过研究,他证明动物果然也是由细胞组成的。我国古代的能工巧匠鲁班,从手指被边缘呈细齿状的茅草拉了个口子,联想到可以把片状铁条的边缘打成细齿,用以锯木头。于是,他发明了锯子。

2. 接近联想法 "接近联想"也称"相关联想",是根据事物之间在空间或时间上的彼此接近进行联想,进而产生某种新设想的思维方式。如:苏东坡当年在杭州任地方官的时候,西湖的很多地段都已被泥沙淤积起来,成了当时所谓的"葑田"。苏东坡多次巡视西湖,反复考虑如何加以疏浚,再现西湖美景。有一天,他想到,如果把从湖里挖上来的淤泥堆成一条贯通南北的长堤,既便利来往的游客,又能增添西湖的景点和秀美,多好啊。苏公妙计,一举数得。

3. 对比联想法 大脑想起与外来刺激完全相反的经验、动作或事物,亦可说是逆反法则在联想中的作用。

对比联想亦称相反联想,是根据事物之间存在着的互不相同或彼此相反的性质、特点进行联想,从而引发出某种新设想的思维方式。例如,1800年,意大利科学家伏打发明了"伏打电池",第一次将化学能变成了电能。英国化学家戴维产生了相反联想,化学作用可以产生电能,那么,电能是否可以电解物质呢? 经过努力,他果然用电解法发现了钾、钠、钙、锶、铁、镁、硼7种元素。

4. 因果联想法 因果联想是指由于两个事物存在因果关系而引起的联想。这种联想往往是双向的,既可以由起因想到结果,也可以由结果想到起因。

在科学研究中,得益于因果联想的例子很多,我国植保专家李连昌发明微粒塑料性诱芯就是一例典型。当李连昌手捏着一只枣粘虫的雌蛾时,总有一群雄蛾追随,这使他联想到,一定是雌蛾体内释放了一种性信息素所致,由此他成功地研制了枣粘虫性信息素,并制成微粒塑料性诱芯,杀虫效果甚佳,被国家认定为重大发明。

(二)暴风骤雨联想法

所谓暴风骤雨联想法,就是指主体在思考问题时,以一种极其快速的联想方式进行思维,并从中引出新颖而具有某种价值的观念、信息或材料。在进行上述思维活动时,只要求主体思维飞快运转,将涌现出来的任何信息,不评价其好坏优劣,一律即刻记录下来,等联想结束之后,再来逐一评判其价值,寻找出最优答案。

暴风骤雨式联想这种思维技巧是由美国学者提出的,他们认为"智力的相乘作用和它的开放才是快速思考的最重要之点。"开始,只是为了比较一下集体工作和单独工作在思维效率上的差别。后来,美国几所大学将这种思维技巧用于培养和训练学生的创造性思维,并进行了一系列的实验研究。结果表明,这种技巧在训练人的思维方面具有一定的作用。

下边,就是一个大学生对"天空"一词出现5次而做出的5种不同的快速联想:

急骤联想反应表

对"天空"一词呈现联想反应

第一次:蔚蓝色的天空、白云,非常美丽。

第二次:航空交通,十分发达。

第三次:天空中星球多,可设法到星球上去。

第四次:宇航飞机往来,可以探测星球上的宝藏。

第五次:太阳的热力,是宇宙间无限的能源……

日本研究者也使用上述技巧对学生进行思维训练。比如:在课堂上,老师提出"砸核桃"的概念,要求大家放开思想,快速联想,提出又快又好的"砸核桃"的方法。

同学经过急骤的联想之后,提出了若干方法(如下所示)

呈现概念"砸核桃"联想反应

第一次:联想(单个核桃)有家里用牙磕、榔头砸;

第二次:联想(多个核桃)放在压力机上压;

第三次:联想可以用气枪往墙上射核桃;

第四次:联想可以用溶剂加工,使其变软;

第五次:联想冷冻使其变脆;

第六次:联想……

经过上述的急骤联想,不到20分钟,就收集到了40多个想法(信息、材料、方案等),经过专家和学者的评估、鉴定,发现其中有多项是比较有参考价值的。

在暴风骤雨联想思维过程中,主体的思维积极、活跃、自由奔放、无拘无束、可行空间广阔,而且可以调动认同、反向、类比、幻想、形象等多种思维形式的积极功用,使主体获得创造性的思维成果。

(三)多步核心联想法

多步核心联想法在很大程度上表现出的是跳跃式联想,由"原物"想到核心性"联想物"的过程中表现出很强的跳跃性。

如展开对"一棵树"(原物)到"老友粉(联想物)"的多步核心联想:

一棵树 → 绿树成荫的环境 → 南湖公园

→ 绿城南宁 → 南宁美食 → 老友粉

由"一棵树"到"老友粉"的多步核心联想呈现出很大的跳跃性。

二、活动设计

(一)议一议

案例 A 果壳中的宇宙

在《果壳中的宇宙》一书中,霍金教授以他独特的热情,邀请我们一道进行非凡的时空遨游。这个旅程借大量彩色缤纷插图之助而变幻成超现实的奇境。在这个奇境中的粒子、膜和弦作十一维运动,黑洞蒸发并且和它携带的秘密同归于尽,我们宇宙创生的种子只不过是一个微小的硬果。

《果壳中的宇宙》书名来自于莎士比亚的作品《哈姆雷特》中哈姆雷特王子的一句话:我即使被关在果壳之中,仍然自以为无限空间之王。

问题探讨:请分析霍金教授在《果壳中的宇宙》一书中留给读者的联想空间。

案例 B 桥

以下是以"桥"为话题展开的联想:

联想1:河,河流阻断了交通,古代人们靠船摆渡。在河上架桥体现了群众的智慧,是历史的进步。

联想2:人行天桥、立交桥,繁华大都市如果缺少了它们简直不堪设想。

联想3:"墙",想到了人与人之间的沟通,"墙"代表了阻碍与隔膜,而将"墙"推倒了便成了"桥"。

联想4:古代的绳索桥,以及之后的木桥、石桥、铁桥、水泥斜拉桥,从中可以看出科学的进步,时代的发展。

联想5:医学上的心脏搭桥手术,可以拯救病人的生命,而社会中人与人之间的心灵上是不是也应搭一座桥呢?

问题探讨:请分析以上联想分别从何种角度打开了思路。

（二）练一练

1.从"足球"二字联想出10个词。

2.请运用多步核心联想法填写中间的内容。

A.天空—（   ）—（   ）—（   ）—茶;

B.钢笔—（   ）—（   ）—（   ）—月亮;

C.太阳—（   ）—（   ）—（   ）—香烟。

3.请用2分钟时间展开对"圆（原物）——现代科技（联想物）"的多步核心联想。

第四单元   秘书联想思维实训

一、要点讲解

联想是一种由此及彼的思维活动,联想思维在认识活动过程中起着桥梁和纽带的作用。

【范例展示】

一款能说会唱的力嘶酷帽即将登陆中国

上海生活时尚频道新闻专线于2009年4月16日报道:近日新加坡力嘶集团为首次登陆中国市场在上海举行的新品发布会,模特的T台秀和街舞表演也带来了时尚动感的气氛,而展示出的那一顶创新性的"能说会唱"的时尚帽子绝对夺人眼球,最让大家感到惊奇的是这顶帽子的多功能性和时尚元素。作为全球第一款带MP3和蓝牙组合功能的时尚帽子,它将数码、通讯、视听产品和时尚靓丽的帽子进行了突破性整合,大大方便了人们运动、舞蹈、出行时线材缠绕的苦恼。一方面,这款真正实现了人们在数码时代运动、休闲、时尚、商务面面俱到的梦想,满足年轻人张扬个性,表现自我的愿望。另一方面,数码通讯和视听产品也拥有了时尚百变的外衣,而帽子也被赋予了前所未有的功能,诞生了"能说会唱的酷帽",给人们带来全新的体验。

这种给人带来快乐的帽子,将功能与时尚合为一体,这也呼应了力嘶集团"帽非帽,非常帽"的口号,相信一定可以带给中国的消费者前所未有的时尚动感。

请分析上述新闻中体现的联想思维运用：

记者选择了力嘶酷帽，就是选择了联想的中心。于是，建立了以下联想：

1. 与力嘶酷帽有关的事物：力嘶集团、首次登陆中国市场、上海新品发布会、模特儿的 T 台秀、街舞表演、中国的消费者……

2. 力嘶酷帽本身的事物：能说会唱、多功能性和时尚元素、创新性及其创新效果……

3. 与力嘶酷帽有关的理念：时尚、动感、"帽非帽，非常帽"的口号……

二、活动设计

(一)议一议

案例 A

用下面词语组织一段文字，要求必须包含所有的词语。

神经错乱　科学月刊　稀少　聪明　消息　手语　树木　符号　卵石

太阳　模式　间谍　玻璃　池水　橱窗　暴风雨　波状曲线　细胞

例文 1

她神经错乱地坐在走廊的椅子上，随手翻着一本《科学月刊》，那是一种图片稀少，但内容芜杂的刊物。她翻看到聪明、天空、消息、手语、树木、符号、卵石、太阳、模式、间谍、玻璃、池水、橱窗、暴风雨、波状曲线、细胞等一些乱七八糟的词语，就像一间杂货铺，尽情地展示着自己的存货。她把杂志扔到身旁，一时间，心里烦乱不堪，各种各样的感觉纷纷袭来。

例文 2

这突如其来的消息使她一时间神经错乱，平时喜欢阅读的《科学月刊》被胡乱地丢到地上。走近窗前，她看到树木上稀少的叶片，在太阳下闪烁着刺目的光，仿佛是一种预兆的符号，可惜以前她没有读懂。真弄不明白，像他这样的聪明人，怎么会是一个间谍？记得曾经一起讨论那些暴风雨的模式时，他似乎想透露什么，然而最终他只是望着当街的橱窗玻璃，那上面有一到奇怪的波状曲线。"池水里的卵石上有无数细胞！"他说，然后打了一个无聊的手语……

问题探讨：比较这两段文字的构思，大家更喜欢哪一段？并且说说喜欢的理由。

案例 B　双赢互利的推销

国外有家公司既经营鲜牛奶,又经营面包、蛋糕等食品。这家公司出售的牛奶质优价廉,每天在天亮前会将牛奶送到订户门前的小木箱里。牛奶的订户不断增多,公司营利与日俱增。可是这家公司经营的面包、蛋糕等食品虽然也质优价廉,但由于门市部所在的地段较偏僻,来往的行人不多,营业额一直上不去。公司很多人建议通过电视台和报纸做广告来扩大影响,可老板做的却是这样一个办法:设计、印刷一种精美的小卡片,正面印各种面包、蛋糕的名称和价格,卡片的背面是订单,可填写需要的品种、数量和送货时间,及顾客的签名。每天把它挂在牛奶瓶上送给订户,第二天再由送奶人收走,第三天便能将所订的面包蛋糕等食品随同牛奶一起送到订户家中。结果,该公司的面包、蛋糕等食品销路大增。

问题探讨:请分析老板是如何实现这一双赢互利的推销的。

(二)练一练

1. 请展开对"水"进行联想。

2. 一位顾客来到小镇上唯一的一家理发店,店里只有甲、乙两名理发师。客人可以要求任何一位理发师为自己理发。这位顾客仔细观察了一番:甲理发师头发理得光鲜亮丽,乙理发师头发理得乱七八糟。请问这位顾客会选择哪一位理发师?

三、思维拓展

多向思维训练

绿,是我们熟悉的一种颜色,请你展开"绿的联想",说说你从"绿"想到与"绿"有联系的别的什么事物?

提示:会想到水、植物、春天,也许会想到军人、生命、和平;也许还会想到希望、朝气、青春、活力。也许你从"绿"又想到了"金黄",想到了收获;也可能你想到的不是这些,而是许许多多的唐诗,例如"春风又绿江南岸"。

学有所得:

运用联想思维,使一些问题由繁变简;

运用联想思维,使一些问题由表及里;

运用联想思维,使一些问题由难及易;

运用联想思维,使一些问题由阻变通。

两个风马牛不相及的事物,只要在它们之间加上几个环节,就能实现联系起来的愿望。这种大跨度的联想思维能力,往往具有很强的创造力。因此,联想对于我们开阔思路、寻求新对策、谋求新突破是很有帮助的。

四、习得交流

联想能够使世界上任何的两个事物之间构成关系,我们大可调动联想思维,由"木头"看到"皮球",由"一棵树"看到一切有生命的东西,由"足球"看到一切生命的竞争,等等。在秘书工作活动中,通过联想可以架起"立交桥",建立立体的多向的联系网。

第五部分 逆向思维训练

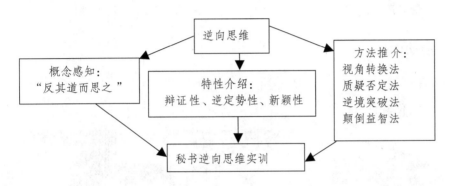

第一单元 逆向思维概念感知

一、要点讲解

一道趣味题:有4个相同的瓶子,怎样摆放才能使其中任意两个瓶口的距离都相等?可能我们琢磨了很久还找不到答案。那么,办法是什么呢? 原来,把3个瓶子放在正三角形的顶点,将第4个瓶子倒过来放在三角形的中心位置,答案就出来了。把第4个瓶子"倒过来",多么形象的逆向思维啊!

什么是"逆向思维"呢? 逆向就是与正向相对而言的,正向是指人们习惯于沿着事物发展的正方向去思考问题并寻求解决办法,是常规的、公认的或习惯的想法与做法,逆向则恰恰相反,是对传统习惯、常识的反叛,是对常规的挑战,是从相反的方向来观察事物,颠倒过来进行思考的方法。当顺向思维不能发现信息的着力点时,不妨换一个角度,从与通常相反的方向进行思考和分析。逆向思维也叫求异思维,它是一种突破常规模式,对司空见惯的似乎已成定论的事物或观点反过来思考的思维方式。实际上,这种逆向思维也就是人们常说的"倒过来想",逆向思维的技巧就是敢于"反其道而思之",让思维向对立面的方向发展,从问题的相反面深入地进行探索,用逆向思维去考虑和处理问题。对于某些问题,尤其是一些特殊问题,从结论往回推,倒过来思考,从结论推知已知条件,反过去想或许会使问题简单化,往往可以达到"出奇制胜"的效果。这就是逆向思维的魅力。

【范例展示】

"凤尾裙"的商机

某时装店的经理不小心将一条高档呢裙烧了一个洞,裙子的身价倾时一落千丈。如果用织补法补救,也只是在蒙混过关的欺骗顾客。这位经理突发奇想,干脆在小洞的周围又挖了许多小洞,并精于修饰,将其命名为"凤尾裙"。一下子,"凤尾裙"的销路顿开,该时装商店也因此出了名,逆向思维给这位经理带来了可观的经济效益。无跟袜的诞生与"凤尾裙"异曲同工,因为袜跟容易破,一破就毁了整双袜子,商家运用逆向思维试制成功无跟袜,创造了非常良好的商机。

二、活动设计

(一)看一看

在图中,你看见了什么?

图1　　　　　　　　　　图2　　　　　　　　　　图3

(二)议一议

案例A　鱼和水

　　鱼说:你看不见我眼中的泪,因为我在水中。

　　水说:我能感觉到你的泪,因为你在我心中。

问题探讨:请分析鱼与水之经典对话中"鱼"和"水"的思维方式。

案例B　制止秘书说话

大陆的宏远公司正在与港商洽谈购买一批急需设备的生意,谈判进行得非常艰巨,对方要价颇高,按计划再过两天就该签约了,公司领导非常着急。这天上午,公司黎总经理带着业务部和行政部的经理以及几位秘书,又同港商陈先生坐到了谈判桌前。按计划,这天上午就设备的技术指标参数达成协议。谈判在拉锯战中进行,坐在陈先生一旁的经理助理兰先生似乎有些沉不住气的说道:"黎总,你们来香港有些时日了吧。这样谈下去,你们公司也难于支付你们在港的费用。我们所提供的设备是世界一流,由卢森堡国制造,是欧盟中最好的,我们虽然还未成为卢森堡……"话到此处,忽然被陈先生一声咳嗽打断了。黎总非常注意地听着,当听到兰助理的话被陈先生有意制止后,黎总眉毛一挑,眼睛闪亮,腮帮鼓了两下。这时,我方业务经理也有点坐不住了:"兰先生,我们在港滞留的费用不用您担心,至于我们所需的设备质量……"行政经理也插上嘴:"我们在协议中要写明技术指标参数,也是按国际惯例办事……"这时,黎总开腔了:"今天上午的谈判气氛欠佳,陈先生,我建议暂时休会,下午再谈。"这时,张秘书小声对黎总说:"哎,不是今天下午……"话没说完,鲁秘书赶紧扯了一下张秘书的衣角,才止住了他继续说下去。后来,黎总一面同港商陈先生谈判,一面直接指挥公司其他人员迅速出击,直接与卢森堡国制造商谈成了购买设备的生意,大大节约了经费开支,为公司的发展奠定了基础。

问题探讨:鲁秘书为什么要制止张秘书继续说话?

(三)练一练

1.有一个人走在沙滩上,回头却看不见自己的脚印,为什么?

2.李先生到16层楼去谈生意,但他只乘电梯到14层楼,然后再步行爬楼梯上去,为什么?

3.房间里着火了,小明怎么也拉不开门,请问他后来是怎么出去的?

第二单元　逆向思维特性介绍

一、要点讲解

逆向思维作为一种智慧的思维,其基本特点主要有:

(一)辩证性

逆向思维在各种领域、各种活动中都有适用性,这是由其辩证性决定的。辩证法的对立统一规律决定着事物都存在着对立面,其对立的形式又是多种多样的,有一种对立统一的形式,相应地就有一种逆向思维的角度,所以,逆向思维也有无限多种形式。如性质上对立两极的转换:软与硬、粗与滑、重与轻、热与冷等;位置上的对立两极的转换:上与下、左与右、远和近、高与低等;过程上的对立两极的逆转:气态变液态或液态变气态、电转为磁或磁转为电等。无论是哪种方式,只要从一个方面想到与之对立的另一方面,都是逆向思维。

吸尘器是由英国工程师布斯在伦敦莱斯特广场的音乐厅参观美国的一种车厢式吹尘器时想到的。这种吹尘器是利用压缩空气的力量,把灰尘吹入容器里。布斯通过逆向思维,从压缩空气向外吹转化为借助真空的作用向内吸,于是发明了吸尘器。

(二)逆定势性

逆向是与正向比较而言的,正向是指常规的、常识的、公认的或习惯的想法与做法。逆向思维则恰恰相反,是对传统、惯例、常识的反叛,是对常规的挑战。它能够克服原有的思维定势,破除由经验和习惯造成的、僵化的认识模式。

洗衣机的脱水缸,它的转轴是软的,用手轻轻一推,脱水缸就东倒西歪。可是脱水缸在高速旋转时,却非常平稳,脱水效果很好。当初设计时,为了解决脱水缸的颤抖和由此产生的噪声问题,工程技术人员想了许多办法,先加粗转轴,无效,后加硬转轴,仍然无效。最后,他们来了个逆向思维,弃硬就软地用软轴代替了硬轴,成功解决了颤抖和噪声两大问题。这是一个由逆向思维而诞生的创造发明的典型例子。

(三)新颖性

循规蹈矩的思维和按传统方式解决问题虽然简单,但容易使思路僵化、刻板,摆脱不掉习惯的束缚,得到的往往是一些司空见惯的答案。其实,任何事物都具有多方面属性,由于受过去经验的影响,人们容易看到熟悉的一面,而对另一面却视而不见。逆向思维能克服这一障碍,往往是出人意料,给人以耳目一新的感觉。

刘禹锡写作《陋室铭》的成功很大程度取决于他那极具新颖性的逆向思维立意:"山不在高,有仙则名;水不在深,有龙则灵。"强调要有内涵、重实质,而不能光看形式和外表。作者运用逆向思维成功注入了深刻的思想内涵。

【范例展示】

父子摸鱼

从前有一对父子特别喜欢在池塘里摸鱼。父亲告诉儿子摸鱼的时候千万不可以发出声音,否则就会把鱼吓跑,因为鱼一听到动静就会机警地躲藏到水深的地方。

儿子才思敏捷,跟父亲摸了几回鱼,就发现即使是很安静,摸到的鱼也不多。于是他想,既然鱼一听到动静就会机警地躲藏到水深的地方,那么我何不事先在池塘里挖个深水坑,让鱼自己游到坑里呢。结果他用新方法很快就抓到了一筐鱼。

二、活动设计

(一)议一议

北风与南风

北风与南风比谁最厉害,看谁能把街上的行人的衣服吹脱。

北风当仁不让,运用其强劲的力度,顿时狂风四起,寒气迫人,虽然风力越来越大,却未能把行人衣服吹掉。相反,行人为抵抗狂风吹袭,一个个把衣服裹得紧紧的。

南风却不同,它换了个角度,用温暖的风徐徐吹动,吹来阵阵暖意,街上的行人顿感温暖,纷纷解扣脱衣。

问题探讨:请分析"南风"与"北风"的思维方式。

(二)练一练

1. 警察局局长正在开会,他的儿子突然冲了进来喊道:你爸爸和我爸爸在外面打起来了! 请解释一下这是怎么回事?

2. 有一瓶带有橡皮塞的玻璃瓶装饮料,你能既不打破玻璃瓶,又不拔出橡皮塞,同时又能喝到甜美的饮料吗?

3. 有一个土耳其商人,想找一个助手协助他经商。但是,他要的这个助手必须十分聪明才行。消息传出的三天后,有 A、B 两个人前来联系。

这个商人为了试一试 A、B 两个人中哪一个聪明一些,就把他们带进一间伸手不见五指的漆黑的房子里。商人打开电灯说:"这张桌子上有五顶帽子,两顶是红色的,三顶是黑色的。现在,我把灯关掉,并把帽子摆的位置搞乱,然后,我们三人每人摸一顶帽子戴在头上。当我把灯开亮时,请你们尽快地说出自己头上戴的帽子是什么颜色的。"说完后,商人就把电灯关掉了,然后,三个人都摸了一顶帽子戴在头上;同时,商人把余下的两顶帽子藏了起来。

待这一切做完之后,商人把电灯重新开亮。这时候,那两个人看到商人头上戴的是一顶红色的帽子。两人对望了一会儿,都迟疑地不敢说出自己头上戴的帽子是什么颜色。

忽然,A 叫了一声:"我戴的是黑帽子。"

请问:A 是如何进行推理的?

第三单元　逆向思维方法推介

一、要点讲解

换个角度看问题,可以使你获得新的理解,做出与常规思维不一样的行为决策。正所谓:变则通,通则灵。常规思维会限制我们的视野,尤其在遇到挫折困难时,它常常使我们无法摆脱困扰,除了造成心理上的困扰,还会导致行为上的偏差。因此,我们要从生活自身的逻辑出发,学会变通进取,换一种立场和角度看问题,从挫折中不断总结经验,产生创造性的变革。如说话声音高低能引起金属片相应的振动,相反金属片的振动也可以引起声音高低的变化。爱迪生在对电话的改进中就是利用这一点发明制造了世界上第一台留声机。

（一）视角转换法

我国古代有一位老太太有两个儿子,大儿子卖伞,二儿子晒盐。为两个儿子,老太太差不多天天发愁。愁什么? 每逢晴天,老太太念叨:这大晴天,伞可不好卖哟! 于是为大儿子发愁。每逢阴天下雨,老太太又嘀咕:这阴天下雨的,盐可怎么晒啊! 于是又为二儿子发愁。老太太愁来愁去,日渐憔悴,终于成疾。两个儿子不知如何是好。幸好一位智者献策:"晴天好晒盐,您该为二儿子高兴;阴雨天好卖伞,您该为大儿子高兴。这么转个个儿一看,您就没愁可发喽。"果然,经智者这么一解释,老太太恍然大悟。逆向思维使得这位老母亲从此眉开眼笑、心宽体健起来。

这个小故事告诉我们,在思考、评价某一客观现实情境或事件时,要学会转换视角看问题,这样才会使痛苦不堪的心理困境化为乌有。

（二）质疑否定法

在古希腊哲学家中,流传着一个著名的"鳄鱼悖论":

从前,一条鳄鱼从一位母亲手里抢走了她的小孩,鳄鱼对母亲说:"你猜我会不会吃掉你的孩子? 如果你猜对了,我就把孩子不假思索地还给你。"

这位可怜的母亲答道:"我猜你将会吃掉我的小孩。"

于是,这条鳄鱼正准备吃掉孩子,可是突然发现自己碰到了难题。如果吃掉这个孩子,那这位母亲就猜对了,那鳄鱼应交还小孩;可是如果把孩子还给她,那母亲就猜错了,鳄鱼应吃掉小孩。最后鳄鱼懵了,只好把孩子交还给了这位智慧的母亲。

悖论本是一种哲学领域的有趣现象,即对于某一论点,若认为它正确,则能推导出它是错误的结论。守信的鳄鱼因母亲的机智的问答陷入了两难的境地,丧失了饱餐的机会。机智的母亲因鳄鱼自设的谜局解救了落难的孩子,规避了丧失孩子的痛苦。

（三）逆境突破法

鸟儿的翅膀折断了,这在任何人看来都应该是一件不幸的事,但是鸟儿却因不能飞到天空而躲过了猎人的枪口;多年的大树被虫子蛀得空了心,在不能成为栋梁而遭人厌弃的同时,却因空心而被乱砍乱伐的人轻易放过,得以寿终天年……不要因为面前的挫折而丧失信心和耐性,身处险境之时或许就是柳暗花明、否极泰来之日!

正所谓"塞翁失马,焉知非福",生活中还是少一点儿哀怨、自责、沉沦,多一点儿积极面对、乐观向上和顺其自然吧。

（四）颠倒益智法

一天,安徒生戴着破帽子在路上走,有个行人嘲笑他:"你脑袋上的那个破玩意儿是什么? 能算是帽子吗?""你帽子下边的那个破玩意儿是什么,能算是脑袋吗?"安徒生回敬道。

安徒生巧妙地将对方话语中的"脑袋"和"帽子"的位置加以颠倒,以其人之道还治其人之身。

【范例展示】

> 　　司马光7岁,凛然如成人,闻讲《左氏春秋》,爱之,退为家人讲,即了其大旨。自是手不释书,至不知饥渴寒暑。群儿戏于庭,一儿登瓮,足跌没水中,众皆弃,光持石击瓮,水迸,儿得活。

　　这就是家喻户晓的"司马光砸缸"的故事。在这个故事里,司马光用一个充满智慧、果敢的举动,挽救了即将被淹死的伙伴,同时也震撼了我们固有的思维定势。从水中救人,按常规的思维模式是"让人离开水",而面对紧急险情却无法让人离开水之时,司马光迅速寻求突破,从已知的常规做法寻求对立面,从逆向思维的角度独辟蹊径——果断地用石头把缸砸破,"让水离开人"从而救了小伙伴一命。

二、活动设计

(一)议一议

案例 A　公寓不租给有小孩子的住户

　　有一个三口之家,夫妻俩带着一个五岁的孩子。他们决定搬进市区住,于是到城里找房子。他们跑了一整天,直到傍晚才看到一张比较适合自己的公寓出租广告。当他们看过房子之后,感到非常满意,便兴高采烈地找到房东,很有礼貌地问:"我们是三口之家,这房子可以租给我们吗?"

　　房东是个年近古稀的老汉,他遗憾地说:"啊,实在对不起,我们公寓不租给有小孩的住户。"

　　夫妻俩听了,一时不知如何是好,最后只能无可奈何地走开了。

　　五岁的孩子把事情的经过从头到尾看在眼里,一边跟着父母走一边想:"难道真的就没有办法了吗?"走出十几米之后,孩子忽然转身跑了回去,用小手又敲响了房东的门。

　　门开了,房东有些奇怪地问:"有什么事情吗? 孩子。"接下来孩子的话语令房东大为赞赏:"这孩子真是聪明可爱,我决定把房子租给你们住了。"

　　问题探讨:请推测孩子对房东所说的话。

案例 B　祈祷与吸烟

第一位教徒在祈祷的时候烟瘾来了,于是他问在场的神父:"祈祷的时候我可不可以吸烟?"神父不高兴地回答:"绝对不可以。祈祷的时候怎么可以吸烟呢?! 那意味着对耶稣的不尊重。"

第二位教徒在祈祷的时候烟瘾也来了,也想吸烟,于是问在场的神父:"在吸烟的时候我可不可以祈祷?"神父高兴地回答:"连吸烟的时候都不忘祈祷,说明你在休闲的时候也不忘神的恩典,当然可以。"

问题探讨:第二位教徒的提问为什么能得到牧师的认同?

(二)练一练

1. 两个人,一个脸朝东,一个脸朝西;不准回头,不准走动,不准照镜子。两个人是怎样看到对方脸部的?

2. 三张扑克牌 A、B、C 面朝下放在桌子上。已知:(1)A 和 B 的和是 15;(2)B 和 C 的和是 17;(3)没有一张牌是 7,也没有一张牌大于 9。

试确定这三张是什么牌?

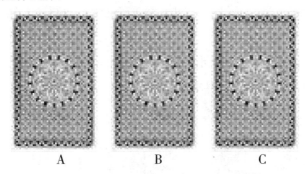

A　　　　　B　　　　　C

3. 请用 8 根火柴做 2 个正方形和 4 个三角形(火柴不能弯曲和折断)。

第四单元　秘书逆向思维实训

一、要点讲解

我们大家不知吃过多少苹果,总是规规矩矩按常规的方式把他们竖切成两半。一个孩子切开了一个苹果,他不是用我们惯用的方式,而是横着把苹果切成了两半儿。结果发现一颗星星藏在了苹果的核心部分,苹果的中间是一个精美的五角形图案,每个角里躺着一粒种子。如果不试着换一种方式切苹果,那么,我们永远不可能发现这个秘密——苹果里的这颗星星。

其实,每个人身上都有一些缺点,我们却往往忽略了别人所拥有的优点,这就是我们一生中常常会犯的一个错误,那么我们为什么不像切苹果那样换一个角度看问题呢? 相信一定会有更多的新发现。

假如用减法去看待人生,处处充满悲观、充满危机、充满压力。

20 岁的人,失去了童年;

30 岁的人,失去了浪漫;

40 岁的人,失去了青春;

50 岁的人,失去了理想;

60 岁的人,失去了健康;

70 岁的人,失去了盼头。

试想,这样的人生会有多大意义呢? 现在我们换个角度,用加法去思考人生,那么就会处处充满希望、充满生机、充满快乐。

20 岁的人,拥有了青春;

30 岁的人,拥有了才干;

40 岁的人,拥有了成熟;

50 岁的人,拥有了经验;

60 岁的人,拥有了轻松;

70 岁的人,拥有了彻悟。

"横看成岭侧成峰,远近高低各不同"换个角度看风景,风景就会有不一样的风采;而换个角度看人生,那更会有不同的景致。

当我们为了某个问题"衣带渐宽终不悔,为伊消得人憔悴"之时,不妨用一用我们的逆向思维,你会得到意想不到的效果,从而达到"众里寻他千百度,蓦然回首,那人却在灯火阑珊处"的最高境界。

当你陷入思维的死角不能自拔时,不妨尝试一下逆向思维法,打破原有的思维定势,反其道而行之,从而开辟新的生活境界。因此,在生活中要有意识地让自己站在别人的角度上考虑问题。

第一,正向思维与逆向思维相结合能使我们的思路更广阔。

第二,我们习惯于用正向思维,因此,要更加注重逆向思维的训练。

【范例展示】

逆向思维巧选题

在工作中利用逆向思维,也有许多信息可以挖掘。一次,某市检察院组织到基层搞工作调研,基层法院的一个同志发牢骚说:"纠正超期羁押是最近一段时间政法部门的工作重点,别的地方纠正超期羁押成效显著,又是发信息简报又是介绍经验,看起来工作轰轰烈烈,但我们那里在驻看守所检察室和看守所同志的工作努力下,一直没有出现超期羁押问题,自然没有纠正超期羁押的经验。"当时,市院的一位领导就批评业务部门和办公室的同志,为什么老想着总结纠正超期羁押的经验? 看守所没有超期羁押,那不就是说明我们的监所检察工作做得好,防患未然、监督有力,为什么不从这个角度总结一下呢?这样对全市更有借鉴意义。后来,这个基层法院总结了一个"三三制"预防超期羁押的经验。这就是逆向思维发现的经验。

二、活动设计

(一)议一议

案例 A   三个工人

有一天,厂长对秘书说:"厂里有 3 个工人,小张不管对谁加工的产品都爱评头品足,挑人家的毛病,常常与人发生争吵,影响团结;小王一天到晚老担心车间会发生事故,一下说这里缺个什么,一下又说那里该换个什么;小李一有时间他就上街溜达,回来就说市场上哪样东西好销,哪样产品卖不出去。这 3 个都不安心本职工作,我打算辞掉他们。

问题探讨:你作为秘书,你会作何反应?

案例 B   不必两人都去

某地党政两位一把手关系原本很好,一度因工作意见分歧产生小不愉快。正巧这时上级来了一个工作检查组,在陪同问题上书记认为党政一把手有一个人陪同就行了,不必两人都去。不料办公室秘书在向政府一把手转达书记意思时,却把话说成:"书记说啦,你去他就不去。"政府一把手听了,心里思量:我去他就不去,这是什么意思?虽然勉强去了,总认为书记对自己有了成见。幸好这两位一把手以后谈心消除了误会,否则还不知会酿成何种局面。

问题探讨:这个案例给做秘书的你有什么启迪?

(二)练一练

1.逆向思维立意训练:

以《"滥竽充数"的启示》为题,请从逆向思维的角度提炼论点(至少一个,最好 2~3 个)

2.据说俄国大作家托尔斯泰设计了这样一道题:

从前有个农夫,死后留下了一些牛。他在遗书中写道:妻子得全部牛的半数加半头;长子得剩下的牛的半数加半头,正好是妻子所得的一半;次子得还剩下的牛的半数加半头,正好是长子的一半;长女分给最后剩下的半数加半头正好等于次子所得牛的一半。结果一头牛也没杀,也没剩下,问农夫总共留下多少头牛?

三、思维拓展

假如你是领导,你希望你的秘书像镜子思维故事中的第几面镜子?

镜子思维的故事

假设在从一个大窗户看出去是一片美丽的乡间景色的房间里,窗户对面墙上装有三面镜子。

第一面镜子,表面凹凸不平,且有污点,看起来很脏。

第二面镜子,清洁精巧并装有美丽雕刻的镜框。

第三面镜子,既没框子也没装饰,只是一面清楚的镜子。

观察者(领导)被请到这个房间里来,向导(秘书)指着第一面镜子问道:"你看到了什么?"回答是:"我看到了一面不干净的镜子。"

向导又会指着第二面镜子问:"你看到了什么?"观察者会说:"我看到了一面美丽的镜子。

向导指着最后一面镜子问:"这会儿,你看到了什么?"观察者说:"我从开着的窗户里看到一片美丽的景色。"

成功的秘书就应该如这第三面镜子——让领导看到美丽的风景,而不是表现自己作为镜子的特色。

学有所得:

对秘书个人而言,逆向思维的一个诀窍是学会站在领导的角度去考虑问题。

四、习得交流

多向思维训练:

请分析《"0"的断想》一文中体现的思维轨迹:

"0"是饥饿时可食用的饼干,给予人温饱;

"0"是溺水时救命的救生圈,给人以生的希望;

"0"是两个半圆的组合,让他与她邂逅;

"0"是一个鸡蛋,孕育着新的生命;

"0"是阿拉伯数字中的一位成员,虽小却不可缺失;

"0"是众多符号中的句号,一句话结束的标志;

"0"是一个起点,未来充满了迷蒙与惊喜;

"0"是一个终点,幸福之路一直通往它的所在;

"0"是一颗闪光的珍珠,汇聚了日月的精华;

"0"是象征爱情的戒指,牵动着情侣的心!

第六部分　形象思维训练

训练内容图解

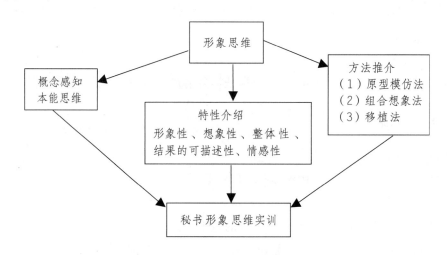

第一单元　形象思维概念感知

一、要点讲解

想象力比知识更重要,因为知识是有限的,而想象力概括着世界上的一切——爱因斯坦

今天,右脑被誉为"创造之脑",创造活动所需要的想象、灵感、直觉、激情等主要是右脑功能的作用。

众所周知,右脑倾向于形象思维,左脑倾向于抽象思维。现代人由于长期接受的是一种抽象思维教育,绝大多数人形成了以抽象的概念、数字为主的左脑型思维习惯,这种畸形的教育模式不仅严重压抑了右脑的正常发育,无形中也束缚了左脑功能的充分发挥。

形象思维是对形象信息传递的客观形象体系进行感受、储存的基础上,结合主观的认识和情感进行识别(包括审美判断和科学判断等),并用一定的形式、手段和工具(包括文学语言、绘画线条色彩、音响节奏旋律及操作工具等)创造并描述形象(包括艺术形象和科学形象)的一种基本的思维形式。

形象思维可分为直观形象思维阶段、意象形象思维阶段和再造形象思维三个阶段。

(一)直观形象思维阶段

直观形象是人的感觉器官接触到客观存在的事物后产生的感觉和知觉,其中包括视觉、听觉、触觉、空间知觉、时间知觉、移动知觉等。

(二)意象形象思维阶段

意象形象是由若干个同类事物的形象概括出来而得到的抽象化的形象。它相当于抽象思维中的概念,是形象思维的基本元素,具有一定的理性认识成分。

(三)再造形象思维阶段

它是根据一定的要求和自己已有的表象创造出一幅新的表象。再造想象具有判断功能,如果想出的表象有不合理的地方就会重新想象,得到一个新的表象。

【范例展示】

相对论的发现

爱因斯坦不仅著写了举世震惊的相对论,而且他还发现了人的思想的大规律,发现了人的心理活动的规律,尤其是人进行科学探索的新大陆——想象力。他说:"想象比知识更重要,因为知识是有限的,而想象力概括世界上的一切,推动着进步,并且是知识进化的源泉。严格地说,想象力是科学研究中的实在因素。"

据爱因斯坦自己所说,他不是坐在书桌前发现"相对论"的,而是在某个夏天,躺在一个小山头上发现的。

当他眯着眼睛向天上看时,千万道细细的阳光穿过他的睫毛射进了他的眼睛,他好奇地想,如果能乘一条光线去旅行,那将是什么样子呢?于是,在想象中,他作了一次宇宙旅行。他的想象力把他带进一个场所,这个场所,用经典物理学的观点是不能解释的。他怀着特别急切的心情,回到了教室黑板面前,他相信,他的想象比经典物理学的概念更正确。他提出一种新的数学理论,以解释他的想象。由此可以看到,爱因斯坦能充分发挥他的大脑两半球的功能,大脑的右半球产生了美好的幻想,而左半球则用来发展物理学和数学,为他的创造性的想象奠定了理论基础。正是这种大脑两半球的相互配合,为人类提供了有史以来最伟大的学说之一。

爱因斯坦发现相对论的过程就是两个思想实验:一个是人追着光线跑,一个是升降机实验(是典型的形象思维)。

二、活动设计

(一)看名画充分展开想象

图1   图2

（二）议一议

案例 A 《夜宿山寺》

危楼高百尺，

手可摘星辰。

不敢高声语，

恐惊天上人。

李白的这首《夜宿山寺》只有寥寥二十字，为什么能够千百年来传诵不衰？很大的一个原因就在于诗中有大量丰富的想象，为我们创造了一个奇特瑰丽的艺术境界，每每读起，总是能够让人陶醉其间。诗歌正是因为插上了"想象"这一神奇的翅膀，才能穿越时空，在今人和古人之间架起一座沟通思想感情的桥梁。有了想象，我们就能透过语言文字走进作者创造的瑰丽多彩的文苑，产生如见其人、如闻其声、如临其境的感受，更好地领会诗文的内容。有了想象，我们就能在记忆表象的基础上创造出前所未见的种种新形象。

问题探讨：请举例谈谈诗歌中的形象思维。

案例 B 找伙伴

一个外乡人因为与伙伴走失，心里万分焦急。正在这时，一个当地的牧民走过来。外乡人问牧民："你看到我的伙伴了吗？"牧民回答说："你的伙伴是不是个胖胖的瘸子？他的手里拄着手杖，牵着一头瞎了一只眼睛的骆驼，骆驼背上还驮着海枣。"外乡人听了，高兴地说："对！对！这正是我的伙伴。他在哪里？请快快告诉我。"牧民笑笑说："请你原谅，我根本没有见到他。"听了牧民的话，外乡人很不高兴地反问："你没有见到他，那你怎么知道我的朋友是什么样的呢?"牧民用手指着地上对外乡人说了一番话。外乡人听完牧民的这番话才恍然大悟:"原来如此!"

问题探讨:请推测牧民的这番话。

(三)练一练

1. 两个人同时来到河边,他们都想过河,可是只有一条船,每条船只能载一个人。问他们能同时过河吗?

2. 在美国城市街道的交叉路口上,明文规定着,有步行者横过公路时,车辆就应停在人行道前等待。可是偏偏有个汽车司机,当交叉路口上还有很多人横过马路时,他却突然撞进人群中,全速前进。这时旁边的警察看了也无所谓,并没有责怪他。你说这是为什么?

第二单元 形象思维特性介绍

一、要点讲解

(一)形象性

形象性是形象思维最基本的特点。形象思维所反映的对象是事物的形象,思维形式是意象、直感、想象等形象性的观念,其表达的工具和手段是能为感官所感知的图形、图像、图式和形象性的符号。形象思维的形象性使它具有生动性、直观性和整体性的优点。

形象思维是借助直观形象和表象解决问题的一种思维形式,在整个形象思维过程中,自始至终都离不开生动感人的具体形象。画家心中要有视觉形象,才能描绘出令人赏心悦目的图画;音乐家心中要有听觉形象,才能创作出感人悦耳的乐章。离开了形象,形象思维就成了无源之水,无本之木。

(二)想象性

想象是思维主体运用已有的形象形成新形象的过程。形象思维并不满足于对已有形象的再现,它更致力于追求对已有形象的加工,从而获得新形象产品的输出。所以,形象性使形象思维具有创造性的优点。这也说明了富有创造力的人通常都具有极强的想象力的道理。

(三)整体性

如果说抽象(逻辑)思维侧重于分析,那么形象思维更侧重于综合。形象思维更加强调从整体上去把握事物,通过事物整体形象来把握其内在的本质和规律。形象思维不像抽象思维那样,对信息的加工一步一步线性地进行,而是可以调用许多形象性材料,一下子合在一起形成新的形象,或由一个形象跳跃到另一个形象。它可以使思维主体迅速从整体上把握住问题。

欧阳修《天净沙·秋思》这首词:

> 枯藤老树昏鸦
>
> 小桥流水人家
>
> 古道西风瘦马
>
> 夕阳西下
>
> 断肠人在天涯

包括了枯藤、老树、昏鸦、小桥、流水、人家、古道、西风、瘦马、夕阳等十几个景物。如果孤立地去看他们,并无多大的意义。可是把它们合成为一个整体,那就是一幅优美的风景画。

(四)结果的可描述性

宋人阮阅所著《诗话总龟》中记载了这样一个故事:

唐朝诗人贾岛倒骑着毛驴去京师赶考,在路上边行边比划着构思诗句,路上的行人见了都莫名其妙。当时韩愈做京兆尹,正带着车马随从在街上行进。贾岛考虑得入了迷,没注意到前面来了大队人马,就撞过了韩愈的仪仗队,一连过了三节还在比比划划。韩愈的随从把贾岛抓住,推到了韩愈的面前。于是,贾岛就向韩愈禀报了他冲闯仪仗的缘由。

原来,贾岛骑着毛驴想起了两句诗:

> "鸟宿池边树,僧推月下门。"
>
> "鸟宿池边树,僧敲月下门。"

他反复思考、比较,但还是拿不准到底用哪一句。由于他只顾琢磨,竟忘了回避。韩愈不但没有责备贾岛,而且也被这两句诗吸引住了,他思考比较了很久,对贾岛说:"还是用'敲'字好。因为这样就可以做到诗的意境有动有静,并且由于'敲'使晚景的宁静显得更静。"韩愈还邀请贾岛去府上做客,从此,两人成了好朋友。这就是文学史上有名的"推敲"故事。"推敲"也就被赋予了新的含意,作为一个新词,进入了我们的日常用语之中。

(五)情感性

文学艺术家在创造典型形象的过程中,往往会把自己的强烈感情渗透在里面。例如,李白的《静夜思》:

> 床前明月光,疑是地上霜。
>
> 举头望明月,低头思故乡。

在这月夜思乡的意境中,诗人即景抒情,情寓景中,使月夜之形与思乡之情有机地融合在一起。再如巴尔扎克在写到高老头之死时,竟哀痛至极,呼叫着"高老头死了"的悲叹声昏厥过去。巴金也曾写道:"我在写《家》的时候,我仿佛在跟一些人一同受苦,一同在魔爪下面挣扎。我陪着那些可爱的年轻生命欢笑,我陪着他们哀哭。我一个字一个字地写下去,好像在挖开我的记忆的坟墓,我又看见了过去使我的心灵激动的一切。"由此可见,形象思维与情感是分不开的。

【范例展示】

原子的影子

19世纪末,原子科学家们正向原子发起进军。但是,微观粒子太小,在研究中科学家常常苦于看不到原子的行踪。一个阿尔法粒子的直径不到一万亿分之一厘米,用最高级的显微镜也无法看到它们。对原子和其他微观粒子的研究,真像是瞎子走夜路般困难。

青年物理学家威尔逊决定攻克这个难题,想一种办法显示原子的轨迹。为此他联想到自己以前研究气象学的一段经历。1894年秋天,他受国家气象局的委托,来到位于苏格兰那维斯山顶的天文台研究大气物理。每天早上,威尔逊都能看到太阳从东方升起,阳光从迷雾中穿过,透出千万道美丽的光芒。他想,能不能创造一个人工的云雾室,让粒子在云雾中显示出自己的运动轨迹来呢?

他研究过大气物理,了解水蒸气凝结成水珠的条件。第一是要有一定的湿度,只有相当潮湿的空气才能凝结出水滴。第二是要有一定的核心,如果没有灰尘或别的带电粒子,水蒸气再多也不会凝在一个十分纯净的云雾室中。有了充足的水汽,如果让一束带电的粒子流射进这个云雾室,粒子经过的路上的水汽就会很快凝成水滴,产生一道人工的雾,粒子的行踪就可以被肉眼清楚地看到。

基于这个设想,威尔逊很快就造出了能显示带电微观粒子行动的云雾室。来无影、去无踪的粒子终于留下了自己的轨迹。

二、活动设计

(一)议一议

偃师与机器人

有一天,周穆王不知为什么非常高兴,招来众位妃子饮酒观舞赏乐。周穆王环视了一下左右美人佳丽,吩咐道:"献舞!"在轻柔舒曼的舞曲中,一队舞女袅娜而入,翩翩起舞。其中一位明眉皓齿、身姿娇美、妙目流盼。周穆王被她迷得心猿意马,双眼紧盯着她不放,竟惹得旁边妃子顿生妒意。一曲舞罢,本该转身而去,可这位舞女竟斜着眼睛直给周穆王的妃子打媚眼。周穆王顿生醋意,勃然大怒:"胆大歌妓,吃了豹子胆了,竟敢对我的美人无礼!""大王息怒! 大王息怒!"旁边有个叫偃师的能工巧匠赶忙上前启奏。"讲!"周穆王怒气未消。"这舞女是假的! 不是真人,是臣下做出来的,请大王饶恕!"偃师跪伏于地。偃师走上前去,将舞女的头,胳膊等一一卸下。周穆王方如梦方醒,众人都大为吃惊。

上面的文字是《列子汤问》中记载的一段故事。这是有史以来记述最早的"机器人"。而到了1958年,美国人研制的能模拟人手部分功能的机器人才问世,已是相差几千年的事了。这不能不说明,确实令人叹服。

问题探讨:请谈谈古人丰富的想象力之对你的启示。

(二)练一练

1.中间一条河,左岸有1个爸爸和2个儿子,1个妈妈和2个女儿,1个警察和1个小偷。有1条船,同时只能载2个人,只有爸爸、妈妈、警察会划船。假如妈妈在河右岸,有女儿在左岸,那么爸爸就会揍女儿;同理爸爸不在,妈妈也会揍儿子;如果警察不在,小偷会杀死爸爸、妈妈或孩子。

请问怎么样才能全部都顺利过河?

2.在一次经济案件的审判中,证人出庭作证时说,"当时他把一张很重要的收据夹在书里了,他记得很清楚是在127页和128页之间。"法官当场就说:"你在说谎!"请问法官是怎么知道的?

3.某人有过这样一次经历:他乘坐的船驶到海上后就慢慢地沉下去了,但是,船上所有的乘客都很镇静,既没有人去穿救生衣,也没有人跳海逃命,却眼睁睁地看着这条船全部沉没。你知道为什么?

第三单元　形象思维方法推介

一、要点讲解

(一)形象思维的基本方法

1.原型模仿法　以某种模仿原型为参照,在此基础之上加以变化产生新事物的方法。创新不是要否定模仿。因为,站在巨人的肩膀上可以看得更远。很多发明创造都建立在对前人或自然界的模仿的基础上,比如,模仿鸟发明了飞机、模仿鱼发明了潜水艇、模仿蝙蝠发明了雷达。

2.组合想象法　从两种或两种以上事物或产品中抽取合适的要素重新组合,构成新的事物或新的产品的创造技法。常见的组合技法一般有同物组合、异物组合、主体附加组合、重组组合四种。

英国有个叫吉姆的小职员,成天坐在办公室里抄写东西,常常让他累得腰酸背痛。吉姆消除疲劳的最好办法,就是在工作之余去滑冰,冬季很容易就能在室外找个滑冰的地方,而在其他季节,吉姆就没有机会滑冰了。怎样才能在其他季节也能像冬季那样滑冰呢?对滑冰情有独钟的吉姆一直在思考这个问题。想来想去,他想到了脚上穿的鞋和能滑行的轮子。吉姆在脑海里把这两样东西的形象组合在一起,想像出了一种"能滑行的鞋"。经过反复设计和试验,他终于制成了四季都能用的"旱冰鞋"。组合想像思考法就是指从头脑中某些客观存在的事物形象中,分别抽出它们的一些组成部分或因素,根据需要作一定改变后,再将这些抽取出的部分或因素,构成具有自己的结构、性质、功能与特征的能独立存在的特定事物形象。

3.移植法　将一个领域中的原理、方法、结构、材料、用途等移植到另一个领域中去,从而产生新事物的方法。主要有原理移植、方法移植、功能移植、结构移植等类型。

在加拿大的多伦多市有个制造小汤匙的青年,曾发明过一种叫做"温度匙"的新产品,这种"温度匙"实际上就是把温度计的用途移植到汤匙上创造出来的。它的原理非常简单,但是由于它能使大人喂婴幼儿变得很方便,自投放市场后,一直很畅销。

(二)形象思维的训练模式

1.培养绘画意识　经常欣赏美术图画,还要动手绘画,有助于大脑右半球的功能开发。

2. **画知识树**　在学习活动中经常把知识点、知识的层次、方面和系统及其整体结构用图表、知识树或知识图的形式表达出来,有助于建构整体知识结构,对大脑右半球机能发展有益。俗话说,千言万语不如一张图。

3. **发展空间认识**　每到一地或外出旅游,都要明确方位,分清东西南北,了解地形地貌或建筑特色,发展空间认识能力。

4. **练习模式识别能力**　在认识人和各种事物时要观察其特征,将特征与整体轮廓相结合,形成独特的模式加以识别和记忆。

5. **音乐训练**　经常欣赏音乐或弹唱,增强音乐鉴赏能力,能促进大脑右半球功能发展。

6. **冥想训练**　经常用美好愉快的形象进行想象,如回忆愉快的往事,遐想美好的未来,想象时形象鲜明、生动,不仅使人产生良好的心理状态,还有助于右脑潜能的发挥。

7. **左侧体操**　练左侧体操和运动有助于右脑保健。

【范例展示】

鱼肉只从肚里过

日本安国寺和尚外鉴法师和徒弟小一休,有一次受到大将军足利义满的款待。义满的侍从们端来了一盘盘香味诱人的饭菜,全是鱼、肉之类的荤菜。

小一休一看,便知是义满在耍花招,存心想难倒自己。和尚只吃素,不能吃荤,这饭菜是吃,还是不吃?

外鉴法师见了饭菜,直皱眉头,不敢动手用膳。小一休略一端详,却大口大口地吃了起来。他先笑眯眯地喝了一碗野鸭汤,然后狼吞虎咽地吃起鱼来,末了还顺手抄起了一支烤鱼串儿。

正吃得起劲,却见义满猛然抽出镶嵌着黄金宝石的大刀,厉声喝问:"佛门弟子不准吃荤,难道你不懂吗? 你看你师傅,未敢举箸吃一口,而你,竟敢违犯佛门戒条,该当何罪!"

"我没有吃呀!"小一休闪忽着机灵的大眼睛,很认真地辩解道。"我的肚子里面,是一条平坦的大道。那些鱼呀、肉呀的,只不过是从我的肚子路过而已。就连那些卖鱼卖肉的,也都打这儿路过。"

"哈哈! 既如此,那么手持大刀的武士也能通过喽? 这样吧,就让我手上的这把大刀从你的肚子里过去吧!"义满说着,用刀尖抵住小一休的鼻尖儿,得意地狞笑着。

众人顿时大惊失色,但小一休却相当沉着。一字一句地说道:"我的肚子里是有一条大道,但我的嘴却是这条大道的关卡。出家人不杀生、不尚武,崇尚和平清静的安谧生活。我是佛门弟子,因此我是绝不会容许舞刀弄棍的武士随便从我的肚子里通过的!"

小一休的一席铮铮之言,驳得义满无言以对。义满辩不过小一休,只好收起大刀,让小一休和外鉴法师回去了。

在说辩艺术中,比喻法是一种很重要的手法。小一休巧妙地把自己的肚子比作大道,把嘴巴比作关卡,化解了义满的责难,真可谓智勇相生,聪慧之极。

二、活动设计

（一）议一议

韩信画兵挂帅印

韩信在投奔刘邦之后，并没有得到刘邦的信任，韩信愤然离去，这才有了"萧何月下追韩信"的故事。韩信被追回来之后，刘邦还是心存疑虑，就想试探一下韩信的智谋。他拿出一块五寸见方的布帛，对韩信说："给你一天的功夫，你在这上面能画多少兵，我就让你带多少兵！"站在一旁的萧何见此情景，急得暗暗叫苦。可是，韩信却一反常态，毫不迟疑地接过布就离开了。次日，韩信就把画好的布帛交给了刘邦。布帛上无一兵一卒，但是萧何见了却大喜过望，刘邦看了也大吃一惊，心想自己确实小看了这个胯下之夫。于是就答应把全部兵马交给韩信，让他挂了帅。

韩信通过一幅富有想象性的画，赢得了刘邦的赏识。韩信这才挂帅出征，为汉朝的创建立下了汗马功劳。

问题探讨：你能猜出这是一幅怎样的画吗？

（二）练一练

1. 任意选出以下物体，你可组合出哪些有意义、有价值的东西？

计算机、咖啡机、百合花、太阳镜、浴缸、手机、防晒液、卧室、电视、雕塑、吊床、窗户、真空吸尘器、汽车、票、苏打罐、驱虫剂

2. 将 20 个红枣放入摆在桌上的三个同样大小的碗里，要求每个碗里的红枣都是单数。请问：红枣该怎么放？

3. 请用一个圆形、一个方形、两个三角形组成有意义的图案，越多越好。

第四单元　秘书形象思维实训

一、要点讲解

形象思维方法是通过感性形象来反映和把握事物状态的思维方法，它是用具体的形象来反映事物的本质的。

秘书在工作实践中，要善于将形象思维、逻辑思维和灵感思维方法正确地、巧妙地结合起来运用，充分地发挥各自的优势，在秘书工作实务中发挥出更大的职能作用。

【范例展示】

鞋　架

床似乎太高，于是床下摆了个鞋架。鞋架是用几块木板钉成的，极其简陋。

春：鞋架上，摆着一双大号解放鞋，鞋上有破洞，散发着难闻的臭味儿。

夏：鞋架上，并排着两双鞋，一双是大号解放鞋，一双是红色高跟鞋。解放鞋打了补丁也不再那么臭；高跟鞋几乎没有什么异味儿。

秋:鞋架上,并排摆着两双鞋,一双是红色高跟鞋,一双是中号黑皮鞋。高跟鞋很整洁,似乎还有股香水味儿;黑皮鞋油光锃亮,属于挺时髦的那种。

冬:鞋架上,摆着一双大号解放鞋,鞋上有破洞,散发着难闻的臭味儿。

"现实空间可以靠欣赏的想象来拓展,时间过程也能够利用欣赏者的想象来延伸。"作者只写了春夏秋冬鞋架上的鞋子,而将人物活动隐藏起来,但读者可以从鞋子的变化中去想象那隐藏其中的栩栩如生的人物和生动曲折的故事。它留下广阔的空间让读者驰骋想象,使读者在积极、主动的创造中享受审美的愉悦。

作者:魏金树　选自《中外微型小说荟萃》

二、活动设计

(一)议一议

案例 A　速度的比喻

著名的瑞典哲学家艾赫尔别格曾经对人类的发展速度有过一个形象生动的比喻,他认为,在到达最后1公里之前的漫长的征途中,人类一直是沿着十分艰难崎岖的道路前进的。穿过了荒野,穿过了原始森林,但对周围的世界万物茫然一无所知。只是在即将到达最后1公里的时候,人类才看到了原始时代的工具和史前穴居时代创作的绘画。当开始最后1公里的赛程时,人类才看到难以识别的文字,看到农业社会的特征,看到人类文明刚刚透过来的几缕曙光。离终点200米的时候,人类在铺着石板的道路上穿过了古罗马雄浑的城堡。离终点100米的时候,在跑道的一边是欧洲中世纪城市的神圣建筑,另一边是"中央之国"四大发明的繁荣场所。离终点50米的时候,人类看见了一个人,他用创造者特有的充满智慧和洞察力的眼光注视着这场赛跑——他就是达·芬奇。剩下只有10米了,人类开始出现在火炬和油灯焕发出的光芒之中。剩下最后5米了,在这最后的冲刺中,人类看到了惊人的奇迹,电灯光亮照耀着夜间的大道,机器轰鸣,汽车和飞机疾驰而过,摄影记者和电视记者的聚光灯使胜利的赛跑运动员眼花缭乱……

问题探讨:请用形象的方式说明人类社会发展速度越来越快,对人类的思维产生的影响。

案例 B　幽默的罗斯福

美国总统富兰克林·罗斯福是一位卓越的政治家。在"二战"中,他领导美国政府和人民赢得了"反法西斯战争"的伟大胜利。1944 年,美国人民打破建国以来的历史惯例,选举他第4次连任美国总统。记者们纷纷访问他,希望他谈谈对连任4次总统的感想。一位年轻的记者被允许访问罗斯福,当这位记者说明自己的愿望后,罗斯福没有直接回答他提出的问题,而是热情地请他吃一块大蛋糕。这位年轻记者获得如此礼遇和殊荣,心里十分高兴,很快津津有味地把蛋糕吃下去了。接着总统又请他吃了一块。当他正迫不及待地急于想同总统交谈时,总统又请他再吃第三块蛋糕。这时,这位记者已毫无食欲,但被总统的盛情所感,只得勉为其难地吃了下去。这位记者吃完第3块蛋糕后,不料总统又笑嘻嘻地对他道:"请再吃一块吧!怎么样?"这位记者实在是很难再吃了,不得不向总统表示抱歉说:"感谢总统的盛意,我实在是吃不太下去了。"这时,罗斯福总统满脸微笑地对这位年轻记者轻言细语地说道:"你不是要我谈谈第4次连任总统的感受吗?你现在已经亲身体验到了,我就不再谈了吧。"

问题探讨:请谈谈罗斯福要记者"第四次吃蛋糕"的真正意图。

(二)练一练

1.有一位农民提着一条鱼,领着一条狗和一只猫来到河边,想把这些都带过河去。河边恰好有一只小船,但它小的实在可怜,只能乘一个人。另外可以带一条狗,或者带一只猫,或者带一条鱼。并却如果人不在身边,狗就会咬猫、猫就会吃鱼,但这狗并不吃鱼。

请问这位农民将怎样巧妙地安排这次渡河?

2.有个人开着飞快的汽车,没有开车灯,也没有开路灯,也没有月亮。突然出来一个酒鬼,他穿着黑衣服,而汽车却及时停车,为什么?

3.有四个直径不同的圆,要使每个圆都与其他圆相切,可能有多少种图形?(试着画画)

4.宋朝时,有一家画院曾用"竹锁桥边卖酒家"为题,来考应试的画师。

画师们看着这个画题,都凝神静思、浮想联翩,在他们的脑海里呈现出了千姿百态的形象:那青翠的竹林,似乎还听到了林中那清脆悦耳的鸟鸣;故乡的石桥也清晰可辨,桥边各种买卖人的叫卖声和着桥下的流水声,真像身临其境,使人倍感亲切……他们每个人都会想起各色各样的有关竹、桥、酒店等的形象以及它们之间的各种空间关系。在头脑中经过了一番认真地比较、取舍、重新组合等思维之后,他们每个人构思出了一幅画面。于是,他们纷纷拿起毛笔,将他们各自头脑中已经成形的画面,画在宣纸上了。结果唯独当时的大画家李唐别出心裁的画得到了高度赞赏。

猜猜李唐到底是怎样画的?

三、思维拓展

几乎任何一项秘书工作都是依靠形象思维和逻辑思维的交互作用而完成的。从办文办事到为领导出谋献策,从调查研究到信息的反馈利用,会场布置到生意场上的谈判,市场预测到企业形象设计等,几乎无一例外地需要形象思维。秘书作为企业里的文化工作者,其形象思维有两个显著的特点:一是,离不开想象。二是,始终倾注着激情。秘书要圆满完成各项工作任务,绝对离不开激情和大胆想象。只有形象思维较发达的秘书,才能出色地做好各项工作。

学有所得:

对秘书个人而言,形象思维的一个诀窍是不断地增强自身的艺术修养与才能。唯有如此,才能使自己的整体素质与角色的期待与要求相统一。

四、习得交流

随着信息时代的到来,人类社会进入了一个超速发展阶段,在这个阶段,不仅社会的变化频率越来越快,社会的变化幅度也越来越大。面对这样一个瞬息万变、日新月异的社会,人们不免感到有些茫然失措和无所适从,显然旧的思维方式已经不能适应新的环境,而要想在新的环境中生存、发展就必须更新思维方式,即完成由模仿性思维方式向创造性思维方式的"进化"。

第七部分 类比思维训练

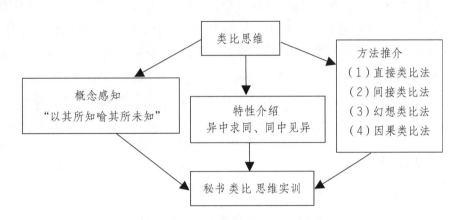

第一单元　类比思维概念感知

一、要点讲解

每当理智缺乏可靠论证的思路时,类比这个方法往往能指引我们前进。——康德

著名物理学家开普勒曾经说过:"我最珍视类比,它是我最可靠的老师"。

类比思维又称取象比类、援物比类,是将两个或两类相似的事物相比较,根据事物 A、事物 B 在一系列属性上的相同或相似而将事物 A/事物 B 的另一些属性移植到事物 B/事物 A,在不同类的事物中由此及彼、触类旁通,从中获得启发而解决问题的思维方法,是一种"以其所知喻其所未知"的方法。类比思维的认识依据是事物之间具有的相似性。掌握好这种方法,能使我们在研究问题时,达到举一反三的效果。

达·芬奇曾这样提议:如果你注意墙上的污痕、烟灰,云彩的形状、泥浆的形式等,你就可以联想到树、战斗、平原、人物,然后再把这些与自己想要解决的问题联系起来,就可以得到无尽的启发,假说或创新就在这个过程中催生。据说,有一次,达·芬奇站在一口水井旁,他注意到一块石头投入水中,产生波纹并且水的波纹在扩散,一直到波纹完全消失。几乎就在同时,附近教堂的钟声敲响了。本来这是两件独立发生的事。他却把两件不同的事联系起来想,导致他发现了声音也是以波的形式传播。

【范例展示】

风靡世界的"邓禄普轮胎"

世界上诞生的第一辆自行车的轮子是木头做的,没有轮胎,骑起来颠簸厉害,一不留神就会摔跤。

大约70年后,苏格兰有一个名叫邓禄普的医生,因为一天儿子骑自行车摔得头破血流,于是萌发了改进自行车的念头,但是却苦于一直找不到合适的方式。

一天,他握着橡胶水管给花草浇水。

水管因为有水通过而鼓胀起来,他握紧又松开,觉得水管很有弹性。突然,他心中一动:把灌了水的橡皮管安在自行车的轱辘上,这样轮子就有了弹性,就不容易颠簸了。

于是他把儿子的自行车推到花园里,拆下轮子,配上橡胶管,灌上水。经过一遍遍的实验后,终于安好了。儿子骑上去,感觉棒极了。

邓禄普用橡胶水管制成了世界上第一个轮胎。后来,充气的轮胎代替了灌水的轮胎。"邓禄普轮胎"很快就风靡了整个世界。

二、活动设计

(一)议一议

案例A　一条直线上的三家药店

日本有家公司在铁路沿线的三个地方分别开设了三家药店,呈一条直线,销售额总是上不去,十分着急。

有一天,又急又恼的公司社长上了电车想回家。在电车上,他看见几个小学生,都把手指套在三角尺的窟窿里,用一只手转着玩。他突然站起身来:"哦!这里面有名堂。"

他两眼盯着三角尺,忽然觉得心里一亮。此时,他想起以前看过的有关军队战略战术的书来:"这些直线排列的点,很容易被外力阻断运输线路,这正是失败的最大原因。为了和友军保持密切的合作,应该确保至少三点鼎立。"想到这里,他激动起来。

回到家里,他拿来地图一看,果然发现他刚开设的三家药店分布在一条直线上,不觉恍然大悟:"如果把三家药店呈三角形配置起来,那就取得了中间部分的面积,三角形居住的人都会来买我的货了。"

不久,他就调整了药店的分布,营业额果然逐渐上升,取得了很大的效益。

问题探讨:请列举生活中类似的思维案例。

案例B　304号房间

夏威夷是一座美丽的海滨城市,每年来这里度假旅游的人络绎不绝。米高探长今年也来到这里度假。他住在海边一家四层楼房的宾馆里。这家宾馆三、四两层全是单人间,他住在404房间。这里环境幽雅,价格适中,吸引了不少游客,常常客满。

这一天,游玩了一天的米高草草吃了晚餐,便提前离开了餐厅回到房间,想好好地洗个热水澡,早早休息。正当他走进浴室放热水时,隐隐约约听到了两声"笃!笃!"的敲门声,米高以为是敲别人的房门,没有理会。一会儿一位陌生的小伙子推开房门,悄悄进入了房间。原来米高的房门没有锁好。他看到米高有些惊慌,但很快反应过来,彬彬有礼地说:"对不起,我走错房间了,我住304号房间!"说着他摊开手中的钥匙,让米高看看,以证明他没有说谎。

米高没有介意。小伙子走了,米高马上给宾馆保安部打电话说:"请立即搜查304房间的客人,他正在四楼作案。"保安人员迅速赶到四楼,抓住了正在行窃的那个小伙子,并从他身上和房里搜出了他自己配制的钥匙,还有不少首饰、皮包、证件和大笔现钞。

问题探讨:请问米高是怎么知道他是窃贼的?

(二)练一练

1.空气是无形的,你知道用什么简便的办法称出空气的质量吗?

2.通过对"网上聊天"和"自动售货机"这两种事物的分析,运用类比思维提出设想。

第二单元　类比思维特性介绍

一、要点讲解

人们可以用各种不同的事物进行类比,将会不断地产生出新的创造设想,获取更多的创造成果。但是,从异中求同,从同中见异的类比思维也有缺点,就是运用这种思维方法推导出来的结论或提出的创造设想具有或然性,不能确保正确无误。

为了使结论有较高的可靠性,在运用类比思维时,进行类比的两个对象应具有较多的共同属性,它们的共同属性与被推断的属性之间应有较密切的联系。

【范例展示】

由世界地图萌生的发现

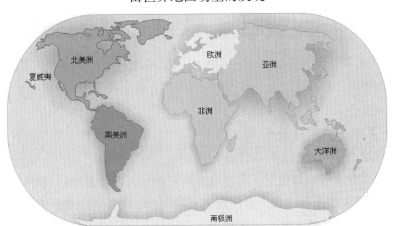

1910年的一天,魏格纳因病住进了医院,面对病房里的地图,时常呆呆地出神。实在无聊时,魏格纳就站起来,用食指沿着地图上的海岸线,画着各个大陆的海岸线,借此消磨

时光。他画完了南美洲，又画非洲；画完了大洋洲，又画南极洲。突然，手指慢了下来，停在地图上南美洲巴西的一块突出部分，眼睛却盯住非洲西岸呈直角凹进的几内亚湾。瞧！这两者的形状竟是让人不可思议地吻合！魏格纳被自己偶然的发现惊呆了，他精神大振，"难道这是真的？"他站在地图面前，仔细端详着美洲、非洲大陆外形上的不同特点。果然，巴西东海岸的每一个突出部分，都能在非洲西海岸找到形状相似的海湾；同时，巴西的每个海湾，又能在非洲找到相应的突出部分。

"这不会是一种巧合吧？"

兴奋至极的魏格纳一口气将地图上所有的一块块陆地都进行了比较，结果发现，从海岸线的相似形状上看，地球上所有的大陆块都能够基本吻合在一起。

于是，这位病中的年轻人的脑海里形成了一个崭新的惊人奇想：在太古时代，地球上所有的陆地都是连在一起的，即只有一块巨大的大陆板块。后来因为大陆不断漂移，才分成今天的各个大陆，因而它们之间的海岸线才会有着惊人的吻合。

后来，魏格纳成为世界有名的德国地球物理学家，他不仅思维跳跃、不囿俗套，而且注重实践、尊重科学。因此，他没有急于向世界公布自己的发现，而是一头扎进科学研究当中。为了给自己的学说寻找证据，他随后收集了包括海岸线的形状、地层、构造、岩相、古生物等多方面的资料，并认真地进行了分析探究，终于在1912年完成了科学巨著《海防的起源》，正式提出了"大陆漂移说"。

魏格纳大胆的设想成为一则爆炸性的新闻，在全世界范围内"一石激起千层浪"。"什么？非洲和南美连在一块？""荒唐！怎么没有大西洋？"人们纷纷地斥责，表示疑惑、不解。有人甚至认为魏格纳是"精神病患者"。

魏格纳根本就没有理会世人的非难，他关心的是如何给"大陆漂移说"寻找根据。

在1912年德国地质协会的讲演会上，魏格纳郑重地向科学界人士说明：现在世界上的各大洲，在古生代是一个连接在一起的巨大的大陆块。那时还没有大西洋，整个陆地的周围被原始海洋所包围。2亿年前，由于太阳、月球对地球的引潮力，以及地球自转所产生的离心力的作用，古大陆开始出现分离。

大陆慢慢分裂成若干块，就像冰块浮在水面上一样，这些花岗岩质陆地浮在玄武岩质基底上，逐渐漂移分离。美洲脱离了欧洲和非洲向西移动，在它们中间逐渐形成了大西洋。非洲有一半脱离了亚洲，在漂移过程中，它的南端沿顺时针方向略有扭动，渐渐与南亚次大陆分开，中间形成了印度洋。南极洲、澳大利亚则脱离亚洲、非洲向南移动，而后又彼此分离，形成了今天的南极洲和澳大利亚。

由于大陆漂移，大陆前缘受阻，形成了褶皱山脉，如科迪勒拉山系等。大陆漂移的最后结果，终于形成了今天地球上的各大洲。

魏格纳提出的"大陆漂移说"，否定了自古以来人们一直认为大陆不变的观点，第一次成功地解释了地球上陆地和海洋分布现状的成因，把地质学向前推进了一大步；同时，它也为找矿、地震预报等提供了科学依据。

二、活动设计

(一)议一议

案例 A　迪斯尼乐园

格罗培斯是世界著名建筑大师。他从事建筑研究 40 多年,攻克过无数建筑方面的难题,在世界各地留下了 70 多处精美的杰作。

格罗培斯在设计迪斯尼乐园时,花了很多心血。在迪斯尼乐园快要完成施工,对外开放时,各景点之间的道路该怎样联络还没有具体的方案。

这可急坏了施工部。于是,施工部打电话给正在法国参加庆典的格罗培斯大师,请他赶快定稿,以便按计划竣工和开放。

格罗培斯大师对迪斯尼乐园的路径设计大伤脑筋,他已修改了 50 多次,没有一次是让他满意的。接到施工部的催促,格罗培更加着急了。巴黎的庆典一结束,他就让司机驾车带他去了地中海海滨,他想清醒一下,争取在回国前把方案定下来。

汽车在法国南部的乡间公路上奔驰,这里是法国著名的葡萄产区,漫山遍野都是当地农民的葡萄园。一路上,格罗培斯看到人们将无数的葡萄摘下来提到路边,向过往的车辆和行人吆喝,然而很少有人停下来。

当他们的车子进入一个小山谷时,格罗培斯发现那里停着许多车子。原来这儿是一个无人看管的葡萄园,你只要在路边的箱子里投入 5 法郎就可以摘一篮葡萄上路。

据说这座葡萄园主是一位老太太,她因年迈无力料理而想出这个办法。起初她还担心这种办法能否卖出葡萄,谁知在这绵延百里的葡萄产区,她的葡萄总是最先卖完。

格罗培斯对老太太的这种给人自由任其选择的做法深有感触,他下车摘了一篮葡萄,就让司机调转车头,立即返回了巴黎。

回到住处,他给施工部发了一封电报:"撒上草种提前开放。"施工部按要求在乐园撒了草种,没多久小草出来了,整个乐园的空地都被绿草覆盖。在迪斯尼乐园提前开放的半年里,草地被踩出许多小道,这些踩出的小道有窄有宽,优雅自然。

第二年,格罗培斯让人按这些踩出的痕迹铺设了人行道。1971 年在伦敦国际园林建筑艺术研讨会上,迪斯尼乐园的路径设计被评为世界最佳设计。

问题探讨:请谈谈迪斯尼乐园路径设计给我们的启示。

案例 B　食品冷冻法

1940 年,美国皮革商巴察发明了食品冷冻法,这完全得益于他的钓鱼爱好。巴察经常去纽芬兰海岸,在结了冰的海上凿洞钓鱼。从海水中钓起的鱼放在冰上立即被冻得硬邦邦的。当几天后食用这些冻鱼时,巴察发现只要鱼身上的冰不溶化,鱼味就不变。根据这一发现,巴察着手试验将肉和蔬菜冰冻起来。他高兴地发现,只要把肉和蔬菜冻得像那些鱼一样,就能保持新鲜。经过反复试验,他进一步发现:冰冻的速度和方法不同,会影响食品冰冻后的味道和保鲜程度。经过几个月废寝忘食的摸索,巴察终于为他发明的食物冰冻法申请了专利。

问题探讨:请分析巴察运用类比思维发明食品冷冻法的过程。

(二)练一练

1.有一位日本母亲的儿子病了,看着儿子躺在床上无法使用笔直的吸管喝水,只能用勺子喂,十分难受。于是,她开始琢磨怎样能让儿子躺着也能喝水。

一次偶然的机会,她在洗衣服的时候发现洗衣机的导水管是蛇皮形的,突然灵机一动,为什么不能把吸管也做成这样呢?于是,她将吸管中间的一段做成蛇皮形。这样,能弯曲的吸管就诞生了。

请就此谈谈你得到的启发。

2.阅读故事,回答问题。

据传苏东坡在当翰林学士的时候,经常与佛印禅师交往。

有一次,他来到大相轩寺,与佛印禅师一起品茶。席间,苏东坡向佛印禅师谈及自己近日来诗思衰竭,没有了弄文舞墨的意趣,不知为何缘由,请佛印禅师指点迷津。

谁知,佛印禅师含笑不语,只顾给苏东坡斟茶。但见茶杯已满,茶水外溢。苏东坡想要去阻止,却见禅师神秘地看着他,还在一个劲儿地往茶杯中倒。苏东坡仔细思考了一下,恍然大悟,赶紧谢过佛印禅师,乘兴归去。

不久,苏东坡便佳篇迭出,新诗泉涌,一发不可收拾。

请问这是怎么回事?

第三单元　类比思维方法推介

一、要点讲解

(一)直接类比法

根据原型的启发,直接将一类事物的现象或规律用到另一类事物上的方法。

1.形状类比法　形状类比往往是由某一原型的外形结构,而类推出与此结构、形象相仿的创造物。A 与 B 之间,存在形状的相似。

1903 年,莱特兄弟造出飞机,但他们不知道怎样才能使飞机在空中拐弯时保持机身的平稳。于是他们想到:这种现象在飞鸟身上从不会出现。于是他们仔细观察了老鹰的飞行,发现老鹰在转折时,其翅翼可以弯折。于是他们仿照老鹰的羽翼,制造了后面可以弯折的机翼,这就是现代飞机襟翼的原型。

2.功能类比法 功能类比是把一个事物的功能应用于其他事物上,从而提出新的思维结果。A 与 B 之间,存在功能的相似。

近代发明家贝尔发明电话机的灵感就是来源于把人的耳骨的薄膜与电话膜片直接类比。他不无自豪地想起自己是如何应用类比思维技巧而获得成功的。他说:"我注意到,与控制耳骨的灵敏的薄膜相比,人的耳骨的确很大。这使我想到,或许一种薄膜也是这样灵敏,以致能够摇动几倍于它的很大骨状物。这就是较厚而又粗糙的膜片不能使我的钢片振动的原因,电话就这样被构想出来了。"

3.对称类比法 英国物理学家狄拉克把相对论原理引进量子力学中,建立了描述自由电子运动的方程。在解这个方程时,得到了正负对称的两个能量解。

正的能量对应着电子,那么,负的能量对应着什么呢?人们知道电荷有正电荷与负电荷的对称性,既然存在带负电荷的电子,那么,是否存在带正电荷的电子呢?

为了解释上述方程解,狄拉克运用了对称类比法,认为对应于负能量的粒子可能是带正电荷的电子,成功地预见了正电子的存在。

4.原理类比法 原理类比是指把一个事物的原理应用在其他事物上,从而产生积极结果的思维方法。

伽利略在威尼斯一所大学教书。一天,他在给学生做实验时,看到水加热特别是到沸点的时候,水在罐子里就会上升。于是他想起不久前,一位医生请求他实验出一种能测出病人体温的仪器。

他想:"水的温度上升,体积就会增大膨胀上升,反之体积就会缩小下降,能不能根据这个原理来测量病人的温度?"于是他开始认真地实验,终于做出了世界上第一支体温计。

(二)间接类比法

间接类比法就是用非同类产品类比,产生创造。在现实生活中,有些创造缺乏可以比较的同类对象,这就可以运用间接类比法。

如空气中存在的负离子,可以使人延年益寿、消除疲劳,还可辅助治疗哮喘、支气管炎、高血压、心血管病等,但负离子只有在高山、森林、海滩湖畔处较多。后来通过间接类比法,创造了水冲击法产生负离子,后吸取冲击原理,又成功创造了电子冲击法,这就是现在市场上销售的空气负离子发生器。

采用间接类比法,可以扩大类比范围,使许多非同一性、非同类的行业,也可由此得到启发、开拓新的创造活力。

(三)幻想类比法

发明者在发明创造中,普通幻想类比进行一步步的分析,从中找出合理的部分,从而逐步达到发明的目的,设计出新的发明项目,这就是叫做幻想类比法。

1834 年,英国发明家查尔斯·巴贝奇绘制出通用数字计算机图样。1942 年,美国的约翰·阿塔纳索夫教授和他的学生贝利,运用幻想类比法,发明设计出电脑,并制成了阿塔纳索夫·贝利计算机(世界上第一台电脑)。

(四)因果类比法

因果类比是根据某一事物的因果关系推出另一个事物的因果关系,而产生新的成果。

美国麻省理工学院谢皮罗教授根据北半球的洗澡水是逆时针方向流出浴池,进行因果推理,认为北半球的台风同样是逆时针旋转。他还断言,如果在南半球,情况则恰恰相反。

【范例展示】

海洋深潜器

瑞士著名的科学家阿·皮卡尔就运用类比发明法创造了世界上第一只自由行动的深潜器。阿·皮卡尔是位研究大气平流层的专家,他曾设计的平流层气球,飞到过 15 690 米的高空。后来他又把兴趣转到了海洋,研究海洋深潜器。尽管海和天是两个完全不同的环境,但水和空气都是流体,因此,阿·皮卡尔在研究海洋深潜器时,首先就想到利用平流层气球的原理来改进深潜器。

在这以前的深潜器,既不能自行浮出水面,又不能在海底自由行动,而且还要靠钢缆吊入水中。这样,潜水深度将受钢缆强度的限制。因为钢缆越长,自身重量就越大,也就容易断裂,所以过去的深潜器一直无法突破 2 000 米大关。

阿·皮卡尔由平流层气球联想到海洋深潜器。平流层气球由两部分组成:充满比空气轻的气体的气球和吊在气球下面的载人舱。利用气球浮力,使载人舱升上高空,如果在深潜器上加一只浮筒,不也就像“气球”一样可以在海水中自行上浮了吗?阿·皮卡尔和他的儿子小皮卡尔设计了一只由钢制潜水球和外形像船一样的浮筒组成的深潜器,在浮筒中充满密度比海水轻的汽油,为深潜器提供浮力,同时,又在潜水球中放入铁砂作为压舱物,使深潜器沉入海底。如果深潜器要浮上来,只要将压舱的铁砂抛入海中,就可借助浮筒的浮力升至海上,再配上动力,深潜器就可以在任何深度中的海洋中自由行动。这样就不需要拖上一根钢缆了。第一次试验,就下潜到 1 380 米深的海底,后来又下潜到 4 042 米深的海底。阿·皮卡尔父子设计的另一艘深潜器“理雅斯特号”下潜到世界上最深的洋底,成为世界上潜得最深的深潜器,阿·皮卡尔父子也因此获得了“上天入海的科学家”的美名。

二、活动设计

(一)议一议

案例 A 气泡混凝土的发明

在合成树脂(塑料)中加入发泡剂,使合成树脂中布满无数微小的孔洞,这样的泡沫塑料既省料,重量又轻,并有良好的隔热和隔音性能。

日本一个叫铃木的人联想到在水泥中加入一种发泡剂,使水泥也变得既轻又具有隔热和隔音的性能,结果发明了一种气泡混凝土。

问题探讨:请列举工作生活中哪些物品是通过类比思维发明的。

案例B　鲁班发明锯子的故事

有一次,鲁班攀登悬崖时手被一根茅草拉了一道口子,鲜血直流。鲁班拿起茅草仔细一看,发现茅草边沿有细细的小齿,所以才能这样锋利。于是鲁班想,如果在铁条上也锉出这样小的细齿来,不是能更锋利了吗?经过试验,果然如此,于是发明了锋利的锯子。

问题探讨:请结合案例谈谈生活中的类比思维运用。

(二)练一练

1. 下面几种事物有何共同之处?

(1)瓶子、金鱼、杯子　　　(2)菜刀、勺子、锅

(3)古、平、木　　　　　　(4)中、内、旧

2. 空气是无形的,你知道用什么简便的办法称出空气的质量吗?

第四单元　秘书类比思维实训

一、要点讲解

类比思维广泛运用于日常认识和科学研究中。它对于探求新知识,拓展新领域有着重要的作用。

中国古学术之所以能够取得光辉成就,来源于中国古人的高度发达的类比思维。在中国古学术中,有一种叫做"观物比德"的类比思维,是人与物的类比,是说用物的外部特征与内部属性来类比人的品德、志行。

【范例展示】

邹忌讽齐王纳谏

邹忌修八尺有余,而形貌昳丽。朝服衣冠,窥镜,谓其妻曰:"我孰与城北徐公美?"其妻曰:"君美甚,徐公何能及公也!"城北徐公,齐国之美丽者也。忌不自信,而复问其妾曰:"吾孰与徐公美?"妾曰:"徐公何能及君也?"旦日,客从外来,与坐谈,问之:"吾与徐公孰美?"客曰:"徐公不若君之美也!"明日,徐公来,孰视之,自以为不如;窥镜而自视,又弗如远甚。暮寝而思之,曰:"吾妻之美我者,私我也;妾之美我者,畏我也;客之美我者,欲有求于我也。"

于是入朝见威王,曰:"臣诚知不如徐公美。臣之妻私臣,臣之妾畏臣,臣之客欲有求于臣,皆以美于徐公。今齐地方千里,百二十城,宫妇左右莫不私王,朝廷之臣莫不畏王,四境之内莫不有求于王:由此观之,王之蔽甚矣。"

王曰:"善。"乃下令:"群臣吏民能面刺寡人之过者,受上赏;上书谏寡人者,受中赏;能

谤讥于市朝,闻寡人之耳者,受下赏。"令初下,群臣进谏,门庭若市;数月之后,时时而间进;期年之后,虽欲言,无可进者。

燕、赵、韩、魏闻之,皆朝于齐。此所谓战胜于朝廷。

二、活动设计

(一)议一议

写诗妙法

少年向大诗人陶渊明求教:"先生,我非常敬佩您学识渊博,精通诗文词赋,但不知写诗作文有没有什么妙法?"陶渊明一听大笑起来,拉他来到自己耕种的稻田旁,指着长到一尺多高的禾苗说:"你蹲在这棵禾苗旁仔细瞧瞧,看它是不是在一点一点地长高呢?"少年蹲下身子,目不转睛地盯着那棵禾苗,眼睛都盯疼了,却还看不出禾苗正在生长。他站起来对陶渊明说:"我看不到它正在生长!"陶渊明反问到:"真没见长吗? 那么,春天只是个稻芽,现在怎么就变得一尺多高呢?"少年无话回答。陶渊明进一步说:"田里的禾苗每时每刻都在生长,可是长得很慢,在短时间内是看不到的。但是它生生不息,会越长越高。学习写作也这样。"听罢陶渊明的话,少年恍然大悟。

问题探讨:你悟出了什么道理?

(二)练一练

1. 在某个晴天,老师给两个学生一盒卷尺,要求他们在不登高的情况下,量出一幢高层建筑的高度(高层建筑周围是宽广的平地)。请问他们能否量出高层建筑的高度?

2. 请你找出一个字,它们分别与下列五个字组成词组:

路　理　德　喜　具

三、思维拓展

类比思维在演讲艺术的空间拓展上表现的几种形式:

(1)选已得到广泛认同的类比物作常规类比;

(2)选不具有广泛意义的类比物作特定而神似的类比;

(3)选看似风马牛不相及的类比物作奇妙的类比;

(4)选一个核心类比物作系列类比。

学有所得:

以上是几种常见的类比形式。在演讲实践中,虽然类比物的选择和运用有一定的规律,但作为一种认识活动,类比的空间是无比广阔的,所以类比物的选择与运用也是可以不断丰富和开拓的。

四、习得交流

英国的培根有一句名言:"类比联想支配发明。"联想与类比思维有紧密的联系,学会联想方法,特别是掌握相似联想,是运用类比思维的重要条件。

第八部分 超前思维训练

训练内容图解

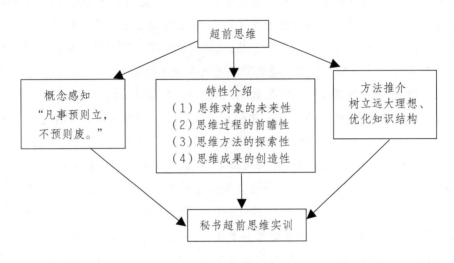

第一单元 超前思维概念感知

一、要点讲解

凡事预则立,不预则废——《四书·中庸》

能否以"道高一尺,魔高一丈"的能力超前研究? 能否以"高屋建瓴,洞察全局"的能力对待未来的工作生活? 是衡量今后能否开拓崭新的工作生活领域的重要指标。

超前思维,又称预测性思维,指的是人们根据客观事物的发展规律,在综合现实世界提供的多方面信息的基础上,对于客观事物和人们的实践活动的发展趋势、未来图景及其实现的基本过程进行预见性推断和构想的一种思维过程,它能指导人们对当前事物认识进行弹性调整,并积极地去开拓未来。其实质就是要求我们的思维和目光要有前瞻性和预见性。

超前思维是以未来的尺度来引导、调整和规范当前事物认识,使其更快、更好地逼近未来目标的思维方式。超前思维,就是指向未来的思维,它是用将来可能出现的情况进行预测的思维,是人的思维能动性的表现。随着现代科学技术的发展,西方掀起了未来学的热潮。美国的托夫勒和奈斯比特就是未来学热潮的两个代表。他们的著作《第三次浪潮》与《大趋势》等在世界上引起了巨大反响。托夫勒在《未来的振荡》一书中说："这种向前看的习惯能力在适应过程中至关重要。成功地适应变化的神秘的线索之一，很可能是人们的未来观念。"他还说："能预测对方棋子动向的下棋人，具有长远观点的经理人员，以及在读一本书之前先扫一眼目录的学生，都比别人略高一筹。"

【范例展示】

比尔·盖茨的眼光

比尔·盖茨于 1955 年 10 月 28 日出生在美国西雅图的一个普通家庭，他上初中时就迷上了电脑，在小伙伴中以精通电脑小有名气。13 岁时便选择了编写计算机程序作为终生职业。当他 16 岁那年还是一名中学生时，他就设计出了一种记录西雅图交通状况的软件。1973 年在父母的影响下比尔·盖茨顺利考入了著名的哈佛大学学习法律。但他的志趣却是在电脑上，于是他更用心钻研的数学、物理和计算机方面的知识。他利用学校的计算机开发出了一种软件，赚了不少钱。学校认为他违背了教学设施不得用于个人牟利的规定，受到了学校的严厉批评和警告。当时电脑尚处于初期发展阶段，他却看出了"将来每个家庭、每个台面上都会有电脑"的未来趋势，意识并预测到了电脑必将大有发展前途。1975 年 7 月，比尔·盖茨毅然退学与好友艾伦一起创办了微软公司，专门从事软件产品的开发，这一年，他刚满 20 岁。如今作为微软公司的董事长兼首席执行官，比尔·盖茨成了连续多年稳居全球巨富排行榜榜首的世界首富。其意义更为重大而深远的是，微软公司的崛起被人们视为新的知识经济开始形成的标志，比尔·盖茨被视为知识经济时代正向我们大踏步走来的代表人物之一。对什么是比尔·盖茨选择开发电脑软件作为终生事业最关键的因素，不同的人从不同的角度去看，会有不同的看法。而且都可能言之成理，言之中肯，也许很难有一个大家都一致赞同的统一的看法。我们的看法是，他在青少年时期便看出了刚起步不久的新兴电脑产业的宏伟发展前景，立志终生为其献身，这种超乎常人的敏锐意识和远大眼光，是他选择开发电脑软件作为终生事业的最关键的因素，在他思考和决定从事电脑软件开发事业的思维过程中，有机遇思维的高瞻远瞩创新思维方法在起作用。

二、活动设计

(一)议一议

案例 A 荣誉就像玩具

一天，居里夫人的一个朋友到她的家里做客，忽然看见她的女儿正在玩英国皇家协会刚刚颁发给她的一枚金质奖章，不禁大吃一惊，忙问："居里，你怎么能给孩子玩这么珍贵的奖章呢？它可是极高的荣誉呀！"

居里夫人笑笑说："我是想让孩子们从小就知道，荣誉就像是玩具，只能玩玩而已，绝不能永远守着它。否则，就将一事无成！"

问题探讨:请谈谈你对待荣誉的态度。

案例 B　刘秀诱敌

我国西汉末年,在邯郸有一名自立为王的王郎,有一次带兵包围驻扎在蓟县为王莽政权守边的刘秀。刘秀被迫率领人马向南突围。刘秀从蓟县逃到饶阳,又从饶阳逃到束鹿,王郎一直对其紧追不舍。刘秀的部队从束鹿向西还没走多远,王郎的追兵就到了。刘秀只得带领部队去树林里躲藏,可是道路泥泞必然要留下脚印,王郎的部队就会沿着脚印追来。刘秀对此反复思考,想出了一个让王郎朝相反方向追击办法,终于摆脱了危险。刘秀的办法是:命令将士们把脚上穿的鞋脱下掉个头,让脚后跟朝前,脚尖朝后,然后再将鞋绑在脚上,以便于走路。刘秀部队的将士们脚上都穿了"后跟朝前,脚尖朝后"的鞋,这样留下的脚印虽是向西走,实际上却是朝东走。王郎上了当,朝相反的方向追击。刘秀事先反复设想了将士们脚穿"后跟朝前,脚尖朝后"的鞋如何走路,以及它将如何迷惑敌人,敌人将如何产生错觉等具体情景。

问题探讨:请谈谈"刘秀诱敌"给我们的启示。

(二)练一练

1. 小王宣称,在某一天的某一时刻,他将创造一个伟大的奇迹——在永定河水面上行走 20 分钟而不沉入水中,同时他不会借助任何工具。人们聚集在一起想亲眼目睹这情景。果然,小王说到做到了! 你相信吗? 分析一下他是怎么做的?

2. 如果你只剩下一根火柴,夜里你走进厨房,厨房里有蜡烛、煤油灯和煤气灶,那么你先点燃什么?

第二单元　超前思维特性介绍

一、要点讲解

(一)思维对象的未来性

通常的思维认识对象,是指在时间、空间中已经客观存在的现实事物、事件和现象。超前思维则不仅要超越过去(事物的存在,现象和事件),还要超越目前的现实,将思维认识的对象指向尚未在现实存在的,可能发生的未来事物、事件与价值尺度。超前思维认识对象的未来性,能如期在思维系列中的两个显著特点的方式不同的现象,思想认识过去。

(二)思维过程的前瞻性

超前思维认识的未来对象在现实中尚不存在,那么如何理解未来对象? 其实未来是现在的延续与发展,未来对象的产生总要受到过去历史与现实条件的制约。对现实情况进行了解,思考作为认识未来对象的前提条件,它的思维过程还要向前延展,即借助对事物发展的规律性认识,源于对事物未来的科学认识的前提条件,这就是超前思维过程的前瞻性。

不卖魔方卖原料

20 世纪 70 年代末,匈牙利的一位数学家设计出了一种被称为"魔方"的玩具,很快便在欧洲流传开来。不仅儿童,许多成年人也玩得入迷,这一消息在香港的新闻媒体上披露后,不少塑料制品厂家立即意识到,得尽快设法生产这一畅销产品在香港上市,这又是一个发财的大好机遇。各个厂家纷纷筹划早日派出人员前往欧洲考察和学习"魔方"的制作技术。这时,香港民生化学有限公司的负责人也注意到了这一新的赚钱机遇,但他们与众不同的是,他们并没有急于派出人员去学回"魔方"的制作技术,而是看出了这一机遇的背后还存在着"潜在的机遇",如能及时抓住和利用它,不仅同样能赚一大笔钱,并且能在一段时间内获取垄断厚利。他们看出的这一潜在机遇是,尽快设法从欧洲弄到制作"魔方"的技术资料电传回香港,然后向众多决定生产"魔方"的厂家出售这种资料。这家公司一位负责人的一个哥哥这时正在欧洲,通过电话与他取得联系后,很快便购得了一份生产"魔方"的技术资料,电传回香港后制成为大量的复印件。同时,他们在香港的几家电视台都播出了转让这种技术的广告。于是,上百家塑料厂纷纷登门争购,使正陷入萧条状态的香港民生化学有限公司一夜之间便大赚了一笔,度过了难关而由衰转兴。香港民生化学有限公司之所以这样做,是因为它的负责人不仅同很多人一样,看出了可趁流行"魔方"之时大赚一笔的"显露的机遇",而且还独具慧眼,看出了在这一机遇的背后,还存在着可出售"魔方"生产技术资料来获利的这种"隐藏的机遇"。他们思考这个问题运用了机遇思维的创新思维方法。

(三)思维方法的探索性

由于超前思维研究的未来对象只是一种可能出现的对象,你可以猜测纲要的报告,就怎样导引出一个模糊量值进行探讨。

(四)思维成果的创造性

超前思维方法的探索性,既使它的认识成果具有或然性,超前思维也可以证明它有能力提供空间和活动和创造性的想像空间。此外对未来对象的推导、想象还要受到未来价值尺度的制约,而超前思维对未来价值尺度的把握,考虑理想的条件下扩大创意空间之未来,会提供卓有远见的预见性。

二、活动设计

(一)议一议

案例 A　书面证据

有一个关于著名的智者纳斯列金如何帮人讨债的故事。故事说,一个商人向纳斯列金的朋友哈桑借了 2 000 元金币,并写下了借据。可是在还钱的期限快到了的时候,哈桑却突然发现自己保存的那张商人出具的借据被丢失了,这使他焦急万分、寝食不安。他知道,丢失了借据,向他借钱的这个商人是不会认账的。于是哈桑找纳斯列金帮助,问他这件事该怎么办。纳斯列金对哈桑说:"你不要急,我给你说一个办法。你赶快给这个商人写一封信去,你在信上对他说,还款的日期快到了,叫他快准备好向你借的 2 500 元金币,到时候一定要送来还你。并要他立即回你一封信,说明是否能保证按期还钱。"哈桑听了迷惑不解地问道:"我丢了借据,要这个商人还借给我的那 2 000 元都成了问题,怎么还能向他要 2 500 元呢?"尽管哈桑想不通纳斯列金为什么竟向他出这样的主意,但还是照办了。最后那位商人乖乖地按期偿还了借哈桑的那 2 000 元金币。纳斯列金向哈桑出这样的主意,是要使那位商人在回信中承认自己向哈桑借了 2 000 元金币,哈桑便可以此作为书面证据。

问题探讨:请分析纳斯列金在此案例中的思维过程。

案例 B　火山爆发后的预期

1982 年 2 月底,墨西哥的爱尔·基琼火山爆发了。美国人预测,火山的爆发将对世界的气候、农业等产生深远影响,并将进一步影响到粮食价格、国际关系。为了争取主动,美国人进行了一番仔细的研究和预测。预测认为,大量的火山灰进入天空,将遮住大量的阳光,到达地面的阳光减少,会导致气候变冷。同时大量的尘埃将在天空中成为水蒸气凝结的"核",以这些小核为中心,水蒸气进行聚集,凝聚成雨。因此,尘埃的增加将使全球的降雨量增多,就是说世界的大气候将变得寒冷多雨。然而,一些地区的多雨将使另一些地区变得干旱。由于有的地方淫雨成灾,有的地方旱魃横行,必将导致全球性的粮食减产。这样粮食出口国将只有美国一家。而美国 1981 年粮食丰收,仓库里积压了大量粮食,造成粮价下跌,农民对此怨声载道。为了上扬粮价,美国决定在 1983 年减少 1/3 的粮食耕种面积。事情果然如美国决策部门所预料的那样,1983 年世界气候恶化、农业歉收,灾荒不断。美国人手中有大批的粮食奇货可居,各国不得不以高价从美国进口粮食,美国人不仅卖了积压的粮食,粮价还比往年上涨了 1.6 倍。美国人运用超前思维进行预测,从而推测出活动火山爆发对气候、农业的影响,并及时采取了对策。

问题探讨:请列举类似的超前思维案例。

(二)练一练

1. 全国乒乓球赛男子单打的半决赛即将开始,参加半决赛的 4 名选手是甲、乙、丙、丁,乒乓球爱好者纷纷预测:小钱:冠军不是乙便是甲;小赵:乙和丁不是无希望夺冠的;小孙:甲是会获得第一名的。比赛结果证明,3 人的预测只有 1 个人对了。那么谁对? 谁获得了冠军?

2. 同样是小学三年级的学生,在作文中说他们将来的志愿是当小丑。中国的老师斥之曰:"胸无大志,孺子不可教也!"而外国的老师则会说:"愿你把欢笑带给全世界!"

请对比分析两位老师的思维方式。

第三单元　超前思维方法推介

一、要点讲解

培养超前思维要从以下两方面入手:

(1)树立远大理想。因为远大理想能引导人们不断超前探索,可以给人思考的能力发展。

(2)优化知识结构。知识结构应该是广博专精,多种知识互相交叉、碰撞、渗透、结合。

【范例展示】

碳化物公司大厦的鸽子

　　美国联合碳化物公司的一幢新建的、高达52层的大楼竣工了。公司总部要公关部提出一个好的策划方案，提高本公司和本大楼的知名度。公关部经理左思右想，想找个新奇的方法造成轰动效应。一天，公司一名仓库保管员上楼顶大房间去取东西。他打开门一看，哇！密密麻麻的一大群鸽子停在这间房里，到处是鸽子粪和鸽子羽毛。照理保管员应该气愤地把这些鸽子都轰出去，可是他觉得这很奇怪，也很有趣，于是向总经理汇报了这件少有的事。总经理听后勃然大怒："这么小的一点事都来找我，你以为经理是轰鸽子的？难道你就不能把他们全赶出去吗？"此时站旁边的公关部经理连忙说："不能赶出去，不能赶出去！这是上天意外送给我们的大好机会，是一笔无价之财呢。"他给总经理如此这般一说，总经理立即答应照办。公关部经理看出了这件小事背后潜藏的巨大利润，只要将此事变大就能扩大公司影响。于是他们立即打电话给动物保护委员会，请他们迅速派人前来协助处理这件有关保护动物的"大事"。动物保护委员会也从未听说过如此稀奇的事，立即派人带工具前往大楼捕捉鸽子。与此同时，公司又电告各大小电台、报纸等媒体，说在本公司总部大楼发生了一件以前从未发生过的、有趣而又有重大意义的捕捉鸽子"事件"，报社、电台等新闻机构听罢纷纷派出记者现场采访和报道。他们故意把这件事表演了很长时间，他们把一只只鸽子网住，放进专门的鸽子笼中。在一间房里为什么会聚集这么多的鸽子？难道这是动物世界的神秘现象？这些疑问吸引着众多的市民，他们都想了解这一事件的情况。联合碳化物公司把这件事演变成了人们茶余饭后的谈资，人们每天都收看收听有关的新闻报道，每天都议论。从捕捉第一只鸽子起，到最后一只鸽子落网，花了3天时间。各新闻媒体也对捕捉鸽子的事件进行了连续报道。结果每次总少不了总经理在电视镜头前介绍这次行动、介绍本公司的宗旨、介绍本公司产品特点、性能等，这样，这家公司就名声远扬了。到最后一天，他们还别出心裁地搞一个盛大而隆重"鸽子放生活动"，邀请了许多人参加，有些电台还以直播的形式报道了这一事件，影响之大可想而知。虽说这家公司是碳化物公司，但公关部经理却想到了另外的高招。利用三天来公众对这次动物保护活动激发的兴趣和热情，进一步促进公众对野生动物的感情，他在本公司成立了一个动物保护协会分会，深化公司这次事件所获得的影响。他们还制造了纪念章，以纪念这次奇特事件。许多动物爱好者争相收藏，他们知道这种纪念章很有收藏价值，将来一定会增值，这些都扩大了联合碳化物公司的影响。公关部经理也预料到"保护动物"这一大众感情会流向社会各个领域，变成其他商品，如介绍动物的电视节目、图书，或动物悦耳的叫声的录音带，或动物笼子、动物饲料、宠物交易等商品都会引起一阵热潮。许多商品制成动物形状，或与动物有关，或是贴上有动物的商标、商品名称就是动物的名字，这些都有潜在的利润，都是可以开发的点子。后来他们在动物保护上做了许多工作，如拍摄电视节目，出版书籍、录音带，举办活动等，这在保护动物的宣传同时，再次提高了联合碳化物公司的知名度。

二、活动设计

(一)议一议

案例 A 洛克菲勒力排众议

在 19 世纪 80 年代,后来被称为"石油大王"的约翰·洛克菲勒,当时是一家石油公司的董事。一次,这家石油公司的董事们为了是否购买利马油田的原油问题,发生了争论。当时利马油田的原油储量很大,同时油价很低,一桶只需 0.15 美元。但是利马油田的原油有一个明显的缺点就是含硫量较高,因为当时又还没有降低含硫量的有效提炼方法,所以董事会中的许多人都反对购买利马油田的原油。约翰·洛克菲勒却不但主张买这里的油,而且还主张买下这个油田,一番激烈的争论之后,董事会同意和采纳了他的意见,买下了这个油田。通过两年的艰苦努力,一桶油的价格由 0.15 美元上升到了 1 美元。后来公司在这里建起了当时世界上最大的炼油厂,其营利猛增到了数亿元之多。洛克菲勒当时能看出利马油田的价值,是因为他以远大的眼光展望了社会对石油的需求量猛增,必然会成为强大的动力,推动石油去硫技术的加速研究。他坚信,买下利马油田后只要充分利用有利条件,集中力量解决降低原油含硫量的问题,不需很长时间便能使该油田迅速增值。在当时社会经济的发展对石油需求量日益猛增的情况下,许多国家的有关科技人员都正加强对石油去硫技术的研究,而经过对这方面情况的深入调查,约翰·洛克菲勒了解到德国当时对此技术的研究名列前茅。从德国请来了一位杰出的化学家,经过 2 年时间的艰苦攻关,大大降低了利马油田原油的含硫量,使该油田的原油得以迅速升值。

问题探讨:请谈谈洛克菲勒运用超前思维的背景、过程和效果。

案例 B 洛伦茨的"蝴蝶效应"

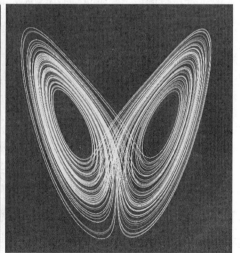

闻名世界的"蝴蝶效应"是美国气象学家洛伦茨于 1963 年提出来的。大意是:一只南美洲亚马孙河流域热带雨林中的蝴蝶,偶尔扇动几下翅膀,可能在两周后使美国德克萨斯引起一场龙卷风。其原因是:蝴蝶翅膀的运动,将导致其身边的空气系统发生变化,并引起微弱气流的产生,而微弱气流的产生又会引起它四周空气或其他系统产生相应的变化。

由此引起连锁反应,最终将导致其他系统的极大变化。

"蝴蝶效应"的得名来自洛伦茨模型中一个"奇异吸引子",它的形状很像一只展翅的蝴蝶。

此效应说明,有些事物发展的结果对初始条件具有极为敏感的依赖性,初始条件的极小偏差将会引起结果的极大差异。

问题探讨:请结合现实谈谈你对"蝴蝶效应"的理解。

(二) 练一练

1. 有一天晚上,老高正在读书,他的小孩突然把电灯关了。尽管一团漆黑,可老王仍继续读书。这是怎么回事?

2. 请谈谈你对"差之毫厘,谬之千里""一招不慎,满盘皆输"的理解。

第四单元 秘书超前思维实训

一、要点讲解

超前思维是人们根据客观事物的发展规律,在综合现实世界提供的多方面信息的基础上,对于客观事物和人们的实践活动的发展趋势、未来图景及其实现的基本过程的预测、推断和构想的一种思维过程和思维形式,它能指导人们调整当前的认识和行为,并积极地开拓未来。从这一解释看,当今的秘书的确需要具备这种思维方式,才能适应新形势对秘书工作的新要求。

秘书工作要有战略眼光,要通过对国际国内出现的新形势、新情况、新问题的了解和分析,认真研究领导工作的现实需求和潜在需求及其规律性,积极探索秘书工作为领导工作服务的动态适应性。新形势要求各级领导具有把握未来发展机遇的能力,作为参谋助手的秘书工作者,则要求具有对未来发展机遇的分析判断能力和科学预测能力。

一是超前思维主动服务,要努力克服庸碌无为倾向。身在兵位胸怀帅谋,有些秘书人员行动上习惯于唯唯诺诺、畏首畏尾,思想上满足于做"桐油灯芯"拨一下动一下,凡事不主动去想,不会超前去想,亦步亦趋地跟着领导的脚步转却永远跟不上领导的思想,谋不到关键处、参不到点子上,根本满足不了领导对服务的需求。秘书想要在"三服务"中掌握主动、挥洒自如,就要超前站位、超前思维,牢固地树立起参与意识和效率观念。积极主动地参与领导的工作,不仅仅只是满足于为领导服务、对领导负责,而且要时时意识到自己的工作是全局性活动的一部分,克服"不在其位,不谋其政"的消极观念,同时还要有强烈的时间观念和效率观念,事事走在领导面前成为领导的马前卒,这样才能掌握最新信息,并据此对事物的发展做出正确的判断、推理和科学的预测、合理的评估,为领导决策提供参考。这样才能在工作中与领导者达到同频共振的效果,商量工作时才能够提到点子上。

【范例展示】

箕子见微知著

商朝殷纣王即位不久,命工匠为他琢了一双象牙筷子。纣王的庶兄箕子见了感叹道:"象牙筷子肯定不能配土瓦器,而要配犀角雕的碗,白玉琢的杯。有了这些珍贵的器皿肯定不能吃粗豆做的饭和野菜汤,而要盛山珍海味才相配。吃了山珍海味就不愿穿粗葛短衣,也不再愿住茅草陋室,而要穿锦绣的衣服,乘坐华贵的车子住高楼广室。这样下去,我们商国境内的物品将不能满足他的欲望,必要去征收远方各国的奇珍异宝。从象牙筷子开端,我看到了以后发展的结果,真禁不住为他担心。"果然,纣王的贪欲越来越大,他用成千上万的劳工修建占地三里的鹿台和以白玉为门的琼室,搜罗狗马珍宝,奇禽怪兽充塞其间。同时在鹿台旁以酒为池、悬肉为林,而纣王狂笑着观看取乐。这时,不仅宫中人反对他,士兵倒戈反商,全国百姓也都纷纷造反。最后,纣王死在鹿台的熊熊烈火之中。箕子从商纣王命工匠为他制作象牙筷子开始,用超前的眼光进行分析预测国家必将危难。果不其然,纣王的贪欲无限导致了国灭身亡。

二、活动设计

(一)议一议

案例A　从学徒到金融大王

王雨轩从一个身无分文的学徒工,用20多年的时间成为了世界著名的大金融家,世界12位最富有的银行家之一。王雨轩出生在曼谷的一个小市民家庭中,十几岁的时候离开家乡来到不发达的新加坡,在五金店当学徒。在随后的几年中,他一边做学徒,一边抓紧一切时间学习各种知识,并随时准备积累资金,为自己的将来作打算。这样,经过了几年的艰苦奋斗,他终于开了一家小小的建材业和房地产业公司。创业之初,王雨轩就为自己定下"审时度势、因势利导,靠敏锐的眼光来发展自己的企业"的经营思想。1945年,他预料到"二战"结束后,建筑物资必将短缺,海运业也必将会蓬勃兴起,于是便开始大量收购当时由于无法处理而令人发愁的战时剩余物资,随后又在物资短缺的时刻高价抛出,从中牟取了巨大利润,从此,他的事业开始逐步走上了正轨。同时,他也尝到了审时度势、因势利导做生意的甜头。在这之后,世界各国的战时经济逐步转入到和平经济建设时期。王雨轩推断,在不久的将来世界经济将会很快走出低谷,世界经济也将会迎来一个新的大发展的时期,到那时房地产、建筑材料必定会成为热门产业。依据这种对商业潮流的预测,王雨轩从1947年就开始关注房地产产业和建材行业的商务信息,他预测到新加坡城的珊顿道和罗敏中路之间的大片地带,今后势必会成为新加坡的商业和金融中心。于是在资金并不宽裕的情况下,他断然将那一片极具发展前途的地盘一块一块地廉价收购过来,并在那儿建起了一幢5万平方米、楼高45层的摩天大楼,以及几套样式新颖的现代住宅。情况的变化果然如他所预料的那样,随着经济的发展,新加坡城内的高层建筑,迅速地发展起来。他原先收购的地皮和新建楼群的价格,开始一年一年地飙升。一时间这些地皮及楼群身价百倍,成为了王雨轩创立的裕龙公司的一笔巨大财富。正是如此,王雨轩和他的裕龙公司紧紧跟随时代的步伐,从20世纪50年代开始决不放弃任何一个时代赐予的良机,稳扎稳打、步步为营,终于从一名学徒成为一个名扬世界的金融巨人。

问题探讨:王雨轩为什么能在短短的20多年时间成长为一个金融界的超级大腕?

案例 B　未雨绸缪

武王灭纣后,封管叔、蔡叔及霍叔於商都近郊,以监视殷遗民,号三监。武王薨,成王年幼继位,由叔父周公辅政,致三监不满。管叔等散布流言,谓周公将不利于成王。周公为避嫌疑,远离京城,迁居洛邑。不久,管叔等人与殷纣王之子武庚勾结行叛。周公乃奉成王命,兴师东伐,诛管叔、杀武庚、放蔡叔、收殷余民。周公平乱后,遂写一首《鸱鸮》诗与成王。其诗曰:"趁天未下雨,急剥桑皮,拌以泥灰,以缚门窗。汝居下者,敢欺我哉?"周公诗有讽谏之意,望成王及时制定措施,以止叛乱阴谋。成王虽心中不满,然未敢责之。

问题探讨:请谈谈这一典故对秘书的启示。

(二)练一练

编写3个超前思维的秘书工作案例。

三、思维拓展

市场经济是一种竞争经济,要比别人看得远才能走到别人的前头,提供的服务才能满足社会和人民日益发展、日益增长的需要。学会运用高瞻远瞩的超前思维审时度势,因势利导,才能紧紧抓住人生道路上的每一个稍纵即逝的机会,来发展自己的未来事业。

不超前的思维就等于废纸一张。但是,我们也不能走向另一个极端,超前并不是任意的,它必须适度。列宁有一句至理名言:"真理过头一步就会变成谬误。"正所谓过犹而不及。

学有所得:

现实世界瞬息万变,过分超前就意味着脱离实际,不被大众接受。"适度超前"是秘书工作的精妙之处。

四、习得交流

科学家巴斯德说:"机遇只偏爱有准备的头脑。"同样是水壶,普通人烧出的是开水,而瓦特却烧出了蒸汽机;同样是手被草叶子拉破了,普通人只会想到埋怨草的无情和自己的粗心,而鲁班却想到了发明锯;同样是看到苹果从树上掉下来,果农见了只感到心疼,而牛顿却由此发现了万有引力定律。造成这种差别的根本原因是什么?答案只有一个——就是因为瓦特、鲁班、牛顿有着未雨绸缪这一良好的思维习惯,平时一心向学。所以,这些自然界的微弱刺激便能激起他们灵感的火花,使他们凭借超乎常人的眼光与魄力获得了成功。

第二篇　逻辑思维训练

第九部分 基础逻辑思维训练

训练内容图解

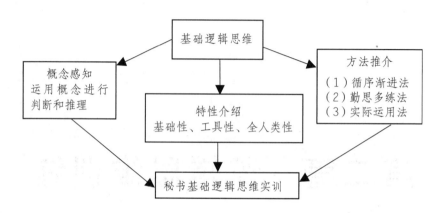

第一单元　基础逻辑思维概念感知

一、要点讲解

人们在认识过程中借助于概念、判断、推理等思维形式能动地反映客观现实的理性认识过程被称为逻辑思维。人们通过逻辑思维达到对具体对象本质规定的把握,进而认识客观世界。它是人的认识的高级阶段,即理性认识阶段。逻辑思维通过对感性材料的分析思考,撇开事物的个别属性揭示出事物的本质特征,形成概念并运用概念进行判断和推理来概括性地反映现实。

(一)逻辑思维的基本形式

人类的思维通过概念、判断和推理等形式抽象地反映对象世界。概念是反映事物的特有属性的思维形式;判断是对事物情况有所断定(肯定或否定)的思维形式;而推理则是根据一个或一些判断得出另一个判断的思维过程。

1.**概念**　概念是反映对象本质属性的思维形式,本质属性则是决定一类事物之所以成为该类事物并使其与其他类事物相区别的属性,即哲学术语中事物的质。

(1)概念与语词。

A.所有的概念都要用词语来表达,但并非所有的语词都会表达概念。一般来说,汉语中的实词是表达概念的,虚词一般不表达概念。

B.不同的语词可以表达同一个概念。

C.同一个语词可以表达不同的概念。由于语境不同,同一个语词也可以表示不同的概念。

(2)概念的内涵和外延。概念的内涵和外延:从逻辑学的角度上看,内涵和外延是概念的两个基本逻辑特征。

内涵是反映在概念中的对象的本质属性,即概念的质。其作用是表明对象"是什么?"在日常用语中通常用"……是……""……即……""……就是……"等语句表示概念的内涵。

外延是指具有概念所反映的本质属性的全部对象,即概念的量。其作用表明对象"有哪些?"在日常用语中通常用"……包括……""……有……""……可分为……"等语句表示概念的外延。

比如:公文是各级各类国家机构、社会团体和企事业单位在处理公务活动中有着特定的效能和广泛的用途的文书(内涵)。包括:命令(令)、决定、公告、通告、通知、通报、议案、报告、请示、批复、意见、函、会议纪要,共13类文种(外延)。

2.判断

(1)直言判断及对当关系。直言判断亦称"性质判断",是断定思维对象具有或不具有某种属性的判断。由主项(S)、谓项(P)、联项和量项组成。

"主项"是要断定的对象;"谓项"是用来断定主项的性质的概念;"联项"表示判断的"质",即肯定或否定,最常用的联项为"是"和"不是";"量项"是反映被断定对象数量和范围的概念。

直言判断按质的不同可分为:肯定判断和否定判断两种。按量的不同则可分为:全称判断、特称判断和单称判断3种。

全称判断的对象是某类事物的全体,常用的量词有"一切""所有""任何""凡""每一个"等。全称判断的量词常可省略。

特称判断的对象是某类事物中的一部分,常用的量词有"一些""有的""部分""少数""不少""多数""大多数""绝大多数"等。特称判断的量词不可省略,否则就会被误认为是全称判断。

单称判断的主项是个单独概念如"联合国""李白"等,它的外延只涉及它本身。

以质和量的结合作为划分的标准,直言判断可分为以下四种:

A.全称肯定判断(SAP):如"全世界的人民都是爱好和平的"

B.全称否定判断(SEP):如"一切黑社会人物都不是好东西"

C.特称肯定判断(SIP):如"一些失业者是大学毕业生"

D.特称否定判断(SOP):如"有些人并不值得尊敬"

全称肯定、全称否定、特称肯定、特称否定四种直言判断可分别用 A、E、I、O 表示。

如果两个性质判断的主、谓项均相同,那么这两个判断就是同一素材的判断。例如:

A. 一切宣传都是有倾向性的。

B. 一切宣传都不是有倾向性的。

C. 有些宣传是有倾向性的。

D. 有些宣传不是有倾向性的。

这四个判断就是具有相同素材的直言判断,它们的主谓项相同,即主项都是"宣传",谓项都是"有倾向性的"。只是质和量有所不同,即联项和量项有所不同。由相同素材构成的 A、E、I、O 四种判断之间的真假关系,称为性质判断的对当关系。判断间的对当关系有四种,即矛盾关系、差等关系、反对关系和下反对关系。根据对当关系,我们可以从一个判断的真假,推断出同一素材的其他判断的真假。

第一,矛盾关系。

这是 A 判断和 O 判断之间、E 判断和 I 判断之间存在的关系,是一种不能同真、不能同假的关系。根据这一关系,如果我们知道 A 判断是真的,就可以断定 O 判断是假的;如果知道 E 判断是真的,就可以断定 I 判断是假的。同样,如果知道 A、E、I、O 判断是假的,也就可以断定对应的 O、I、E、A 判断是真的。例:已知 A:所有学生都是团员(真)。则 O:有些学生不是团员(假)。

第二,差等关系。

这是 A 判断和 I 判断之间、E 判断和 O 判断之间的关系。注意到差等关系存在于一个全称判断与一个特称判断之间,我们可以这样概括这一关系:如果全称判断真,则相应的特称判断真;如果特称判断假,则相应的全称判断假;如果全称判断假,则相应的特称判断真假不定;如果特称判断真,则相应的全称判断真假不定。例:已知 A:汽车都进行了年检(真)。则 I:有些汽车进行了年检(真)。

第三,反对关系。

这是 A 判断和 E 判断之间的关系。它们是不能同真,可以同假的关系。在 A、E 两个判断中,如果我们知道其中一个是真的,就可推知另一个是假的。例:已知 A:科学技术都是生产力(真)。则 E:科学技术不都是生产力(假)。如果我们知道其中一个是假的,那么另一个真假不定。例:已知 A:我们班同学都是姓李(假)。则 E:我们班同学都不姓李(真假不定)。

第四,下反对关系。

这是 I 判断和 O 判断之间的关系,它们是可以同真但不能同假的关系。在 I、O 两个判断中,如果我们知道其中一个是假的,那就可以断定另一个是真的。例:已知 I:有些秘书是称职的(假)。则 O:有些秘书不是称职的(真)。如果我们知道其中一个是真的,那么另一个真假不定。例:已知 I:有些个体户纳税了(真)。则 O:有些个体户没纳税(真假不定)。

需要说明的是,在对当关系中,单称判断不能作全称判断处理。如果涉及同一素材的单称判断,那么对当关系要稍加扩展:单称肯定判断和单称否定判断是矛盾关系;全称判断和单称判断是差等关系,单称判断和特称判断是差等关系。

(2)复合判断

联言判断 p∧q

联言判断是断定事物的若干种情况同时存在的判断。如："秘书工作要既不失职，又不越权。"就断定了"秘书工作要不失职"和"秘书工作要不越权"这两种情况同时存在。

联言判断所包含的肢判断称为联言肢。在现代汉语中表达联言判断逻辑联结词的通常有："……和……""既……又……""不但……而且……""一方面……另一方面……""虽然……但是……"等。

如果取"并且"作为联言判断的典型联结词，用"p""q"等来表示联言肢，那么联言判断的逻辑语言表达式可表示为：p 并且 q，其逻辑表达式为 p∧q（读作 p 合取 q）。其真假关系如下，见表9-1。

表9-1

P	q	P 并且 q
真	真	真
真	假	假
假	真	假
假	假	假

例如：联言判断"秘书不仅要处理好自己的人际关系，而且还要协助上司处理好他的人际关系"，只有在"秘书要处理好自己的人际关系"和"秘书要协助上司处理好他的人际关系"都是真实的情况下是真的，在其余情况下都是假的。

需要指出的是，在现代汉语中用"并且""还""但是"等联结词所联结而成的联言判断并不完全等同于用"∧"所联结而成的合取式。对前者来说顺序是不能随意颠倒的，如"他获得了奥运金牌，并且参加了奥运会"就是一个在逻辑上可接受的联言判断。但它对日常思维来说却是不恰当的。因为它的两个肢判断在意义上前后顺序被颠倒了。

选言判断

选言判断是断定事物若干种可能情况的判断。如："一个物体要么是固体，要么是液体，要么是气体。"

选言判断也是由两个以上的肢判断所组成的，包含在选言判断里的肢判断称为选言肢。如前两例中，"一个物体是固体""一个物体是液体""一个物体是气体"这 3 个判断就是前一个选言判断的 3 个选言肢。

A. 相容的选言判断

断定事物若干种可能情况中至少有一种情况存在的判断就是相容的选言判断。如：

"项目策划质量差，也许由于内容不好，也许由于形式不好。"

就表达了相容的选言判断，所断定的事物的若干可能情况是可以并存的。"内容不好"和"形式不好"也可共同导致"项目策划质量差"这一结果。

表达相容的选言判断的逻辑联结词的通常有"或……或……""可能……也可能……""也许……也许……"等。我们通常用如下形式来表示相容的选言判断：

p 或者 q

其逻辑表达式为:p∨q(读作"p析取q")。其真假关系如下,见表9-2。

表9-2

p	q	p 或者 q
真	真	真
真	假	真
假	真	真
假	假	假

例如:相容联言判断"小明学习成绩不理想或因学习方法不对,或因不努力",只有在"小明学习方法不对"和"小明不努力"都是假的情况下是假的,在其余情况下都是真的。

B. 不相容的选言判断

不相容的选言判断是断定事物若干可能情况中有而且只有一种情况存在的判断,"要么 p,要么 q,二者必居其一"。如:"不是老虎吃掉武松,就是武松打死老虎"表达了不相容的选言判断,它所断定的两种可能情况是不能并存的。

表达不相容的选言判断的联结词有"或……或……""二者不可得兼""要么……要么……""不是……就是……"等。其真假关系如下,见表9-3

表9-3

p	q	要么 p,要么 q
真	真	假
真	假	真
假	真	真
假	假	假

例如:不相容联言判断"一个人的世界观要么是唯物的,要么是唯心的",在"一个人的世界观既唯物又唯心"和"一个人的世界观既不唯物又不唯心"的情况下是假的,在其余情况下都是真的。

假言判断

充分条件假言判断

有之必然,无之未必不然,逻辑上称之为充分条件。断定一事物情况是另一事物情况的充分条件的判断就是充分条件假言判断。如"如果天下雨,那么运动会改期进行""假如你的妻子是善良的,你便是幸运儿;假如你的妻子是邪恶的,你便会成为哲学家(苏格拉底)"等。充分条件假言判断一般用"如果……那么……"进行联结,在日常语言中,联结词也可用"假如……那么……""只要(要是)……就……""倘若……则……"等表示,有时也可省略,如"水涨船高"等。其逻辑表达式为:p→q。

一杯黄油与一座城

夏哈提是印度一个只有 4 000 人的小城,这个小城从 17 世纪初期到现在一直为德赛夫人的后裔所有,并负责掌管。据说,当年德赛夫人为换得这座城仅付了一杯黄油。那是 1607 年的一个晚上,当时这座城的所有者阿努西卡正在油灯下与妻子下棋,双方下得难解难分,但局势正朝着稍有利于阿努西卡的方向发展。这时灯油耗尽,眼看就要熄灭,这样,阿努西卡夫妻也就只能和棋了事。不甘心的阿努西卡不假思索地说:"不管是谁,如果能快点把灯油拿来,我就把这座城给他。"闻者有心,一位叫德赛的妇女急忙把自己的黄油拿来倒在灯盘里,油灯再次大放光芒,阿努西卡与妻子对弈继续进行,最终阿努西卡取得胜利,高兴之余,才想起刚才所许的诺言。一言既出、驷马难追,后悔已无济于事,于是他不得不把夏哈提城的所有权交给了德赛夫人。

阿努西卡能信守诺言,着实令人佩服,但只为赢一盘棋而丢掉一座城却让人感到惋惜。阿努西卡如此简单地失去这座城,是因为他许诺把小城送给别人只需一个条件,就是快点把灯油拿来,但此条件极易满足,德赛夫人仅用反掌之功就得到了这座城。

必要条件假言判断

无之必不然,但有之未必然,逻辑上称之为必要条件。断定一事物情况是另一事物情况必要条件的判断就是必要条件假言判断。一般以"只有……才……"联结,如"只有发展生产,才能提高人民的生活水平""只有认识到错误,才能改正错误"等。在日常语言中,也常用"没有……就没有……""如果不……就不……""除非……才……"等作为联结词,如"没有调查研究就没有发言权""不破不立""除非敌人投降,我们才停止进攻"等。其逻辑表达式为:$p \leftarrow q$。

菲尔的醉言

有个叫菲尔的旅行推销员是个酒鬼。一天,他来到一个陌生的城市,在一家酒店喝了很多酒,他刚走出酒店便突然看见一个人站在路中间。这个人也刚从酒店出来,比菲尔喝得还要多。他似乎在天上看到了什么奇怪的东西,用手往天上一指:"对不起,请问那是太阳还是月亮?"菲尔看了看,然后摇摇头说:"不知道,我也不是本地人。"

两个人都可算得上酩酊大醉,菲尔的话中包含了判断:"只有是本地人才能知道那是太阳还是月亮",这显然是酒后醉言。此判断断定"是本地人"为"能知道那是太阳还是月亮"的条件,但这种条件与充分条件不同,因为是本地人不一定知道那是太阳还是月亮,但不是本地人就一定不知道那是太阳还是月亮(菲尔认为)。

C. 充分必要条件假言判断

充分必要条件假言判断是断定某一事物情况是另一事物情况的充分必要条件的假言判断,是充分条件假言判断和必要条件假言判断的联合。充分必要条件的假言判断用公式表示是:"当且仅当 p,才 q"。其逻辑表达式为:$p \leftrightarrow q$(读作"p 等值于 q")p 是 q 的充分必要条件是指:有 p 必有 q,无 p 必无 q(因而有 q 必有 p,无 q 必无 p)。

如:"人不犯我,我不犯人;人若犯我,我必犯人。"

表达充分必要条件假言判断的联结词有:"只要而且只有……,才……""若……则……，且若不……则不……""当且仅当……，则……"等。其真假关系如下表9-4：

表 9-4

p	q	当且仅当 p，才 q
真	真	真
真	假	假
假	真	假
假	假	真

（3）推理。推理由前提、结论和推理形式构成。前提是已知的判断，是整个推理的出发点，通常叫做推理的根据或理由。结论是推理所引出的新判断，是推理的目的和结果。

推理按推理过程的思维方向划分，主要有演绎推理、归纳推理和类比推理。演绎是由一般性的前提推到个别性的结论；归纳是由个别性的前提推到一般性的结论；类比是由个别性的前提推到个别性的结论。

A.演绎推理

它是由普遍性的前提推出特殊性结论和推理。

演绎推理有三段论、假言推理和选言推理等形式。

演绎推理，就是指从一般性知识或结论推出个别的、特殊的知识和事实的推理，此种推理思维运动方式与归纳推理相反，它是由一般到个别，由抽象到具体。如"知识分子都是受到尊重的，人民教师都是知识分子，所以人民教师都是应该受到尊重的。"演绎推理，严谨而清晰，不容置辩。

人们通常从两个方面来考察推理：

一方面，前提是否真实，也就是前提判断的内容是否符合事实，这是由实践和各门具体科学解决的问题。

另一方面，推理形式是否正确，也就是推理的逻辑形式即推理的形式结构是否符合思维的规律和规则。

演绎推理的前提必须蕴涵结论，即一个正确的演绎推理的前提如果是真的，则结论一定是真的 。

在《怎一个"情"字了得》一文中作出了以下推断：

人是有感情的，正如古语所说，"人非草木，孰能无情。"故而，在认知事物时不自觉地附着了浓浓的个人的情感。于是有了"情人眼里出西施"的缠绵，"感时花溅泪"的悲凄。

"人是有感情的"这是一个一般性的结论，又因为人在"认知事物时不自觉地附着了浓浓的个人情感"，于是推导出"情人眼里出西施""感时花溅泪"等个别的事实。

一个三段论就是一个典型的演绎推理。

三段论是由包含着一个共同项的两个性质判断为前提，推出一个新的性质判断为结论的推理形式。（并且就主项和谓项来说，它只能包含 3 个不同的概念，每个概念在两个判断中各出现一次）

例如:

所有的律师都必须有律师资格证书;

某甲是律师;

所以,某甲有律师资格证书。

三段论的结构:

第一,任何一个三段论都包含并且只能包含 3 个不同的概念。

小项:结论中的主项。用"S"表示。

中项:在两个前提判断中出现,但在结论中不出现的概念,起媒介作用。用"M"表示。

大项:结论中的谓项。用"P"表示。

第二,任何一个三段论都是由 3 个性质判断组成的。

大前提:包含着大项"P"和中项"M"的前提判断。

小前提:包含着小项"S"和中项"M"的前提判断。

结论:包含着大项"P"和小项"S",由两个前提推出的新判断。

典型的三段论结构式:

所有 M 都是 P

S 是 M

所以,S 是 P

其逻辑表达式为:

MAP

SAM

所以 SAP

B.归纳推理

归纳推理,是由个别性知识的前提推出一般性知识、由特殊的前提推出普遍性结论的推理,如司马迁《报任安书》中"盖西伯拘而演《周易》;仲尼厄而作《春秋》;屈原放逐,乃赋《离骚》;左丘失明,厥有《国语》;孙子膑脚,《兵法》修列;不韦迁蜀,世传《吕览》;韩非囚秦,《说难》、《孤愤》;《诗》三百篇,大底圣贤发愤之所为作也。"司马迁列举历史上许多个别、特殊的事实,最后归纳总结出文章"大底圣贤发愤之所为作也"的论断,为自己含羞忍垢写成辉煌巨著树立了生存的信心。归纳推理,建立在大量的真实的事实上,用事实说话,汇成一种无可辩驳的语势。

归纳推理有以下几种类型:

第一,完全归纳推理

完全归纳推理:根据对某类事物的全部个别对象的考察,发现它们每一个都具有某种性质。因而得出结论:该类事物都具有某种性质。

根据完全归纳推理的这一定义,它的逻辑形式可表示如下(S 表示事物,P 表示属性):

S_1—P

S_2—P…

…

S_n—P(S_1,S_2…,S_n 是 S 类的所有分子)

所以,S—P 从公式可见,完全归纳推理在前提中考察的是某类事物的全部对象,而不是某一部分对象。因此,其结论所断定的范围并未超出前提所断定的范围。所以其结论是根据前提必然得出的,即其前提与结论的联系是必然的。就此而言,完全归纳推理具有演绎的性质。

天文学家对太阳系的大行星运行轨道进行考察的时候发现:水星是沿着椭圆轨道绕太阳运行的;金星是沿着椭圆轨道绕太阳运行的;地球是沿着椭圆轨道绕太阳运行的;火星是沿着椭圆轨道绕太阳运行的;木星是沿着椭圆轨道绕太阳运行的;土星是沿着椭圆轨道绕太阳运行的;天王星是沿着椭圆轨道绕太阳运行的;海王星是沿着椭圆轨道绕太阳运行的;冥王星是沿着椭圆轨道绕太阳运行的;而水星、金星、地球、火星、土星、木星、天王星、海王星、冥王星是太阳系的全部大行星。由此,他们便得出如下结论:所有的太阳系大行星都是沿着椭圆轨道绕太阳运行的。这一结论,就是运用完全归纳推理得出的。

第二,不完全归纳推理

不完全归纳推理:根据对某类事物部分对象的考察,发现它们具有某种性质,因而得出结论:该类事物都具有某种性质。

S_1—P

S_2—P

S_s—P…

…

S_n—P(S_1,S_2,S_s,…,S_n 是 S 类部分对象,枚举中未遇相反情况。)

所以,S—P 这种仅仅根据在考察中没有碰到相反情况而进行的不完全归纳推理,我们就称为简单枚举归纳推理或简称枚举归纳推理。

《内经·针刺篇》记载了这样一个故事:有一个患头痛病的樵夫上山砍柴,一次不慎碰破足趾出了一点血,但头却不疼了,当时他没有引起注意。后来头疼复发,又偶然碰破原处,头疼又好了。这次他引起了注意,以后只要头疼时,他就会有意刺破该处(这个樵夫碰的地方,即现在所称的"大敦穴")。

从故事可见,这是因为他根据自己以往的个别经验作出了一个有关碰破足趾能治好头痛的一般性结论。在这里,就其所运用的推理形式来说,就是一个不完全的归纳推理。

C.类比推理

类比推理是从特殊性前提推出特殊性结论的一种推理,也就是从一个对象的属性推出另一对象也可能具有这属性。

类比推理是根据两对象在一系列属性上相同(或相似),推断它们在另一属性上也相同(或相似)的推理。类比推理的结论不是必然为真,为提高其结论的可靠性程度,要求其前提中已知的共同属性不能太少,前提中已知的共同属性应与推出属性有较高的相关程度。类比推理在工作、生活和科学研究中都得到广泛的应用。

罗马体育馆的设计师曾分析过人脑头盖骨的结构和性能:人脑头盖骨由八块骨片组成,形薄、体轻,但却比较坚固。那么,体育馆的屋顶如果用千百块形薄、体轻的构件组成颅形,也可以是坚固的。于是按照这个想法设计施工,果然成功了。

(二)普通逻辑基本规律

普通逻辑基本规律是人们在进行逻辑思维和表达思想的时候必须遵守的最起码的准则,它包括同一律、矛盾律和排中律三大规律。遵守这些规律是正确进行逻辑思维、正确表达和交流思想的必要条件。

1.同一律

(1)什么是同一律。同一律是指在同一思维(论证)过程中,概念和判断必须保持同一性,亦即确定性。同一律有三条逻辑要求:第一,在同一思维过程中概念必须保持同一。第二,在同一思维过程中论题必须保持同一。第三,同一思维过程中保持语境自身的同一。

(2)违反同一律的逻辑错误。违反同一律的逻辑错误有:混淆概念、偷换概念;转移论题、偷换论题;混淆或偷换语境。

混淆概念指由于认识不清,无意识地、不自觉地把有某些联系或有某些表面相似之处的不同概念,当作相同的概念来使用。混淆概念常在一词多义或两词近义的情况下发生。

偷换概念是由主观故意而发生的概念混淆。这是一种常见的诡辩手法。

转移论题指说话或写文章答非所问、文不对题,或者以一个似是而非的判断取代原判断。

偷换论题指有意识、有目的地歪曲原话的意思,或故意用一个完全不同的判断去替换原来的判断,使本来应该得到证明的论题得不到证明,这也是一种常见的诡辩手法。

半费之讼

普罗泰戈拉是古希腊智者派的开创者。智者派的一些成员是当时的一批职业教师,他们周游于希腊各邦之间,向人们讲授政治活动中的技能,如辩论术、演讲术、修辞、逻辑等,并收取一定的学费。相传一个叫欧特勒斯的人曾拜到普罗泰戈拉的门下学习诉讼和辩护的方术,双方订立合同:欧特勒斯入学时交付一半学费,另一半则在欧特勒斯毕业后第一次出庭打赢官司时付清。但是,欧特勒斯毕业后迟迟不出庭替人打官司,因而,另一半学费只能一拖再拖,普罗泰戈拉等得不耐烦,决定向法庭起诉。在法庭上,他向欧特勒斯说:"如果这场官司中你败诉,那么,根据法庭判决,你应该付给我另一半学费;如果这场官司中你胜诉,那么,按照合同规定,你应付我另一半学费,因为这是你第一次出庭胜诉。总之,不管你胜诉还是败诉,都要付给我另一半学费。"

真是青出于蓝而胜于蓝,欧特勒斯反唇相讥道:"恰恰相反,如果我在这场官司中败诉,那么,根据合同规定,我用不着付另一半学费,因为我第一次出庭没有打赢官司;如果我在这场官司中胜诉,那么,根据法庭的判决,我也用不着付另一半学费;总之,无论我胜诉还是败诉,都用不着付另一半学费。"

2. 矛盾律

（1）什么是矛盾律？

矛盾律的基本内容是：在同一思维过程中，互相否定的思想不能同时为真，必有一假。矛盾律对思维的逻辑要求是：在同一思维过程中必须保持思想的前后一致性，不允许自我否定。若违反这一逻辑要求，就要犯"自相矛盾"的逻辑错误。根据矛盾律，任何包含逻辑矛盾的思想不可能是符合实际的，因此，一个理论如果存在逻辑矛盾，那么它就不可能是一个完善的理论，其科学性就会受到怀疑，人们便可以用揭露逻辑矛盾的方法来揭穿谎言或揭露错误。

（2）违反矛盾律的逻辑错误。违反这一要求的逻辑错误，通常称为"自相矛盾"。

自相矛盾

《韩非子·难势》中有一则众所熟知的寓言：

有一楚人在街上卖矛和盾。他先吹嘘自己的盾说："我的盾坚固无比，任何东西都不能刺穿它。"过了一会儿又吹嘘自己的矛："我的矛非常锋利，任何东西都能刺破。"旁边有人讽刺地说："那么，用你的矛刺你的盾又如何呢？"卖矛和盾的人顿时无言以对。

此人吹牛吹出了漏洞，当然无法应对。"任何东西都不能刺穿我的盾"与"我的矛能刺穿任何东西"是具有反对关系的两个判断，二者不可同真，至少有一假，亦可同假。事实上，很可能这人的矛不能刺穿所有东西，而他的盾也不能抵挡所有的东西。细细分析开来，"任何东西都不能刺穿我的盾"蕴涵着"我的矛不能刺穿我的盾"；而"我的矛能刺穿任何东西"又蕴涵着"我的矛能刺穿我的盾"，二者的推论形成矛盾关系，显然不能同时成立。因此，他的吹嘘是自相矛盾，不能自圆其说。自相矛盾只能使人的思维混乱。在日常生活中，人们常用此寓言讽刺那些自相矛盾的人，"矛盾"一词也源于此。

3. 排中律

（1）什么是排中律？

排中律的基本内容是：在同一思维过程中，互相矛盾的思想不能同时为假，必有一真。"排中"就是排除介于两个矛盾思想之间的中间状态。排中律对思维的逻辑要求是：在同一思维过程中，对于两个互相矛盾的思想不能同时加以否定，必须承认其中有一个是真的。违反这一要求，在同一思维过程中既否定判断"p"为真，又否定它的矛盾判断"非p"为真，就会犯"两不可"的逻辑错误。

（2）违反排中律的逻辑错误。违反这一要求的逻辑错误，通常称为"两不可"，即对两个互相矛盾的判断都否定。

《墨经》说："不可两不可"，如"或谓之牛，或谓之非牛，不可两不可也。"

去还是不去

班长正统计周末到人民公园参加烧烤的名单。他问李冰："你去不去？"

"谁说我不去？"李冰答道。

"那就是去喽，请交钱吧！"

"去？我什么时候说我去？"

"那你到底去还是不去?"班长有点迷惑了。

"这难道还不清楚吗?"

不要说这位班长,任何人听了李冰的话也会丈二和尚——摸不着头脑了。要么去,要么不去,二者之外没有其他可能,因此,"我去"和"我不去"之间是矛盾关系,不可同假,否定"我去"就要肯定"我不去",否定"我不去"就要肯定"我去"。而李冰却同时加以否定,使人无所选择,不符合逻辑的基本规律——排中律。

【范例展示】

白马非马

战国末年的公孙龙,是我国古代名辩学派的著名逻辑学家和哲学家。他写过一篇著名的哲学论文,叫做《白马论》。这篇论文要证明的一个论题是:"白马非马"。"白马非马"显然是同人们的常识相悖的。但是,为了使这个判断成立,他提出了很多理由,其中一条是:求"白""黄""黑"马皆可致,求"白马","黄""黑"马不可致。意思是说:马包括了黄马黑马,但是白马并不包括黄马和黑马。这话本来是不错的,可是,公孙龙却以此为理由,推出"白马非马"结论。这就显然是错了。

"白马"和"马"的关系,从形式逻辑的角度讲,属于概念间的差等关系。因为一个概念("马")的外延包含着另一个概念("白马")的全部外延,后者差等于前者。由于它们是一个相容关系,所以把这两个概念等同起来是错误的,把这两个概念对立起来也是错误的。公孙龙看到了"马"和"白马"这两个概念的区别,即"白马"包含在"马"类之中,而"马"不包含在"白马"之中,这是正确的。但是,他的结论却把这个区别绝对化了,从而否认了"白马"是"马"的一种,歪曲了概念间类种关系的逻辑性质。

二、活动设计

(一)议一议

案例 A　苏轼改诗

北宋神宗年间,苏轼因作诗反对新法于元丰二年(1079年)下狱,史称"乌台诗案"。出狱后,尚未得到新的任命,便有了一段赋闲的日子。秋天的一个下午,苏轼去拜访时任宰相的王安石,不巧正值王因事外出。在等待的空闲中,他无意中发现书桌上放有一首墨迹未干的诗,但只写了头两句:

"西风昨夜过园林,吹落黄花满地金。"

苏轼心想:这分明是咏菊的诗句。只是秋菊乃耐寒之物,宁死枝头也不甘坠落于朔风之中,这"吹落黄花"已属不妥,而"满地金"者,岂非错上加错!想到这里,苏轼不由得一时兴起,提起笔来,续写了以下两句:

"秋花不比春花落,说与诗人仔细吟。"

写完后依然不见王安石回来,他便走了。续诗的事,再也没放在心上。

王安石回来后,自然看见了续写的诗句。他笑了笑说:"子瞻狂妄,不知屈子《离骚》中有'朝饮木兰之坠露兮,夕餐秋菊之落英'"!

经奏请皇上,王安石责授苏轼为黄州团练副使。黄州地处武昌以东,江山胜景、形势险要。苏轼正是在此地创作了《赤壁赋》《后赤壁赋》《念奴娇·赤壁怀古》等著名诗作,开启了他的"黄州时期",这是题外话。

在黄州就职近一年,眼看又到了秋天重阳时节。几天来连日大风、间或还有细雨。这天风消雨歇、秋高气爽,苏轼来了兴致便邀好友陈季常(此人便是河东吼狮柳氏的夫君,他的毛病后人称之为"季常之癖")一同到后院赏菊。不料到后院一看,眼前落英缤纷、黄花满地,正应了一年前王安石的诗句:"西风昨夜过园林,吹落黄花满地金。"

看到眼前景物,苏轼目瞪口呆,顿觉惭愧!似乎也领悟到了介甫公安排自己来到黄州的深意。后来,他不仅专此修书,向王安石致谢,还借陶潜"饮酒"诗之典,写出了"却绕东篱嗅落英"的诗句。

问题探讨:请分析苏轼在此案例中的逻辑思维表现。

案例 B　笔杆贩子

有一次,雨果出国旅行到了边境,宪兵要检查登记,问他:"姓名?"

"雨果。"

"以什么谋生?"

"笔杆子。"

于是宪兵在登记簿上写道:"姓名:雨果;职业:笔杆贩子。"

堂堂的大作家竟然成了笔杆贩子,真是滑稽可笑。

问题探讨:请问为什么会发生这个笑话?

(二)练一练

1.某仓库失盗,有4个犯罪嫌疑人被传讯。他们的供述如下:甲:我们4个人都没有作案。乙:我们四个人中有人作案。丙:乙和丁至少有一人没有作案。丁:我没有作案。

问:如果这4个人中,有两人说的是真话,有两人说的是假话,那么下列哪项判断成立?

A. 甲和丙说的是真话。

B. 甲和丁说的是真话。

C. 乙和丙说的是真话。

D. 乙和丁说的是真话。

E. 丙和丁说的是真话。

2.材料:

顽固派的诡辩

鲁迅先生在《论辩的魂灵》一文中揭露了顽固派的诡辩手法,指出,按照顽固派的说法:"卖国贼是说诳的,所以你是卖国贼;我骂卖国贼,所以我是爱国者。爱国者的话是最有价值的,所以我的话是不错的;我的话既然不错,那你就是卖国贼无疑了!"

请分析上述说法中的逻辑错误。

3. 材料：

怎一个"情"字了得

人是有感情的,正如古语所说,"人非草木,孰能无情。"故而,在认知事物时不自觉地附着了浓浓的个人的情感。于是有了"情人眼里出西施"的缠绵,"感时花溅泪"的悲凄。

请分析上述材料中的推理过程。

第二单元　基础逻辑思维特性介绍

一、要点讲解

逻辑思维又称抽象思维,是思维的一种高级形式。其特点是以抽象的概念、判断和推理作为思维的基本形式,以分析、综合、比较、抽象、概括和具体化作为思维的基本过程,从而揭露事物的本质特征和规律性联系。

(一)基础性

1974 年联合国教科文组织编制的学科分类中,逻辑学列于七大基础科学中,位居第二。"为一切法之法,一切学之学"。

(二)工具性

提供逻辑手段和方法;"思维的文法";《工具论》《新工具》。

(三)全人类性

自古以来,中国、印度和西方都曾对逻辑这门学科的发生、发展作出不同程度的贡献。

【范例展示】

卡文迪许与地球的重量

我们脚下的大地是硕大无比的地球,它也是有重量的。但是,要测出它的重量,用什么做测量工具呢? 又由谁把它抬起来称量呢? 英国科学家卡文迪许准备解决这一宏大的科学难题,他想起一个办法:牛顿提出的万有引力定律是说两个物体之间引力的大小与两个物体的重量成正比,与它们之间距离的平方成反比。他想,如果有一个已知重量的铅球与地球之间的距离是可以测定的,如果引力常数是已知的,那么就能根据万有引力定律公式算出地球的重量,但是引力常数当时没有人能测出来。1750 年,19 岁的卡文迪许开始向引力常数和地球重量的难题进军,他先拿两个铅球做引力实验。铅球的重量是已知的,距离也是已知的,他要先测出它们之间的引力,才能求出引力常数。但是引力是很微小的,要测出引力需要极精确的测量装置。卡文迪许根据细丝转动的原理做了一个引力测量装置,如果它受到引力,就会产生一个力促使细丝转动,转动得越多,说明受到的力越大。尽管卡文迪许的装置比普通的弹簧秤精确许多倍,但是对于测量微小的引力来说,细丝转动的灵敏度还不够大。一天,他看到几个孩子在玩小镜子的游戏而深受启发。孩子们手里的镜子,对着太阳在墙上反射出一个个小光斑,小镜子轻轻转动一个很小的角度,光斑在墙上便会移动一大段距离。卡文迪许跑回家在他的测量装置上也安上了一面小镜子,细丝测力仪受到一点微小的力,它上面的小镜子就会转动一个微小的角度,而小镜子的反射光就会转动一个明显的角度。他利用这种放大的办法,使细丝测量引力装置的灵敏度大大提高。最终,卡文迪许求出了引力常数,测出了地球与铅球之间的引力,再反推出地球的重量。于是,他成了世界上第一个测出地球重量的人。卡文迪许在构思测量地球实验中运用逻辑思维的演绎推理创新思维,通过试验实现了对地球的测量,成为第一个测出地球重量的科学家。

二、活动设计

(一)议一议

案例A 一个猜帽子的游戏

有甲乙丙三人,同向站立。在三人不知道的情况下,主持人给三人各戴上一顶帽子:红帽或白帽。三人都知道有三顶红帽和两顶白帽。丙可看见甲和乙的帽子,乙可看见甲的帽子。主持人问丙是否知道自己戴的是什么帽子,丙答不知道;又问乙是否知道,也答不知道;问甲是否知道,甲答知道了。

问题探讨:甲是怎么知道的? 请分析他的推理过程。

案例B 如何测量艺术美?

直到今天,还有许多人认为,衡量一件艺术品的美丑,跟任何公式或数字没有什么关系。现代科学家在长期思考比较之后,终于发现了用信息论和模糊理论可以测量艺术美。在公元前6世纪,毕达哥拉斯在绷紧的弦丝上按整数比(1:2,2:3,3:4……)分段拨响而得基音、8度、5度、4度等音程。他还发现音乐中的"和弦"在数学上构成一定的比例,即在一个3度音的基础上每增加一个3度音,其和弦的音域就增加2度。古希腊人还发明了一种表现美的方法,我们今天称之为"黄金分割"。实验证明,如果把边长比不同的各种矩形放在一个人面前请他挑出他认为最美的一个,他几乎总会选出具有黄金分割比值的那个来。这些看上去纯属偶然,但实际上却包含了自然界许多令人惊奇的构造形式,古希腊人甚至在人体中也发现了黄金分割的存在。比如,一个美的人体从脚到肚脐的高度除以身高也是黄金分割(0.618),诸如此类的事例还可在脸部的比例、手的比例和身体其他部分的比例中发现。文艺复兴时期,古希腊的经验被重新提倡,达·芬奇和阿尔布莱特、丢勒都试图找出一种放之四海而皆准的和谐的表现方式来描绘人体美,但都没有成功。"不同的人体,可以发现不同的美,他们各具魅力。"一位天才说道。此后,学者们想用一些"和谐""对称"等模糊的概念来衡量艺术品的美丑。这些概念不可能很具体,但其中的部分意思可以用现代科学来定义。下面对此作些对比:西班牙哲学家乔治·桑塔雅那于1896年在他的《美之罪》一书中曾指出:美学词汇和日常生活所用的词汇是不能混用的。美的和实用的多少总有些区别。现代艺术科学不仅肯定了这种思想,而且在信息理论的词汇中规定,"美学信息"与"实用信息"相对立,两者出现在完全不同的领域。桑塔雅那的追随者们宣称,一件艺术品必须在许多"旧友"和一些"新知"之间达成严格的平衡,点明主题是有趣的,但避免变化却显得无聊。当代艺术科学家这样定义,一个人正在欣赏一件艺术品时,会通过现有的信息发展某些联想。如果他遇见的都是些"旧友",他肯定会因毫无新意而昏昏欲睡;但若一切都是"新知"那他也会因无法欣赏而放弃,效果与前者相同。古代中国的先哲介绍过一条创作艺术品的原则,即"数五规则"。"五"表示一种尺度,人们只能数到"五","五"以上就称为"许多"。因而人们所能欣赏的,只能是"五"以下的作品,当代艺术理论家也同样发现了这一点,并且用科学给予了证实。人类神经中枢的接受能力是有限的。任何艺术品,在创作时都必须考虑到这一点。现代艺术科学的出发点是信息,测量单位是比特。一个符号越简单,信息量就越大;越复杂,信息量就越小。比如,中文里一笔简单的笔画可以发展为成千上万个汉字,因而有极大的信息量,但在用数笔笔画构成一个字的过程中,信息量就随着笔画的增加而锐减,一直到构成一个具有固定形式的字。相应的,越熟悉的东西,信息量就越小,完全陌生的东西具有无限大的信息量。经过研究得知,具有高信息量的事物使我们感到有吸引力和独特,但也是杂乱的;具有低信息量的事物使我们感到熟悉和安定,但也是平淡乏味的。美的度量规则中的另一要素是信息论中的有序性,即艺术品的程式化欣赏原则。人们比较偏爱有序的东西,这个观点已为大部分人所接受。由此,信息美学得出了一个十分简单的测量美的公式,即

$$S = O/I$$

其中,S＝美;O＝有序性;I＝信息量。

问题探讨:请谈谈你对这一案例的看法。

(二)练一练

1.从前有一位老钟表匠,为一个教堂装一只大钟。他年老眼花,把长短针装配错了,短针走的速度反而是长针的12倍。装配的时候是上午6点,他把短针指在"6"上,长针指在"12"上,装好大钟后老钟表匠就回家去了。人们看这钟一会儿7点,过了不一会儿就8点了都觉得很奇怪,于是立刻去找老钟表匠。等老钟表匠赶到,已经是下午7点多钟。他掏出怀表来一对,钟准确无误,疑心人们有意捉弄他,一生气就回去了。这钟还是8点、9点地跑,人们再去找钟表匠。老钟表匠第二天早晨8点多赶来用表一对,仍旧准确无误。请你想一想,老钟表匠第一次对表的时候是7点几分? 第二次对表又是8点几分?

2.材料:

第一个事实:

电视广告的效果越来越差。一项跟踪调查显示,在电视广告所推出的各种商品中,观众能够记住其品牌名称的商品的百分比逐年降低。

第二个事实:

在一段连续插播的电视广告中,观众印象较深的是第一个和最后一个,而中间播出的广告留给观众的印象,一般地说要浅得多。

若都是真的,以下哪项最能使得第二个事实成为对第一个事实的一个合理解释?

(1)在从电视广告里见过的商品中,一般电视观众能记住其品牌名称的大约还不到

一半。

（2）近年来，被允许在电视节目中连续插播广告的平均时间逐渐缩短。

（3）近年来，人们花在看电视上的平均时间逐渐缩短。

（4）近年来，一段连续播出的电视广告所占用的平均时间逐渐增加。

（5）近年来，一段连续播出的电视广告中所出现的广告的平均数量逐渐增加。

3.材料：

骑士与姑娘的故事

某岛上的人分为两种人：骑士和无赖，骑士只说真话，无赖只说假话。骑士又分为贵族骑士和贫穷骑士。有一位姑娘只爱贫穷的骑士，一个骑士，只说了一句话就使这位姑娘相信他是一位贫穷的骑士。

请问：这位骑士说了一句什么话？这位姑娘又是如何断定他是贫穷的骑士的？

第三单元　基础逻辑思维方法推介

一、要点讲解

逻辑思维方法主要有归纳和演绎、分析和综合以及从抽象上升到具体等。

（一）循序渐进法

概念、判断是基础，推理是中心。

（二）勤思多练法

在理解和掌握基本的逻辑概念和逻辑理论上下工夫。在理解的基础上记住概念的定义，把握逻辑形式的特征及表达公式和符号，以及它们的规则。

（三）实际运用法

联系专业把学和用结合起来。平时能自觉地运用逻辑知识，遵守逻辑规律。做到概念明确、判断恰当、推理准确、条理清楚、结构严密。

【范例展示】

河中石兽何处寻

清朝年间，沧州南面有座寺庙依河而立，寺庙的门坏了，两个石兽也一并被没入河中。10多年过去了，僧人们募捐重修寺庙，但在石兽落水处总是捞不到它们。这时有个聪明人说："石兽一定是被激流冲到下游去了，你们没见到山洪暴发时河中乱石翻滚、泥沙俱下的情形吗？你们这样打捞石兽，岂不是刻舟求剑？"众人听后恍然大悟，于是驾了几条小船，拖了铁耙沿着下游河道找了十几里，却不见石兽踪影。一位大学者正在附近讲学，听说这件事后便嘲笑道："你们这些人好不通事，那么大的两个石兽怎么能与一般的小乱石相比呢？怎么可能被暴涨的河水卷走呢？石兽又重又硬，而沙性松散，石兽淹没于沙中，只会越沉越深。你们顺流而下捞，岂不荒唐可笑？"此高论一出，众人佩服得五体投地。然而此论虽高,众人却并没有从河沙深处挖到石兽,打捞的结果仍是一场空。这时,一个老河工听说这件事,不由得大笑道:"凡河中失石,当求之于上流。因为大石坚硬沉重,河沙却很松浮,河水不但卷不走大石,其反冲力反而会将大石迎水面的沙子冲走,这样越冲越沉,形成一个深坑,大石就会翻倒在坑中。如此周而复始,大石便会不断向上游翻。"众人按照他所说的去打捞,果然在上游几里以外找到了石兽。这个故事里的老河工因熟悉水文原理,运用逻辑思维类比推理创新思维的方法找到了石兽。

二、活动设计

(一)议一议

案例A　楚汉相争,刘邦的模糊语言

楚灭秦时,楚怀王兵分东西两路,东路由项羽率领兵马70万,西路由刘邦率领兵马10万,同时向关中进发。怀王有言在先:谁先进关,谁为关中王。刘邦先进关,应为关中王。可项羽兵多势众,刘邦只能屈从。项羽自称为西楚霸王,封刘邦为汉王。项羽打算让刘邦上南郑去。项羽的谋士范增极力反对,说:"南郑那地方,内有重山之固,外有峻岭之险,让刘邦去,岂不是放虎归山吗?"项羽忙问:"有什么办法杀他呢?"范增说:"有办法。等刘邦上朝,大王就问他:'寡人欲封你到南郑去。你愿不愿意去?'如果他说愿意去,你就说:'我早知道你愿意去,那里是练兵练将,聚草屯粮的好地方嘛!养足了锐气好与我争天下,对不对?这就证明你有反我之心。绑出去杀了。'一杀了之。如果他说不愿意去南郑。你就说:'我知道你是不愿意去的,本来嘛,楚怀王有约在先,谁先入关谁为关中王。你先进了关,你应为关中之主的。叫你上南郑去,你怎么会愿意呢?既然不愿意去,就是要在这里反我。与其如此,不如现在就把你杀了。绑出去,杀了。'想他刘邦左右难逃死罪。"第二天,刘邦上殿参见项羽,项羽说:"寡人封你到南郑去,你愿不愿意去?"项羽一拍桌案,问得很急。刘邦听后心中纳闷,虽然愿意去,但不敢表白,忙说:"大王啊,臣唯君禄。命悬于君手。犹如陛下坐骑,鞭之则行,收缰则止。臣唯命是从。"项羽一听无可奈何,只好说:"刘邦,你要听我的。南郑你就不要去了。"刘邦忙说:"是,臣遵旨。"

问题探讨:请分析刘邦转危为安的思维过程。

案例B　诚实与说谎

A、B、C、D四个孩子在院子里踢足球,把一户人家的玻璃打碎了。可是当房主人问他们是谁踢的球把玻璃打碎的,他们谁也不承认是自己打碎的。房主人问A,A说:"是C打的。"C则说"A说的不符合事实。"房主人又问B,B说:"不是我打的。"再问D,D说是"A打的。"已经知道这4个孩子当中有1个很老实、不会说假话;其余3个都不老实,都说的是假话。

问题探讨:请你帮助分析一下这个说真话的孩子是谁,打碎玻璃的又是谁?

(二)练一练

1.室外音乐会的组织者宣布,明天的音乐会将如期举行,除非预报了坏天气或预售票卖得太少了。如果音乐会被取消,将给已买了票的人退款。尽管预售票已卖得足够多,但仍有一些已买了票的人已经得到了退款,这一定是因为预报了坏天气的缘故。

下列哪一项是该论述中含有的推理错误?

(1)该推理认为如果一个原因自身足以导致其一结果,那么导致这个结果的原因只能是它。

(2)该推理将已知需要两个前提条件才能成立的结论,此结论建立在仅与这两个条件中的一个有关系的论据基础之上。

(3)该推理仍解释说其中一事件是由另一事件引起的,即使这两件事都是由第三件未知的事件引起的。

(4)该推理把缺少某一事件会发生的一项条件的证据当作了该事件不会发生的结论性证据。

(5)试图证明该结论的证据实际上削弱了该结论。

2.“有角的”诡辩

在古希腊,有一个“有角的”诡辩。这个诡辩是这样说的:“你没有失去的东西,还在你那里;你没有失去角,所以,你有角。”

试问:在这个诡辩中,诡辩家使用的诡辩手法是什么?

第四单元　秘书基础逻辑思维实训

一、要点讲解

努力提高分析综合能力,分析和综合是逻辑思维不可缺少的两个基本要素,是秘书必须具备的基本能力。分析是解剖术,即剖析事物的矛盾,把认识对象分解为各个部分,由认识各个部分进而认识事物的本质;综合是整合术,即在分析的基础上,把认识对象的各个部分连接成一个整体。

【范例展示】

不翼而飞的材料何处寻

某次,日本新日铁公司寄给我国宝山钢铁公司一箱技术材料,清单上写明是 6 份,但开箱清点只有 5 份,其中 1 份不翼而飞。双方发生争执,日方坚持说:“我方提供给贵方的材料,装箱时需要经过几次检查,不会漏装。”宝钢的同志则说:“我们开箱时有很多人在场,开箱后又经过几次清点。是在确实判定材料缺少一份后才向你们提出交涉的。”双方各执一词,相持不下。后来宝钢的同志重新做了充分准备,再与日方进行谈判。这次宝钢代表全面列举了资料短缺的三种可能:1. 日方漏装;2. 运输途中丢失;3. 我方开箱后丢失。接着,逐一分析:如果资料是运输途中丢失了,木箱必然会破损,可是现在木箱完好无损,运输中丢失的可能性被排除了;如果资料是我方开箱后丢失的,那样木箱上所印的净重量就会大于现有 5 份资料的重量,而木箱上现在所印净重量正好与 5 份资料的净重量相等,可见资料既不是途中散失的,也不可能是我方丢失的。既然所列 3 种可能已经排除了两种,那就可以肯定仅有一种可能,资料是日方漏装了。日方只好发电报回去查询是否漏装,后来由新日铁公司补来了漏装的一份资料。这次谈判宝山钢铁公司代表运用了逻辑思维中的求同求异创新思维法获得了成功。

二、活动设计

(一)议一议

案例 A　刘邦未战先胜英布

汉高祖刘邦在平息了梁王彭越的叛乱并杀死韩信后不久,曾为汉朝天下的建立作出重大贡献的淮南王英布兴兵反汉。刘邦向文武大臣询问对策,汝阳侯夏侯婴向刘邦推荐了自己的门客薛公。汉高祖问薛公:"英布曾是项羽手下大将,能征惯战。我想亲率大军去平叛,先生看胜败会如何?"薛公答道:"陛下必胜无疑。"汉高祖道:"何以见得?"薛公道:"英布兴兵反叛后,料到陛下肯定会去征讨他,当然不会坐以待毙,所以有三种情况可供他选择。"汉高祖道:"先生请讲。"薛公道:"第一种情况,英布东取吴,西取楚,北并齐鲁。将燕赵纳入自己的势力范围,然后固守自己的封地以待陛下。这样,陛下也奈何不了他,这是上策。"汉高祖急忙问:"第二种情况会怎么样?""东取吴,西取楚,夺取韩、魏,保住敖仓的粮食,以重兵守卫成皋,断绝入关之路。如果是这样,谁胜谁负,只有天知道。"薛公侃侃而谈:"这是第二种情况,乃为中策。"汉高祖说:"先生既认为朕能获胜,英布自然不会用此二策,那么,下策该是怎样?"薛公不慌不忙地说:"东取吴,西取楚,将重兵置于淮南。我料英布必用此策,陛下长驱直入,定能大获全胜。"汉高祖面现悦色道:"先生如何知道英布必用此下策呢?"薛公道:"英布本是骊山的一个刑徒,虽有万夫不当之勇,但是其目光短浅,只知道为一时的利害谋划,所以我料到他必出此策!"汉高祖连连赞道:"好!好!英布的为人朕也并非不知,先生的话可谓是一语中的。朕封你为千户侯。""谢陛下!"薛公慌忙跪下谢恩。汉高祖封薛公为千户侯,又赏赐给薛公许多财物,然后于这一年,(公元前196年)10月,亲率12万大军征讨英布。果然,英布在叛汉之后,首先兴兵击败受封于吴地的荆王刘贾,又打败了楚王刘交,然后把军队布防在淮南一带。汉高祖戎马一生,南征北战,也深知用兵之道。双方的军队在蕲西(今安徽宿县境内)相遇后,汉高祖见英布的军队气势很盛,于是采取了坚守不战的策略,待英布的军队疲惫之后,金鼓齐鸣、挥师急进,杀得英布落荒而逃。英布逃到江南后,被长沙王吴芮的儿子设计杀死,英布的叛乱以失败而告终。薛公由于了解英布有勇无谋、胸无大略,目光短浅的特性,运用逻辑思维演绎推理法正确分析其为眼前利益而东取吴、西取楚、置重兵于淮南。

问题探讨:请谈谈此案例给你的启示。

案例 B　这不是我的脚,我的脚穿着靴子呢!

乌克兰有这样一则民间故事:

格雷茨柯在城里卖了面粉买了一双上等靴子,他用高级鞋油把靴子擦得油光锃亮,然后喝了不少伏特加,结果酩酊大醉,摇摇晃晃地出了城,走不多远就倒在路边睡着了。一队士兵经过,把他的靴子拿走了。第二天,一农民赶着大车经过,喊着:"喂!起来,格雷茨柯!"格雷茨柯懒洋洋地说:"忙什么,还早哩!"农民说:"那你把脚挪开,让我的车过去。"

格雷茨柯看看脚,发现上面没有靴子,就大声嚷道:"这不是我的脚,我的脚穿着靴子呢!"

问题探讨:格雷茨柯缘何连自己的脚都不认识了? 请分析其推理过程。

(二)练一练

1.如果小赵去旅游,那么小钱、小孙和小李将一起去。

如果上述断定是真的,那么,以下哪项也是真的?

A.如果小赵没去旅游,那么小钱、小孙、小李三人中至少有一人没去。

B.如果小赵没去旅游,那么小钱、小孙、小李三人都没去。

C.如果小钱、小孙、小李都去旅游,那么小赵也去

D.如果小李没去旅游,那么小钱和小孙不会都去。

E.如果小孙没去旅游,那么小赵和小李不会都去。

2.在某次税务检查后,四个工商管理人员有如下结论:甲:所有个体户都没纳税。乙:服装个体户陈老板纳了税。丙:个体户不都没纳税。丁:有的个体户没纳税。如果四人中只有一人断定属实,则以下哪项是真的? A.甲断定属实,陈老板没有纳税。B.丙断定属实,陈老板纳了税。C.丙断定属实,但陈老板没纳税。D.丁断定属实,陈老板未纳税。E.丁断定属实,但陈老板纳了税。

3.这个单位已发现有育龄职工违纪超生。

如果上述断定是真的,则在下述三个断定中:

(1)这个单位没有育龄职工不违纪超生。

(2)这个单位有的育龄职工没违纪超生。

(3)这个单位所有的育龄职工都未违纪超生。

不能确定真假的是:

A.只有(1)和(2)

B.(1)、(2)和(3)

C.只有(1)和(3)

D.只有(2)

E.只有(1)

三、思维拓展

完全按照逻辑方式进行思维,就好像是一把两面都是利刃而没有把柄的钢刀,会割伤使用者的手。——泰戈尔

学有所得

秘书人员在辅助领导管理时,涉及面广、情况复杂,要求秘书在工作过程中做到提出问题不拖泥带水、含糊不清,表述问题井然有序,考察问题层次清楚、合乎逻辑。善于透过表面现象看到问题的本质,善于在错综复杂的情况下掌握问题的实质和规律,由此及彼,由表及里地思考问题,达到对问题的深刻理解,从而为处理好问题跨出关键性的一步。

四、习得交流

一个文章写得好的秘书,他的肯定具有很强的逻辑思维能力,所以基础逻辑思维知识应是秘书功底基础中的基础。

第十部分　论证思维训练

训练内容图解

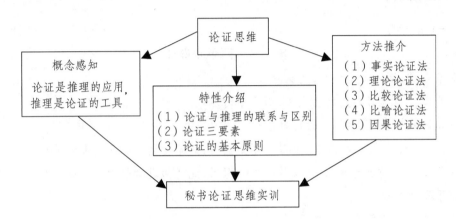

第一单元　论证思维概念感知

一、要点讲解

论证就是根据一个或一些已知为真的判断,运用一定的推理形式,确定另一判断真实性的思维过程。《工具论》是历史上第一部逻辑著作,亚里士多德借助它为我们揭示了逻辑的本质。论证和推理是密切联系的,任何论证必须运用推理,论证是推理的应用,推理是论证的工具。论证作为思维认识的一个重要过程,对实践有着依赖关系,但是逻辑论证并不是被动的,它对人们的实践活动有着重要的影响——反作用。

【范例展示】

寻找栖身之地

仁者乐山,智者乐水。水边让我们感知天地无常,山脚让我们领悟世事恒昌,你可以选择绿水,也可以选择青山。然而,你却无法期待别人与你拥有同样的选择。

自我的认识与他人的期望常常是不尽一致的。自我能听到雀嚣鸠闹的清宫中纳兰性德"美煞红尘里客,一味醉生梦死"的郁郁低吟;自我能嗅到杂草丛生的小道旁那阮籍用热泪温开的浓浓酒香;自我还能看到月栖高梧的幽林中八大山人"觅一个自在墙头"的洒脱墨迹。

那低吟绕耳不绝,那酒香愈香愈烈,那墨迹历久弥新……可那低吟不满足于清廷的期望,那酒香不满足于司马氏的饥渴,那墨迹更让凡夫俗子们困惑不解。

由此可见,纵然自我认识与他人期望之间有着磨合的缝隙,也不意味着他人的苛求与自我的放弃。

作者凭借广博的阅读、丰富的联想,用细腻的笔触列举纳兰性德、阮籍、八大山人的事例,归纳论证出"自我认识与他人期望"之间的辩证关系。

二、活动设计

(一)议一议

案例 A　两小儿辩日

孔子东游,见两小儿辩斗,问其故。

一儿曰:"吾以日始出时去人近,而日中时远也。"

一儿以日初出远,而日中时近也。

一儿曰:"日初出大如车盖,及日中则如盘盂,此不为远者小而近者大乎?"

一儿曰:"日初出沧沧凉凉,及其日中如探汤,此不为近者热而远者凉乎?"

孔子不能决也。

两小儿笑曰:"孰为汝多知乎?"

问题探讨:请谈谈《两小儿辩日》体现的论证思维。

案例 B　天才和一只睡懒觉的猫

诺贝尔奖获得者斐塞司博士悠闲地站在窗前,他似乎在凝望着什么,思考着什么。但是从神态看,又好像什么也没有思考,就是工作之后漫无目的地遐想,即所谓神游。

四周静静的,阳光从天空直射下来,照射在窗前的空地上。一只母猫躺在阳光下,一幅懒懒的,很舒适的样子。母猫安详地打着盹,那种舒展的姿态与四周的宁静是那样吻合。

树影开始移动,猫身上的阳光失去了。这只猫站起来,重新走到阳光下。这一切,是那么自然而然,仿佛一切都事先安排好了,又好像母猫接到阳光的通知似的。

这一景象唤起了斐塞司博士的好奇。究竟是什么引得这只猫呆在阳光下的呢?是光与热吗?对,就是光与热。那么,如果光与热对猫有益,那对人呢?为什么不会对人有益?这个思想在脑子里一闪。

这个一闪的思想,成为闻名世界的日光治疗法的引发点。之后不久,日光治疗法在世界上诞生了。

这是科学界中的又一个牛顿式的故事。牛顿因为苹果从树上掉下来,砸在自己的头上,于是穷究深思,发现了万有引力。而在这个故事中,斐塞司博士因为观看一只猫睡觉,从猫晒太阳并且随着太阳的偏移改变自己的位置,趋向阳光这种现象中得到启发,从而发明了举世闻名的日光疗法。不仅是这两个例子,科学中的很多重大发现都源自于科学家在日常生活中的发现。

问题探讨:请分析斐塞司的论证思维。

(二)练一练

1.对待知识分子的态度,标志着一个民族的文明程度;对待工人和农民的态度,则考验着一个民族的良知与良心。因此以下哪项陈述能够最恰当地完成上述论证?

A.应该给知识分子、工人和农民同等的待遇。

B.如何对待工人和农民,甚至比如何对待知识分子更重要。

C.知识分子在待遇方面可以高于工人和农民的一倍。

D.应该善待知识分子,也同样应该善待工人和农民。

2.请问下面这则故事对不对?

三个猎人

从前有三个猎人,两个没带枪,一个不会打枪,他们碰到了三只兔子,两只兔子中弹逃走了,一只兔子没中枪,倒下了。他们提着一只逃走的兔子朝前走,来到一幢没门没窗没屋顶也没有墙壁的屋子跟前,叫出屋主人,问:"我们要煮一只逃走的兔子,能否借个锅?"主人回答:"我有三个锅,两个打碎了,另一个掉了底,""太好了,我们正要借掉了底的",三个猎人听了特别高兴! 他们用掉了底的锅,煮熟了逃走的兔子,美美地吃了个饱。

第二单元　论证思维特性介绍

一、要点讲解

(一)论证与推理的联系与区别

论证与推理有密切的联系,任何论证都必须借助于推理进行。论证的论题相当于推理的结论,论证的论据相当于推理的前提,论证方式相当于推理的形式。

论证与推理还是有明显区别的:

(1)二者认识的过程不同,论证是先有论题后找论据,再用论据对论题进行论证。

(2)二者逻辑结构的繁简不同。

(3)二者要求的重点不同。

(二)论证三要素

任何论证都是由论题、论据和论证方式3个要素构成的。

(三)论证的基本原则——充足理由原则

充足理由原则是任何论证都必须遵循的基本原则。充足理由原则的基本内容是:任何一个思想要被确定为真(或为假),都必须有充足的理由。论证的具体规则有四条:

(1)论题必须清楚明确;(2)论题必须保持同一;(3)论据必须已知为真;(4)论据必须能够推出论题。

【范例展示】

邹忌讽齐王纳谏

邹忌修八尺有余,而形貌昳(yì)丽。朝(zhāo)服衣冠,窥镜,谓其妻曰:"我孰与城北徐公美?"其妻曰:"君美甚,徐公何能及君也!"城北徐公,齐国之美丽者也。忌不自信,而复问其妾曰:"吾孰与徐公美?"妾曰:"徐公何能及君也!"旦日,客从外来,与坐谈,问之客曰:"吾与徐公孰美?"客曰:"徐公不若君之美也。"

明日,徐公来,孰视之,自以为不如;窥镜而自视,又弗如远甚。暮寝而思之,曰:"吾妻之美我者,私我也;妾之美我者,畏我也;客之美我者,欲有求于我也。"

于是入朝见威王,曰:"臣诚知不如徐公美。臣之妻私臣,臣之妾畏臣,臣之客欲有求于臣,皆以美于徐公。今齐地/方千里,百二十城,宫妇左右莫不私王,朝廷之臣莫不畏王,四境之内莫不有求于王:由此观之,王之蔽甚矣。"

王曰:"善。"乃下令:"群臣吏民能面刺寡人之过者,受上赏;上书谏寡人者,受中赏;能谤讥于市朝,闻寡人之耳者,受下赏。"令初下,群臣进谏,门庭若市;数月之后,时时而间(jiàn)进;期(jī)年之后,虽欲言,无可进者。

燕、赵、韩、魏闻之,皆朝于齐。此所谓战胜于朝廷。

在《邹忌讽齐王纳谏》一文,邹忌通过"妻之美我""妾之美我""客之美我"3种不同的心态类比论证纳谏的重要性,形象生动,耐人寻味。

二、活动设计

(一)议一议

案例A　弗洛伊德的梦境理论

弗洛伊德是奥地利的医学博士。有一天,他看到儿子睡觉时眼珠子忽然动起来,他感到很奇怪,连忙叫醒儿子问他睡觉时发生了什么事,儿子说他刚才正做着一个梦。有心的弗洛伊德突发奇想:眼珠子转动会不会与做梦有关呢? 于是,每当儿子睡觉时,他便守在旁边,一旦发现眼珠子转动,他便叫醒儿子,而儿子总是说做了一个梦。这些观察和反馈,第一次证实了梦与眼珠转动的关系。为了进一步验证他的观察,他又仔细观察他的妻子做梦的情况,后来又观察邻居和他的病人,所有的观察都发现同样的情况。弗洛伊德把他的观察写成了论文,引起世界各国科学家的关注。从生理学上看,人在入睡时眼珠转动,表明睡觉者在做梦,并且可以用眼珠转动的次数、时间,测量人做梦的次数和做梦的时间长短。用这种目测观察的结果与脑电波测试的结果是吻合的,这就证实了弗洛伊德的发现是有科学根据的。这一发现,为研究梦的心理过程奠定了基础。

问题探讨:请分析案例中的灵感顿悟和论证思维之间的联系。

案例B　天下最难写的字是什么字?

天下最难写的字是什么? 这个问题不难回答——是汉字。鲁迅曾说过汉字是天下最难认、最难写的文字。不仅外国人把与汉字打交道当作"天下第一难",就连中国人也无一人敢说把汉字认全了、写好了。那么在汉字里最难写的是什么字呢？有书法家认为是笔画最多的字，也有书法家认为是笔画最少的字，可谓仁者见仁，智者见智。

清朝大学士李鸿章虽然不是书法大家，但他对写字却另有一番高论，他认为"天下最难写的字是自己的名字"。或许有人会问：自己的名字怎么是天下最难写的字？每个人从小开始学写字，学写自己的名字就是"必修课"，由于经常写，必定写得熟练好看。而且，许多人尤其是那些出人头地的人，把签名当作一件要事，在写自己的名字上肯下工夫，千锤百炼、炉火纯青，其书法水平堪与舒同、启功比肩。"文革"时有些工农兵出身的领导干部，虽然斗大的字写不了几箩筐，但他们在文件材料上书写自己的尊姓大名却是高手。有个相声讽刺某些领导干部除了会认会写自己的名字外，什么字都不会认不会写。这虽是文艺创作，但并不脱离现实。如今有些影视明星为了给"追星族"留下自己的芳名，不惜花钱请人专门进行签名设计。他们以为人家一看自己龙飞凤舞的签名，就会把自己当作"文化名人"而佩服得五体投地。

李鸿章为何说"天下最难写的字是自己的名字"？其实他所说的难，并非难在名字的笔画字形，而是难在名字的分量太重。分量者，责任也。李鸿章身为中堂大人，兼任洋务大臣和直隶总督，是清政府的栋梁。他的名字"姓私"时代表自己，"姓公"时却代表总督乃至朝廷和皇上，其分量何啻千钧？他在"卖国条约"上签字，真是一字亿金啊！他的大名一签，不仅意味着几万万两白银"付之东（西）流"，还意味着主权丧失、领土分割和民心背离、国家衰亡……可想而知，李鸿章在那些"卖国条约"上签字时，绝不会"下笔如有神"，而是下笔如有"绳"。

李鸿章的名字不但"难写"，而且"难看"和"难听"，几乎是"卖国贼"的代名词，在他生前死后都一直遭人唾骂。其实，还原历史的本来面目，李鸿章在那些"卖国条约"上是代人签字，也即代人受过。他之所以感叹"天下最难写的字是自己的名字"，也许正是表明他心里的难言之隐。看来，能认识到自己的名字是天下最难写的，说明他还能掂量到名字的分量，有"不能承受之重"的自知之明。

古往今来，有多少人能有李鸿章这样的自知之明？许多人反而认为自己的名字是天下最好写的字。有些名人要员为了使自己"名垂千古"，到处给名胜古迹、自然风景区和工程建筑物题字签名，自以为是增光添彩，实际上是视觉污染。有些贪官污吏把自己的名字当作权力的象征，随意签字批条，进行权钱交易，为自己牟取私利。大贪官胡长清写得一手好字，他的名字虽然没有李鸿章那么值钱，但也一字万金，给他换来不少好处。名字一旦沾上名利，就会使人名"迷"心窍，利欲熏心，飘飘然以为自己的名字是天下最好写的字。

自己的名字是难写还是好写，人各有志，答案也各不相同。

问题探讨：请分别找出案例中的论证三要素。

（二）练一练

1. 近年来我国商品房价格快速攀升。2004年第四季度政府各部门出台多项措施，以抑制房价的过快增长，但2005年第一季度全国房价仍逆势上扬。有人断言：地价上涨是房价猛涨的罪魁。

以下哪项如果为真,最能对该断言提出质疑?

A.2005年第一季度上海房价比去年同期增长19.1%,地价上升了6.53%。

B.2005年第一季度北京住宅价格比去年同期增长7.2%,住宅用地价格上涨了0.37%。

C.华远地产董事长认为,随着土地开发成本的提高,房价一定会增加。

D.永泰开发公司董事长说:"房价的暴涨是因为供应量没有跟上需求量。"

2.高塔公司是一家占用几栋办公楼的大公司,它现在考虑在公司所有的建筑内都安装节能灯泡,这种新灯泡与目前正在使用的传统灯泡发出同样多的光,但所需的电量仅是传统灯泡的一半。这种新灯泡的寿命也大大加长,因此通过在旧灯泡坏掉的时候换上这种新灯泡,高塔公司可以大大地降低其总体照明的成本。

下列哪一项,如果正确,最能支持上面论述?

(1)如果广泛地采用这种新灯泡,这是非常可能的,那么新灯泡的产量就会大大增加,从而使其价格与那些传统灯泡相当。

(2)向高塔公司提供电力的公共事业公司向其最大的客户们提供折扣。

(3)高塔公司最近签订了一份合同,要再占用一栋小的办公楼。

(4)高塔公司发起了一项运动,鼓励其员工每次在离开房间时关灯。

(5)生产这种新灯泡的公司对灯泡中使用的革新技术取得了专利,因此它享有生产新灯泡的独家权利。

第三单元　论证思维方法推介

一、要点讲解

(一)事实论证法

事实论证法,也叫归纳论证法、例证法,是一种从材料到观点,从个别(列举具体事例)到一般(结论)的论证方法,是从对许多个别事物的分析和研究中归纳出一个共同的结论的推理形式。它是从全部或有代表性的部分具体事物中,抽取共同的本质的东西,运用翔实、新颖、典型的具体事例、概括的事实和统计数字做论据并加以综合,从而概括出反映一般本质的结论。

使用这种方法,一般是先分论后结论,即开门见山提出论题,然后围绕论题逐层运用材料证明论点,增强说服力,最后归纳出结论。

这种结构的方法,比较符合人们的思维认识规律。运用事实论证进行论证时列举的事实可以有两种形式,即概括总体性事实和列举个别事实。概括总体性事实的说服力在于事实所体现的普遍性,它是对事实的总体或全局的全面性统计或概括。采用列举个别事例的论证方式,不要求全面周到,只需列举几个事例即可。列举事例要求有一定的典型性,同时也要考虑到经济原则,尽可能不要同类重复。

(二)理论论证法

理论论证,也叫演绎论证,是从一般到个别、普遍到特殊的论证方法,是以反映事物的一般本质的结论为前提,对尚未知晓的个别的具体事物进行研究,找出其特殊的本质,从而推导出新的结论。它是根据一般原理或结论来论证个别事例的方法。即用普遍性的论据来证明特殊性的论点,理论论证的目的是要证明论点具有普遍性和规律性。

理论论证的逻辑形式是演绎推理,就是将归纳所得的论点,用人类已知的科学原理去衡量。在日常工作生活中,理论论证的运用十分广泛。从谈判交涉到项目分析,从演讲辩论到法庭质询,到处都会看到理论论证的影子。

理论论证是引经据典地分析问题、说明道理的论证方法,具有权威性,使论证更有力或更有吸引力。引用马列主义经典著作中的精辟见解,毛泽东思想的基本原理,党和国家的教育方针、政策、法规,古今中外名人的名言警句、各门学科的科学结论理论、某些经过时间检验的、广为流传的谚语、格言和成语等都可以作为理论论据,来佐证自己观点的正确性。

(三)比较论证法

比较论证是一种由个别到个别的论证方法。通常将它分为两类:一类是类比论证;另一类是对比论证。

1. **类比论证法**　类比论证是根据两个对象在某些属性上的相同或相似,推论两者在其他属性上也有相同或相似,是从已知的事物中推出同类事例的方法,即从特殊到特殊的论证方法。这种论证形象生动、读者易懂,易接受。如魏征《谏唐太宗十思疏》中有一段"臣闻木之长者,必固其根本;欲流之远者,必浚其泉源。思国之安者,必积其德义。"魏征劝诫唐太宗时巧妙地运用类比推理,由树木之生长,河流之长流,类比推断国家之长治久安,在于"积其德义"的深刻道理。言辞柔中带刚,不卑不亢,受到了良好的劝谏效果。

类比论证富于启发性,它深入浅出,使读者易于领悟抽象的道理,可使文章简练生动。从思维方式来看,类比论证不拘于事物表面上的差异,把不同的事物联系起来考查,试图在异中求同,许多类比的结论虽然不一定是真实的,但是可以作为进一步研究的假说。但是,作为一种论证方式,类比论证属于或然性推理,是一种从特殊到特殊、从个别到个别的推理方式,其结论不一定为真,只有一定程度上的可靠性,所以在表述上多用"可能"。其逻辑形式为:A 具有 a、b、c、d 的属性,B 具有 a、b、c 的属性,所以,B 可能具有 d 的属性,属于形式逻辑中的归纳推理。

运用类比论证需注意以下几点:(1)要使用同类对象进行类比。世界上具有某些相同属性或相似属性的事物是无穷多的,有的根本是风马牛不相及的,对它们进行类比,就缺乏说服力。(2)避免单独运用类比论证一种论证方式。最好是与其他的论证方式结合使用,使之起一种补充和丰富的作用。(3)要注意结论的可靠程度。除非个别很有把握的情况,否则结论一般只是一种可能性。在表述上要把握住分寸,不可绝对化。

2. **对比论证法**　对比论证则是一种求异的思维方式,它侧重于从不同类型的事物的相反或相异的属性的比较中来揭示需要论证的论点的本质。

对比论证方式的运用范围很广,因为可以进行比较的事物很多,中与外、古与今、大与小、强与弱等,都适合于进行比较,在比较中分析和阐明了两者的差异,是非曲直明确,自然证实了论点的正确性。对比可以是两个对象之间的比较,也可以是同一对象自身前后不同阶段之间的比较,前者称为横向比较,后者称为纵向比较。运用纵向对比的论证方式,不能停留在形式逻辑的静态判断的层面上,否则,有时会显得说服力不够。

运用对比论证要注意几个问题:第一,比较的双方要具备可比性。第二,要建立合理的参照系。要进行比较,就必须具有合理的共同参照系,没有共同的参照系,两者就无法进行比较。所谓参照系是指用来衡量和确定双方优劣长短的标准,这样的标准必须具有客观性,否则比较的结论不一定可靠。

(四)比喻论证法

比喻论证是用人们熟知的事物打比方作为论据来证明论点,以比喻者作论据去论证被比喻者(论题)的论证方式。在比喻论证中,比喻者是一组形象事例,其中包含着一定的关系和道理,被比喻者则是一种抽象的道理。比喻者和被比喻者虽然是两类不同的事物,但在它们之间存在着一个共同的一般性原理,因此它们之间具有推理关系。比喻论证通过形象化的、具体的事物来说明抽象的观点,道理讲得通俗易懂,语言生动形象,容易被人接受。

运用比喻论证要注意几个问题:第一,用来作为喻体的事物,应当是为大家所熟悉的、具体的、浅显的,这样,才能既通俗又生动地说明另一个事物。第二,比喻应当贴切、自然,要能恰到好处地说明被论证事物的特点。可以把老师比喻成蜡烛、春蚕,说明他们无私地献出自己的一切,却不能将他们比喻成能使别人干净起来,可它们自己却像越来越脏的抹布、扫帚,这样运用比喻法,叫"引喻失义"。第三,因为比喻的双方缺乏本质上的内在联系,所以任何比喻都是有缺陷的。要完整、深刻地论述一个问题,不能仅靠几个比喻,应把它和例证法、分析法等结合起来使用。

(五)因果论证法

在自然界和社会中,各种现象之间是普遍联系的,因果联系是现象之间普遍联系的表现形式之一。因果联系是普遍的和必然的联系,没有一个现象不是由一定的原因引发的;而当原因和一切必要条件都存在时,结果就必然产生。所谓原因,指的是产生某一现象并先于某一现象的现象;所谓结果,指的是原因发生作用的后果。原因与结果具有时间上的先后关系,但具有时间先后关系的现象并非都是因果关系;除了时间的先后关系之外,因果关系还必须具备一个条件,即结果是由于原因的作用所引起的。

因果论证是根据客观事物之间都具有这种普遍的和必然的因果联系的规律性,通过分析事理,揭示论点和论据之间的因果关系来证明论点的论证方法。因果论证可以用因证果,或以果证因,还可以因果互证。

运用因果论证,不能停在一因一果的层次上,而要善于多角度地分析原因和结果,比如要分析一果多因、一因多果,还要分析同因异果、异因同果以及互为因果。

【范例展示】

老马识途与蚁壤水源

春秋时期,齐桓公带兵攻打山戎国,获得了胜利。山戎国王逃到了孤竹国,齐桓公紧追不放,又向孤竹国进军。去时正是春暖花开的季节,等到孤竹国被打败时,已经春去冬来了。出征时还有茂密的树林,现在尽是枯枝败叶;那时只见遍地的鲜花,现在全是茫茫的白雪,来时道路的痕迹,一点都找不到了。齐国军队迷了路,被围在山里,齐国公焦急万分。这时候,大臣管仲想出了个办法。管仲说:"老马有认识路的本领,我们可以利用它。"于是放老马走在队伍的前面,终于找到了回齐国的路。队伍行进在大山里,没有水喝。隰朋说:"蚂蚁冬天在山的南面居住,夏天在山的北面生活,如果蚁壤一寸高,那么一仞深的地方就有水。"于是就挖掘蚁穴,终于获得了水源。

二、活动设计

(一)议一议

案例A 三只盒子 一句是真话

这是根据英国戏剧家莎士比亚《威尼斯商人》这部名剧中的一个情节改编的一个小故事:女主人公鲍细娅是名门闺秀,长得妩媚动人,引来了许多求婚者。一天,鲍细娅带来三只盒子,对众多的求婚者说:"这里有三只盒子,每只盒子上写着一句话,而三句话中只有一句是真话。谁能够猜中我的肖像放在哪只盒子里,谁就可以成为我的意中人。"于是这三只盒子一字儿排开。

问题探讨:请谈谈由这则小故事引发的思考。

案例B 在生命中负重而行

如果小鸟少了雄鹰的捕猎,它就只能在树枝头莺莺私语,却不能翱翔于浩瀚的天空;如果老鼠少了猫儿的追逐,它就只能在仓库里昏昏欲睡,却不能拥有敏锐的感官。

大自然的真理又何尝不在人的身上应验呢?生命就像是一条漫长的道路,上帝又会给每个旅途中的人不断增加负荷,我们要跋涉在荆棘丛生的路途中,直到抵达生命的尽头。

问题探讨:请分析此案例所体现的论证过程。

(二)练一练

1.请根据下面的小故事确定论题,并在此基础上拓展分论点,一道题目最少要想出5个以上的分论点或论证角度加以证明,然后针对每个分论点从横向和纵向两个角度进行推导,过程中要注重事例的积累。最后,请将论证落实在文字表达上。

朽木未必不可雕

孔子有个学生叫做宰予,他白天睡觉,于是孔子就训斥他:"朽木不可雕也,粪土之墙不可污也"于是,在中国传统文化中,"朽木"就成为了不可造就的人或无用的东西的代名词。可是从另一方面看,"朽木"又未必不可雕。

西晋时的周处,曾为"义兴三害"之一,"凶强侠气,为乡里所患"。此时的他,就像是朽木一般。可他最后却改邪归正,成为杀虎斩蛟、为民除害的英雄,成了一个良才。

2. 系统论奠基人贝·塔兰菲有句名言:"整体大于部分之和",请你结合实际加以评析。

3. 如果将若干块长短不一的木片箍成一只木桶,其盛水量不是取决于最长的木片,而是最短的那一块,这就是"木桶效应"理论。请你结合实际加以评述。

第四单元　秘书论证思维实训

一、要点讲解

在论证的整个过程中,恰当运用论证方法是很重要的。但除了选用具体的论证形式外,还需从宏观上来考虑整个论证或若干重要子论证的构建方式,即采取不同的论证策略。

【范例展示】

丢失的资料

日本新日公司寄给上海宝山钢铁公司一箱技术资料。清单上写明是 6 份,但开箱清点却只有 5 份,其中 1 份下落不明。为了这份资料,中、日双方发生争执。日方坚持说,"我方提供给对方的材料,装箱时需要经过几次检查,不会漏装。"宝钢方则说,"我们开箱时有很多人在场,开箱后又经过几次清点。是在确实判定材料缺少一份后才向你们提出交涉的。"双方各执一词,相持不下。

后来,宝钢方重新做了充分的准备,再与日方进行谈判。他们全面列举了资料缺失的三种可能:(1)日方漏装;(2)运输途中散失;(3)我方开箱后散失。接着逐一分析:如果是在运输途中散失的,那么,木箱肯定有破损,但现在木箱完好无损,运输途中散失的可能性被排除了;如果资料是我方开箱后丢失的,那么,木箱上所印的净重量就会大于现有 5 分资料的重量,而木箱上所印净重量正好与 5 份资料的净重量相等。可见,资料既不是途中散失的,也不可能是我方丢失的,资料一定是日方漏装了。后来,日方经过反复查询,很快就由新日公司补来了漏装的一份资料。

这个事例告诉我们,有说服力的论证需要合乎逻辑的论证形式来支持,演绎论证有强大的理性力量。

所有的资料都是有重量的,故缺失的资料也是有重量的。

如果资料是我方开箱后丢失的,那么,木箱上所印的净重量就会大于现有 5 份资料的重量;而既然木箱上所印资料的净重量正好与 5 份资料的净重量相等,可见,资料不可能是我方开箱后丢失的。

从"所有的资料都是有重量的"这个一般性前提出发,推出"缺失的资料也是有重量的"这个特殊性的结论,毋庸置疑。然后根据"资料是我方开箱后丢失的"与"木箱上所印的净重量大于现有5份资料的重量"之间的条件联系,以及"木箱上所印资料的净重量正好与5份资料的净重量相等",推导出"资料不可能是我方开箱后丢失的"这一结论,无可争辩。

二、活动设计

(一)议一议

案例 A　得道多助,失道寡助

天时不如地利,地利不如人和。

三里之城,七里之郭,环而攻之而不胜。夫环而攻之,必有得天时者矣,然而不胜者,是天时不如地利也。

城非不高也,池非不深也,兵革非不坚利也,米粟非不多也,委而去之,是地利不如人和也。

故曰:域民不以封疆之界,固国不以山溪之险,威天下不以兵革之利。得道者多助,失道者寡助。寡助之至,亲戚畔之。多助之至,天下顺之。以天下之所顺,攻亲戚之所畔,故君子有不战,战必胜矣。

问题探讨:请分析案例中的论证过程。

案例 B　法国白兰地进入美国

在1950年,法国的企业界策划法国白兰地酒打入美国市场的活动。白兰地酒在法国享有盛誉,一直畅销不衰。但是,一个国家的产品进入另一个国家,首先就会遇到普通民众情绪上的抗拒,那么怎样才能让白兰地酒打入竞争激烈的美国市场呢? 生产厂商聘请了由各界专家组成的策划小组,经过认真调查与分析论证,决定采取新颖的方式、热烈的场面、从感情方面大造舆论,为白兰地酒进入美国市场铺平道路。在美国总统艾森豪威尔67岁寿辰这天,用专机将两桶窖藏达67年的白兰地酒空运到美国,作为献给美国总统的寿礼,同时进行一场声势浩大的宣传活动。这样,在总统寿辰的一个多月之前,美国公众就从各种传媒上获得了这个消息。一时间,法国白兰地被新闻界炒得沸沸扬扬,成为了人们街谈巷议的热门话题,大家都翘首以待那两桶珍贵名酒的到来。当运酒的专机抵达华盛顿的时候,整个城市到处呈现出一片节日气氛。街道两旁竖立着彩色标牌:"欢迎您,尊贵的法国客人""美法友谊令人心醉"连广告牌上也画着美国鹰与法国鸡干杯的宣传画,沿街挂满了美法两国的国旗。排成长龙的汽车、摩托车和自行车一齐涌向白宫。白宫的周围人山人海,人们笑容满面地挥动着法国国旗,等待着"贵宾"的到来。白兰地酒赠送仪式在白宫的花园里隆重举行,四名英俊的法国青年身着传统的宫廷侍卫服装,抬着两桶白兰地正步前行,步入白宫。艾森豪威尔亲自驾到,带领一班政府官员,满面笑容地接受了这份厚礼。周围的人群沸腾起来,歌声、笑声和欢呼声响彻云霄。此后,美国总统又多次在国宴上用白兰地酒招待各国客人,义务充当了这种酒的"推销员"。这样,法国白兰地成了法美友谊的象征,许多美国人甚至以能够品尝到正宗白兰地而感到自豪。很快,白兰地酒在各种宴会、宾馆和商场里,甚至在家庭的餐桌上都频频出现,成功地在美国的酒类市场上占了一席之地。法国白兰地在美国市场上的成功,首先要归功于专家小组运用求异思维的出奇制胜创新思维创意策划。这个策划的最大奥秘就在于一个"情"字,以感情的纽带把白兰地酒与美国民众联系起来。白兰地的最初登场,不是作为"商品"推销给美国人,而是作为"礼品"奉送给美国人,从而打破了国家的民众的"抵制外货"的心理。其次,也要归功于这种酒的久负盛名的高质量,如果没有这个前提,以后的创意策划都不可能出现,就是说,法国人根本不可能把一种普通的物品作为献给美国总统的礼物。而白兰地这种高质量酒才能够如此迅速地席卷全美,并立即建立起自己良好的社会形象。再次,这项创意的实施过程也十分细致严谨、天衣无缝,因为这毕竟是关系到法美两国关系的重大事件,稍有不慎便会引起意想不到的后果。像标语的拟定、酒桶的形状色彩、专机的抵达时刻、抬酒青年的着装,等等,这类的细节问题都费了很大一番脑筋,才取得了这样的成功。

问题探讨:我们能否从此案例中得到启示?

(二)练一练

1.洛杉矶市市长任命了一名黄种人当教育厅厅长,许多白种人和黑种人指责这一任命是为了显示种族平等的政治姿态。后来市长又任命了一名黑人商人担任市财政总监,许多白种人和黄种人又作出了同样的职责。的确,在很大程度上,市长做上述任命时是处于政治考虑,但这又有什么错呢? 做出上述任命,完全是在该城市宪章赋予市长的权力范围之内。

以下哪项如果为真,最能加强上述论证?

A.在作出上述任命以后,市长又紧接着任命了一名白种人担任警事总监

B.上述任命的教育厅长和财政总监对于他们的职位完全能够胜任

C.种族平等是一项业已受到宪法和公众确认的普遍原则

D.洛杉矶市市长已经连任两届,其以往的政绩受到了普遍的赞许

2.请你从"民族精神与中国创造"的角度,自拟标题进行论证。

3.为什么说从计划经济到市场经济的转轨,从思想的角度说就是从单一思维向多向思维的转变?

三、思维拓展

分析下面的论证在概念、论证方法、论据及结论等方面的有效性。

摘自某杂货店的一份商业报告:

自从我们在杂货店增加了药品部后,本年度总销售额增加了两成。显然,顾客图的是一条龙购物的便利。因此在接下来的两、三年内增加利润最稳妥的办法是,陆续增添服装部、汽车配件和维修部。以后还要继续增添新部门和服务品种,如食府、园艺部等。作为本地区唯一一家拥有全套服务的商店,我们会比本地其他商店拥有更强的竞争优势。

(论证有效性分析评论的一般要点是:概念特别是核心概念的界定和使用是否准确并

前后一致,有无各种明显的逻辑错误,该论证的论据是否支持结论,论据成立的条件是否充分等。评论要注意内容深度、逻辑结构和语言表达)

学有所得

一篇公文,无论是中心论点或是分论点,都属于作者的思想观点,都需要通过论证的方法来证明,而论证又总是与逻辑推理联系着,要想由论据来证明论点的真实性、可信性、科学性,就必须靠推理来论证,所以公文写作离不开推理论证能力。

四、习得交流

演绎推理与演绎论证

好的演绎论证一定是有效的演绎推理,但有效的演绎推理却不一定是好的演绎论证。这是因为,推理和论证有一些不同属性。

差异一:论证是为相信某论断提供充足理由,其目的是使人接受该论断;推理只是显示判断之间的逻辑关系。因此,从目的性来看,论证是使人相信某个判断,而推理是使人相信判断间的关系。论证要确立结论的可靠性和可接受性,推理要确立判断之间的逻辑关系即真值(真假)关系。

差异二:前提与结论的关系不同。论证的前提对结论是一种支持、保证关系,回答“结论何以为真”;推理的前提对结论是真值蕴涵关系,回答“前提对结论有何真值关联”。

第十一部分　辩证思维训练

训练内容图解

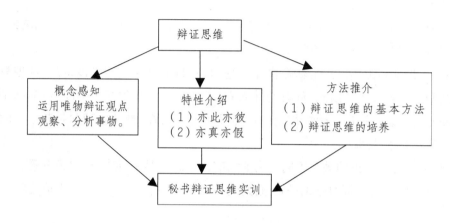

第一单元　辩证思维概念感知

一、要点讲解

恩格斯说过："所谓主观辩证法，即辩证地思维。不过是在整个自然界中到处盛行着的，由于对立而产生的运动反映而已，这些对立以其不断的斗争，以其最后的互相转变或转变到较高形态来决定自然界的生活。"辩证思维是指遵循唯物辩证法的规律进行思维，能运用唯物辩证观点来观察、分析事物。能用对立统一观点看问题，既要看到事物之间的对立，也要看到事物之间的统一和在一定条件下事物之间的相互转化；既要看到事物的正面，也要看到反面，能从有利因素中看到不利因素，也能从不利因素中看到有利因素。辩证思维的实质就是按照唯物辩证法的原则，在联系和发展中把握认识对象，在对立统一中认识事物。

正所谓"塞翁失马，焉知非福。"辩证思维是一种动态的思维模式，要求我们在观察问题和分析问题时以一种发展的眼光来看问题，要认识到世间万物都处在一种永恒的运动状态，任何视觉和理性所感知到的静止只是一种假象或暂时状态，动静转化，矛盾相生。所谓辩证思维能力，即用事物之间是相互联系的、事物总是发展变化的、事物具有两重性等观点来分析社会生活中的现象，避免孤立地、静止地、片面地、绝对地看问题的能力。辩证地看问题,可使立意更深远、论证更严密、分析更透彻,做到无懈可击。

在我国文化遗产中,运用辩证思维的例子可谓比比皆是,有些已经家喻户晓、深入人心。比如"庖丁解牛""曹冲称象""邹忌讽齐王纳谏""曹刿论战"等等。

【范例展示】

庖丁解牛

庖丁为文惠君解牛。手之所触,肩之所倚,足之所履,膝之所踦,砉然向然,奏刀騞然,莫不中音:合于《桑林》之舞,乃中《经首》之会。

文惠君曰:"嘻,善哉! 技盖至此乎?"

庖丁释刀对曰:"臣之所好者,道也;进乎技矣。始臣之解牛之时,所见无非牛者;三年之后,未尝见全牛也。方今之时,臣以神遇而不以目视,官知目而神欲行。依乎天理,批大却,导大窾,因其固然,技经肯綮之未尝,而况大軱乎! 良庖岁更刀,割也;族庖月更刀,折也。今臣之刀十九年矣,所解数千牛矣,而刀刃若新发于硎。彼节者有间,而刀刃者无厚;以无厚入有间,恢恢乎其于游刃必有余地矣! 是以十九年而刀刃若新发于硎。虽然,每至于族,吾见其难为,怵然为戒,视为止,行为迟。动刀甚微,謋然已解,如土委地。提刀而立,为之四顾,为之踌躇满志;善刀而藏之。"

文惠君曰:"善哉! 吾闻庖丁之言,得养生焉。"

始解牛时:所见无非牛者

　　　　——月更刀

　　　　苦练中……

三年之后:目无全牛

　　　　——岁更刀

　　　　苦练中……

方今之时:以神遇而不以目视

　　　　——19 年,刀刃若新发于硎

为什么庖丁解牛的技术能达到这样的境界呢?

俗话说:"冰冻三尺,非一日之寒。"因为庖丁经过长期解牛、反复实践、不断积累经验,认识和掌握好解牛的内在规律,所以能"游刃有余"。

除了养生外,庖丁解牛之道还能给人以哪些更具普遍意义的启迪?

一切事物都有它的客观规律,只要"依乎天理""因其固然"不断积累经验,就能够逐步掌握客观规律,在从实践中进入自由境界的过程中做到"游刃有余"。

臣之所好者道也,进乎技矣

　　　　——了解规律,掌握规律

臣以神遇而不以目视

　　　　——抓住本质,用心处事

依乎天理……因其固然

　　——顺其自然,不强求

　技经肯綮之未尝

　　　——避开锋芒,从长计议

　以无厚入有间

　　　——以己之利攻彼之弊

　每至于族……视为止,行为迟,动刀甚微

　　　——不莽撞,谨慎行事

　善刀而藏之

　　　—— 收敛锋芒,低调做人

二、活动设计

(一)议一议

案例 A　沙丁鱼

　　欧洲人喜食沙丁鱼,但沙丁鱼很难养,因为它们生性懒惰,常喜欢拥挤在一起而静止不动导致死亡率很高。为此,人们通常在饲养的沙丁鱼中放几条鲶鱼,因为鲶鱼喜食沙丁鱼。沙丁鱼为了活命不得不四散而逃,由于游动又大大提高了成活率。但是,如果鲶鱼放得多了,沙丁鱼都成为鲶鱼的美食,人们又怎样尝到新鲜的沙丁鱼? 可见,能否吃到新鲜肥美的沙丁鱼关键还在于能否控制好鲶鱼的投入量。

　　问题探讨:对于这种现象你如何看待?

案例 B　是颗流星,就要把光留给人间的张海迪

　　张海迪,1955 年秋天在济南出生。5 岁患脊髓病,胸以下全部瘫痪,从那时起,张海迪开始了她独到的人生。她无法上学,便在在家自学完大学课程。15 岁时,海迪跟随父母,下放(山东)聊城农村,给孩子当起教书先生,同时她还自学针灸医术,为乡亲们无偿治疗。后来,张海迪自学多门外语,还当过无线电修理工。

　　在残酷的命运挑战面前,张海迪没有沮丧和沉沦,她以顽强的毅力和恒心与疾病作斗争,经受了严峻的考验,对人生充满了信心。她虽然没有机会走进校门,却发愤学习,学完了小学、大学全部课程,自学了大学英语、日语、德语和世界语,并攻读了大学和硕士研究生的课程。1983 年张海迪开始从事文学创作,先后翻译了《海边诊所》等数十万字的英语小说,编著了《向天空敞开的窗口》、《生命的追问》、《轮椅上的梦》等书籍。其中《轮椅上的梦》在日本和韩国出版,而《生命的追问》出版不到半年,已重印 3 次,获得了全国“五个一工程”图书奖。在《生命的追问》之前,这个奖项还从没颁发给散文作品。最近,一部长达 30 万字的长篇小说《绝顶》,即将问世。从 1983 年开始,张海迪创作和翻译的作品超过100 万字。

　　为了对社会作出更大的贡献,她先后自学了十几种医学专著,同时向有经验的医生请教,学会了针灸等医术,为群众无偿治疗达 1 万多人次。

　　1983 年,《中国青年报》发表《是颗流星,就要把光留给人间》,一时间张海迪名噪中华

获得两个美誉,一个是"八十年代新"雷锋";另一个是"当代保尔"。

张海迪怀着"活着就要做个对社会有益的人"的信念,以保尔为榜样,勇于把自己的光和热献给人民。她以自己的言行,回答了亿万青年非常关心的人生观、价值观问题。邓小平亲笔题词:"学习张海迪,做有理想、有道德、有文化、守纪律的共产主义新人!"

随后,使张海迪成为道德力量。

问题探讨:你是如何看待"逆境出人才"这个问题的?

(二)练一练

1. 有一个人走在沙滩上,回头却看不见自己的脚印,为什么?

2. 李先生到 16 层楼去谈生意,但他只乘电梯到 14 层楼,然后再步行爬楼梯上去,为什么?

3. 房间里着火了,小明怎么也拉不开门,请问他后来是怎么出去的?

第二单元　辩证思维特性介绍

一、要点讲解

辩证思维是人们通过概念判断、推理等思维形式对客观事物辩证发展过程的正确反映,反映在逻辑上要求人们必须把研究事物的总和,从事物本身矛盾发展、运动、变化把握它。能用发展的、联系的、一分为二的方法观察、分析事物,并用这样的观点摆事实,讲道理,使文章的内容不是静止的、孤立的、片面的。辩证思想通常包括个性和共性(也就是个别和一般、特殊与普通)、绝对与相对、事实与现象、内容与形式,原因与结果、必然与偶然、可能与现实、全局和局部、具体与抽象、有限与无限,量变与质变、正面与反面,美好与丑恶等辩证法。

辩证思维是指以变化发展视角认识事物的思维方式,通常被认为是与逻辑思维相对立的一种思维方式。在逻辑思维中,事物一般是"非此即彼""非真即假",而在辩证思维中,事物可以在同一时间里"亦此亦彼""亦真亦假"而无碍思维活动的正常进行。

辩证思维模式要求观察问题和分析问题时,以动态发展的眼光来看问题。其最主要的特征是,事物普遍联系的观点、发展变化的观点和对立统一的观点。毛泽东同志曾指出:"对立统一法则,是自然和社会的根本法则,因而也是思维的根本法则。"

【范例展示】

但爱其手

古有载:暨樊将军得罪于秦,秦求之急,乃来归太子。太子为置酒华阳之台。酒中,太子出美人能(鼓)琴者。轲曰:好手!琴者。太子即进之。轲曰:但爱其手耳。太子即断其手,以玉盘奉之。(《燕丹子》卷下)太子丹与美人手。战国时,燕国太子丹百般讨好荆轲,为的是让荆轲去刺杀秦王,于是特意宴请他。宴会上,太子丹叫来一个能琴善乐的美女为荆轲弹琴助兴。荆轲听着这悦耳的琴声,看着美人的纤细、白嫩、灵巧的双手,不禁魂飞天外,连连称赞:"好手!好手!好手!"并一再表示:"但爱其手"听到荆轲的称赞,太子丹立刻命人将美人的双手斩断,放到一个盘子里送给荆轲。

黑格尔说:"割下来的手就失去了它的独立存在……只有作为有机体的一部分,手才获得了它的地位。",太子丹割裂了作为部分的手与整个身体的有机联系,只见部分,不见整体,而美人灵巧的双手离开身体就永远弹奏不出悦耳动听的乐曲了,失去了它应有的作用。

二、活动设计

(一)议一议

案例 A　一叶障目,不见泰山

出处:《鹖冠子·天则》:"一叶蔽目,不见泰山;两豆塞耳,不闻霆。"

楚国有个书生,由于生活贫穷,很想找到一条发财的门路。

他读了《淮南子》,书上说:"谁得到螳螂捕蝉时遮身的那片树叶,别人就看不见了。"他信以为真,整天在树下抬头望着。一天!他终于看到了一只螳螂躲在一片树叶后面,正准备捕捉知了呢!他连忙把那片树叶摘下来。不料那片树叶掉下来,混在地上的落叶里,再也辨认不出了。他只好把所有的树叶扫回家来,一片一片地试。他把树叶遮住自己的眼睛,问妻子:"你看得见我吗?"妻子总是说:"看得见!"后来,妻子被他问得厌烦了,随口答了一声:"看不见!"他马上带着这片树叶,当面去取人家的东西,结果被人家扭送到衙门去了。县官经过审问,忍住笑,说:"你真是一叶障目,不见泰山呀!"

成语"一叶障目,不见泰山"原指一片树叶挡住了眼睛,连面前高大的泰山都看不见。比喻为局部的、暂时的现象所迷惑,看不到事情的全局、主流及本质。

问题探讨:请结合案例中的辩证思维谈谈生活中的哲理。

案例 B　赵延进随机应变败辽军

宋太宗赵匡义为了防止将领们拥兵自重,每到用兵之时,才临时任命官员担任指挥使、都招讨使等职务,带兵出征。另外,将军出征之前,皇帝还要亲自授予阵图,要求指挥官必须按照着规定的阵图作战。不管战事如何,一律不许更改。就是败了,也无大罪,不然,严惩不贷。这样一来,尽管宋朝兵多将广,武器精良,由于照图打仗,在和辽国作战中屡战屡败,因此,每次出征,士兵们都又疑又惧,士气十分低落。公元979年9月,辽国燕王韩匡嗣又领兵侵犯宋边境。太宗命云州观察使刘廷翰率兵御敌,命崔翰、赵延进、李继隆等带兵参战。临行之时,太宗又把阵图赐给了众将,命他们按图作战,还"务求必胜"。宋军行到满城之时,辽兵漫山遍野。从东西两面蜂拥而来,登高望去,只见烟尘滚滚,望不到边际,众将眼看辽兵就要冲上来了,急忙按图布阵。太宗这次赐给他们的阵图是把大军分成八阵,每阵之间相隔百步远,把兵力分散开。兵力这样分散,怎能挡住辽军铁骑的冲击?大家不禁惶恐起来:皇帝派我们来,不就是要把敌人赶回去吗?若按此图形打法,必败无疑。情况紧急,只有集中兵力,才能取胜。这样虽然有不照图打仗的罪名,但总比丧师辱国好得多!赵延进大声说,"他决心根据实际情况布阵排兵"。"万一败了,那可如何是好?"崔翰忧心忡忡地说。"如果兵败,罪名由我承当。"赵延进坚定地说,因为他见辽国大军已迫近,不能再迟疑了。崔翰还是犹豫不决,擅改圣旨的罪名实在令他恐惧。"兵贵适变,怎能预定,这违背圣旨的罪名,我一人承担了,如一再迟疑,可就来不及了!"李继隆也催促说。崔翰终于下定决心,把八阵改为二阵,前后呼应。还派人去诈降。辽燕王韩匡嗣深信不疑,不加丝毫防备。没过多久,战鼓齐鸣,杀声震天,宋军突然杀出,辽军措手不及,很快败退下去;宋军穷追猛打,许多辽兵坠入坑谷。这一仗,宋兵杀死辽兵万人,活捉三千,缴获战马千匹,兵器不计其数。赵延进不是墨守成规而是运用辩证思维,根据发展变化的形势,随机应变地采取适应具体情况的战术,取得了战争的胜利。捷报传到京师,宋太宗没有追究不按图作战的责任,反而封赏了赵延进。

问题探讨:请分析其中所包含的深刻的辩证逻辑思维。

(二)练一练

1.试分析下列古诗分别包含怎样的哲理?

《赋得古原草送别》白居易:离离原上草,一岁一枯荣。野火烧不尽,春风吹又生。

《酬乐天扬州出逢席上见赠》刘禹锡:沉舟侧畔千帆过,病树前头万木春。今日听君歌一曲,暂凭杯酒长精神。

《登飞来峰》王安石:飞来峰上千寻塔,闻说鸡鸣见日开。不畏浮云遮望眼,自缘身在最高层。

2.请举出生活中"化整为零"的案例。

第三单元　辩证思维方法推介

一、要点讲解

(一)辩证思维的基本方法

辩证思维的基本方法是揭示概念的辩证发展、矛盾运动的基本方法,它主要有归纳和演绎、分析和综合、从抽象上升到具体、逻辑的和历史的相一致等方法,其中归纳和演绎、分析和综合是形式逻辑与辩证逻辑所共有的方法,而从抽象到具体、逻辑的和历史的相一致则是辩证思维所特有的方法。

辩证思维是立足于概念的辩证本性而展开的思维,它以概念、判断、推理、假说和理论体系演化等思维形式的矛盾运动,深刻地反映客观世界和人类实践活动的内在本质。

整个现代科学都是在辩证法从整体上看问题、从联系上看问题、从运动发展中看问题的思想指导下进行研究的。辩证思维方法是一个整体,它是由一系列既相区别又相联系的方法所组成的,其中主要有:

1. 归纳与演绎

(1)归纳和演绎相互联系,互为条件。

(2)归纳和演绎相互补充,相互转化。

归纳和演绎是最初也是最基本的思维方法,归纳是从个别上升到一般的方法,即从个别事实中概括出一般的原理;演绎是从一般到个别的方法,即从一般原理推论出个别结论。归纳和演绎的客观基础是事物本身固有的个性和共性、特殊和普遍的关系。归纳和演绎是方向相反的两种思维方法,但两者又是互相依赖、互相渗透、互相促进的。归纳是演绎的基础,作为演绎出发点的一般原理往往是归纳得来的;演绎是归纳的前提,它为归纳提供理论指导和论证。在实际的思维过程中,归纳和演绎是相互推移、交替使用的。归纳和演绎都具有局限性,单纯的归纳或演绎还不能揭示事物的本质和规律,需要运用更为深刻的其他思维方法。

2. 分析与综合

(1)"分析"和"综合"互相依赖、互为条件。

(2)分析与综合互相渗透。

(3)分析与综合互相转化。

这是更深刻地把握事物本质的思维方法。分析是在思维过程中把认识的对象分解为不同的组成部分、方面、特性等,对它们分别加以研究,认识事物的各个方面,从中找出事物的本质;综合则是把分解出来的不同部分、方面按其客观的次序、结构组成一个整体,从而达到认识事物的整体。分析和综合的客观基础是事物整体与部分、系统与要素之间的关系。分析和综合是两种相反的思维方法,但它们又是统一的,相互联系、相互转化、相互促进的。分析是综合的基础,没有分析就没有综合;综合是分析的完成,离开了综合就没有科学的分析,分析和综合的统一是矛盾分析法在思维领域中的具体运用。

3. 历史与逻辑

(1)逻辑的结构与演化同对象的客观发展史相统一。

(2)逻辑的结构与演化同人们对这一对象的认识发展史相一致。

A. 逻辑与客观事物的发展史相一致

B. 逻辑与人类认识的发展史相协调

由抽象上升到具体的逻辑思维过程同客观事物的历史过程和认识的历史过程应当符合,也就是逻辑和历史的统一。逻辑是理性思维,它以理论的形态反映客观事物的规律性。历史包括两方面意思:一方面,客观现实的历史发展过程。另一方面,指人类认识的历史发展过程。真正科学的认识是现实历史发展的反映,要求思维的逻辑与历史的进程相一致。历史是逻辑的基础和内容,逻辑是历史在理论上的再现。逻辑和历史的一致是辩证思维的一个根本原则。

4. 抽象与具体

抽象和具体是辩证思维的高级形式,抽象是对客观事物某一方面本质的概括或规定。思维具体或理性具体是在抽象的基础上形成的综合,它不同于感性具体,感性具体只是感官直接感觉到的具体,而理性具体则是在感性具体基础上经过思维的分析和综合,达到对事物多方面属性或本质的把握。由抽象上升到具体的方法就是由抽象的逻辑起点经过一系列中介,达到思维具体的过程。

(二)辩证思维的培养

1.通过批判性阅读学习辩证思维　阅读是一个复杂的过程,要重视感受、体验、咀嚼、涵泳,感受体验、储存走出来再整体审视、质疑、讨论、争鸣、补充,进行批判性阅读。阅读不应只是被动吸收、借鉴,更应积极主动批判,要打破对名篇的崇拜与迷信。如对《雷雨》主题的解读,由于受庸俗社会学评价标准,历来认为它暴露了资产阶级大家庭罪恶的社会悲剧,周朴园的性格只能是虚伪自私,而不能是精明、宽厚。其实曹禺在《雷雨》序中明确表示:"《雷雨》所显示的并不是因果,也不是报应,而是我觉得天地间的'残忍'……我的情感要表现的,只是对宇宙这一方面的憧憬。"由此可见,《雷雨》主题也可解读为:人面对着一个为人所无法洞悉的、使人即使怀着最善良的愿望仍要归于失败的某种力量或原则所控制的世界。从性格论看,周朴园固然有虚伪的一面,但也不乏温情、宽厚的一面。"他是真诚地认为自己在怀念鲁侍萍,见了鲁侍萍他真的以为一张支票可以偿还30年的痛苦。想象不出精神痛苦和金钱之间的区别。"(孙绍振说)只不过相对于前者,后者显得苍白无力,周朴园的温情宽厚掩盖不了他的自私、虚伪。

2.品味蕴含的辩证法　《伶官传序》"祸患常积于忽微,而智勇多困于所溺"的论述;《灯》中对光明与黑暗的顿悟;《记忆》中对人性崇高自私、美丽丑恶、痛苦快乐的剖析;《我与地坛》超越生死的思考;《我的空中楼阁》中"动与静""大与小"有形与无形,有限与无限;《米洛斯的维纳斯》残缺与完美……无一不染上强烈辩证思维和理性色彩,若能对文中涉及矛盾关系细加品味,联系生活实际谈谈对这些矛盾关系的看法,深挖本质、触类旁通,改变视角,对于培养辩证思维能力很有好处。

3.通过语言训练培养辩证思维　语言学家索绪尔指出:"思想离开了词的表达,只是一团没有定形的模糊不清的浑然之物"。章熊先生曾说:"议论文教学之所以效率不高者,其原因大多是囿于常规,没有找到一个突破口。"所以以句子为单位进行训练,可以快速调动学生思辨的积极性且便于操作。如:围绕镜子、蜡烛、沙子等物,应用逆向、发散思维能力,从正反提炼事物的寓意。以"镜子"为例,从正反立意:(1)你对它微笑,它也会对你微笑。你对它发怒,它也对你发怒。(2)镜子能展现美丽的容颜,却不能让美丽永驻。(3)破镜固然能重圆,但感情的裂缝却难以弥补。(4)镜子能照射人的外表却不能透射人的内心。(5)以自己为镜是孤芳自赏,以别人为镜是取长补短。(6)镜子是无私的,它不因你的地位高而吹捧你,不因你的地位低而贬斥你。但又是自私的,只反映别人的缺点却不能反映自己的缺点……

4.通过辩论学习辩证分析　辩论,是彼此用一定的事实理由来阐述自己的见解,揭露对方矛盾,以便达成共识,从辩论中掌握辩证思维方法。可以开展以"……的利弊"为主话题的系列辩论,子话题有:大学生上网利弊谈攀比风利弊、看武侠小说利弊、考试作弊利弊、送礼利弊。也可以利用成语旧题新辩,如:"东施效颦""班门弄斧""名师出高徒"等旧题目,可以突破这些成语中不够科学的思维模式。还可利用网上的"国际大专辩论赛"及"大学生辩论赛",欣赏优秀辩手的出色表现,在学习辩论技巧的同时,也学会一分为二看问题。

【范例展示】

把木梳卖给和尚

某企业招聘营销人员,企业负责人出了一个实践性很强的题目——把木梳卖给和尚。众多应聘者困惑不解,光头和尚怎么会买木梳?于是便纷纷离去,剩下了甲乙丙三人。甲历尽艰辛甚至招受和尚们的唾骂,最后卖出一把木梳。那是下山时如火如荼的太阳下,小和尚挠着又脏又厚的头皮,甲递上一把木梳,小和尚一梳止了痒,顺便买了一把。乙为人比较机灵,他见朝圣拜神者个个被山风吹得头发蓬乱,便建议长老在庙宇里备一把木梳,让香客梳理一下蓬乱的头发以免蓬头垢面对神不敬。长老采纳了这个建议买了十把,因为山上有十座庙宇。丙思维活跃富于开拓,一次就卖出一千把。怎么卖的呢?丙说,他到了一名山古刹,见进香者如云,施主络绎不绝,便对主持建议说:"进香者其心虔诚,施主也慷慨,宝刹应对他们有所回赠以抱平安,同时鼓励他们多做善事。您书法好,我有木梳一批,你可在上面写上'积善梳'三个字作为纪念品赠给香客。"主持听了大喜,当即买下一千把,香客得到了纪念品也十分高兴。

"把梳子卖给和尚"阐释"一切从实际出发"

物质决定意识的辩证关系原理要求的方法论是做到一切从实际出发,主观符合客观。然而,这并不是轻而易举就可以做到的。

众多应聘者害怕困难不积极寻求解决问题的办法,随即纷纷离去这不是真正的从实际出发;甲不顾和尚没有头发的实际,而直接向和尚推销木梳必然要碰钉子。乙、丙都机灵,特别是丙,思路宽阔富于开拓,不是被动消极地适应客观情况,而是全面地、联系地、发展地对待客观情况,一下子推销了一千把木梳,实在是难能可贵,值得称道。

坚持从实际出发,达到主观与客观的统一,并不是轻而易举可以做到的。因为,客观实际往往是许多事实的总和,如果只是以个别事实为出发点去作判断、行动,那并没有真正做到从实际出发,这就要求我们从整体上把握客观实际,而不是从个别事实出发。又如,客观实际总是多方面的,如果只抓住一个方面就发表宏论、开展工作,即使这一方面是实实在在的事实,也没有真正做到从实际出发,这就要求我们坚持从全面的事实而不是某一方面的事实出发。再如,客观实际是变化发展的,要真正做到从实际出发,就必须使自己的思想适应不断变化发展的客观情况,坚持从变化发展的事实出发,而不是从静止过时的事实出发。从而真正地做到从实际出发,主观符合客观,主观与客观具体的历史的统一。

二、活动设计

(一)议一议

明年同岁

艾子行,出邯郸道上,见二妪相与让路。一曰:"妪几岁?"曰"七十。"问者曰:"我六十九,然则明年,当与尔同岁矣。"

【译文】艾子出了邯郸城,走在路上,看见两个老太婆在那里相互让路。其中一个问道:"您多大岁数了?"另一个回答说:"整整七十岁了。"问的人又说:"我今年六十九,到了明年就和您同岁了。"

问题探讨:指出问话人思维的片面性何在。

(二)练一练

1. 小组讨论,每组选择一个认为是最有意义的问题,大家一起寻找解决该问题的方案(3~5个解决方案)。然后分析解决该问题解决方案的常规思路及其局限性,评价你们考虑的解决方案的思路和存在的不足。

2. 用辩证思维的方法原理分析下面几个事物之间的关系是如何转化的。

人造地球卫星绕地球作椭圆形轨道运行,它的位置有时离地球中心较近,有时较远,最近点叫近地点,最远点叫远地点。卫星在近地点势能最小,在远地点势能最大。卫星从远地点向近地点运动时势能减小,动能增加;从近地点向远地点运动时,动能减小,速度越来越慢。

第四单元　秘书辩证思维实训

一、要点讲解

辩证思维能力,就是承认矛盾、分析矛盾、解决矛盾,善于抓住关键、找准重点、洞察事物发展规律的能力。要提高辩证思维能力,必须强化辩证意识。马克思主义的辩证思维是我们党从胜利走向胜利的思想武器。科学发展观的科学内涵:"科学发展观,第一要义是发展,核心是以人为本,基本要求是全面协调可持续,根本方法是统筹兼顾"都体现了辩证思维。只有按照马克思主义唯物辩证法,遵循事物发展的客观规律,在新的起点上,探索不断提高党的建设科学化水平,做到权为民所用、情为民所系、利为民所谋,我们的事业才能够兴旺发达。

【范例展示】

北人学没

南方多没人,日与水居也,七岁而能涉,十岁而能浮,十五而能没矣。夫没者岂苟然哉?必将有得于水之道者,日与水居则十五而得其道。生不识水则虽壮见舟而畏之。故北方之勇者,问于没人而求其所以没,以其言试之河,未有不溺者也。

【题旨】理论不能代替实践,实践出真知。

二、活动设计

(一)议一议

案例 A　一副神奇药方的归宿

宋国有户人家,世世代代以漂丝絮为业,这是一个很艰苦的行当,不论春夏秋冬双手都要浸泡在凉水中。特别是到了冬天,因为天寒水冷大多数人的双手都要皴裂,严重的还会溃烂生疮。所以,一般人家干不了几年就得撒手,另谋生路。

为什么这户人家能够世代从事这件工作呢?原来这户人家藏着一副祖传的制药秘方,可以配制一种防止皮肤冻裂的特效药膏,并且从不外传。

有一天,一位过路的客人听说了此事,决心弄到这个秘方。他来到这户人家,诚恳地说明要买这副药方。这家主人不假思索的回答说:"对不起客官,这个方子是我们家谋生的依靠,不卖给外人。"客人不走,还是好言劝道:"老人家,这样吧,您那秘方确实很珍贵,我也不亏待您,我愿意拿出一百两金子买下它,您看如何?"老人犹豫起来,心想:我家凭着这个方子世世代代从事漂洗丝絮的工作,一年到头不过收入几两金子。现在一旦出卖这个秘方,一下子就能得到百两金子,真是天壤之别。他又想起这项劳作的艰辛,心一狠,把秘方交了出来。

客人得到了药方,星夜赶到吴国的都城,把药方献给了吴王。当时,吴、越正在江泽水泊一带大战,由于天寒地冻,两国士兵手脚冻裂,行动不便,双方伤亡非常惨重,一时胜负难分。客人向吴王详细说明秘方的奇效,并建议立即配制,把药品送到战士手中。

吴王喜出望外,当即封客人为督军,带着配制好的防冻药品,奔赴前线。由于吴军将士都涂用了这种药膏,不久冻疮就痊愈了,再也不用担心手脚冻裂。加上吴军将士身强体壮,行军转移、舞刀弄枪,都得心应手,结果打败了越军,占领了越国的大片土地。客人为打败越军立下了巨大功劳,吴王为了表彰他,划出了一片土地赐封他,成了吴国的贵族。

同是一副防冻药膏,主人依靠它从事漂洗工作,不过挣些生活费。而客人却用它打赢了一场战争,得到了国家的封赏。用场不同,其效用也多么不同啊!

问题探讨:为什么同是一副药膏在不同人的手里它所带来的效果却不一样呢?请分析《一副神奇药方的归宿》阐释的辩证观点。

案例 B　"讲演职业"优劣之争

在古希腊,流传着这样一个故事,有一位年轻人决心以演讲为终身职业,这个选择遭到了他父亲的强烈反对。父亲对他说:"孩子,你可得当心! 你选择演讲作为终身职业是不会有好结果的。说真话吧,富人显贵们会恨死你;说假话吧,贫民们不会拥护你。可是既然要演讲,你就得说真话,或说假话。因此,你不是遭到富人显贵们的憎恨,就是遭到贫民们的反对,总之做演讲家是有百弊而无一利啊!"儿子听了,莞尔一笑,不紧不慢地回答说:"父亲,您老不用担心。如果我说真话,那么贫民们就会赞颂我;如果我说假话,富人显贵会拥戴我。我不是说真话,就是说假话,因此,不是贫民们赞颂我;就是富人显贵拥戴我,这何乐而不为呢?"

问题探讨:父子对演讲这一职业,思维方法不同结论各异。你如何看待你未来的职业?

(二)练一练

1.分析"见木不见林"的观点是一种什么样的思维方式。你在日常生活中是否遇到过类似情况和现象,举例说明。

2.中国人向来推崇"舍生取义",面对残酷的宫刑,司马迁没有选择一死了之。对于这件事你如何评价?

3.用不同的推理来论证"磨炼是人生必修的课程"。

三、思维拓展

名诗的辩证启示:

《题西林壁》(宋·苏轼):

> 横看成岭侧成峰,
> 远近高低各不同。
> 不知庐山真面目,
> 只缘身在此山中。

这首诗蕴藏着丰富的内涵,它启迪我们观察问题应客观全面,如果主观片面,就得不出正确的结论。其实,看待自己,看待生活又何尝不是如此呢。

学有所得

用联系和发展的观点看问题,要求我们不能孤立地、静止地看问题,这样就会导致目光短浅,墨守成规。只有解放思想、实事求是、与时俱进、大胆创新才能办好事情,成就事业。

对秘书个人而言,辩证思维的一个诀窍是通过深刻的观察分析、深入的探索思考,学会运用事物的对立面、把握对立的统一性,并运用统一性去创造性地解决复杂的问题。把对立的双方在一定的条件下统一起来,就是创新。

四、习得交流

1.学好辩证唯物主义,特别是掌握唯物辩证法,是我们运用辩证思维方法的根本。

2.能够深刻理解、巧妙运用对立统一的观点,是运用辩证思维方法的重要关键。

(1)正确处理辩证与逻辑的关系。

(2)立意要高,视角要新。

(3)解放思想,总结提高。

第十二部分 实性思维训练

训练内容图解

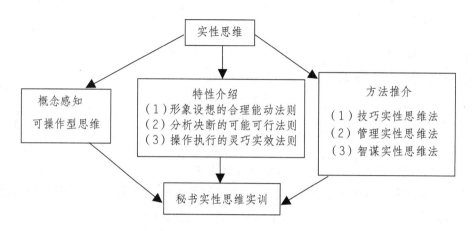

第一单元　实性思维概念感知

一、要点讲解

实性思维是新归结的思维方式,它是指导人们实践行动的思维形式。实性思维具体表现在创新的设想、决断和执行过程中,应该属于可操作型思维。

《思维工程——人脑智能活动和思维模型》一书提出了人的智能活动大体可分为感性认识现象、理性认识本质、实性认识现实等三阶段(或三层次)过程,在此基础上引入感性、理性、实性思维三阶段(或三层次)的思维模型,包括它们各自职能、形式、法则、方法、前景等。而实性思维设想形式又可分为设计、计划、计谋三大层次,即实性思维的形象设想、分析决断、操作执行的思维形式。

随着社会发展,实性思维阶段愈来愈显得重要,到了科学技术和管理高度发展的今天,实性思维的方法已经成为必不可少的思维方式和方法。有必要加以总结,并提高到应有的高度,使它成为自觉的认识手段和思考方法,以指导人们的实践行动。实际上感性、理性、实性三阶段思维是在不断认识世界中循环前进的。实性不断丰富感性对象,感性不断扩大理性认识,理性不断增添实性内容中前进。

实性思维是一种变革客观事物的主动的、新的思维形式和方法,它比感性思维、理性思维更高一筹,实性思维形式和方法跟专业知识和技术技能等掌握情况密切相关的,没有一定类型专业理论及技术技能是难使用该类型的思维形式和方法。例如,一个对桥梁建筑一无所知的人就无法"设计"一个像样的桥梁。对于高精尖的科技项目,如原子能、宇宙飞船等,没有理论指导下的实性思维则寸步难行。可见实性思维比感性思维、理性思维更高级,是思维三阶段(或三层次)中较高的阶段,是感性、理性思维之后的一个思维阶段或层次。

【范例展示】

三只青蛙

三只青蛙同时掉在了鲜奶桶中,第一只青蛙说:"这是命。"于是它蜷起后腿,一动不动地等待死亡的降临。

第二只青蛙跳了跳说:"这桶看来太深了。凭我的跳跃能力,是不可能跳上去了,今天死定了。"于是,它沉入了桶底。

第三只青蛙打量着四周说:"真是不幸! 但我的太太还在家等着我呢! 我的后腿还有劲,我要找到垫脚的东西,跳出这可怕的桶!"

于是,这第三只青蛙一边划一边跳。慢慢地,鲜奶在它的搅拌下变成了奶油块。在奶油块的支撑下,这只青蛙用力一跃,终于跳出了奶桶。

形象设想——"我的太太还在家等着我呢!"

分析决断——"我的后腿还有劲,我要找到垫脚的东西,跳出这可怕的桶!"

操作执行——"于是,这第三只青蛙一边划一边跳。慢慢地,鲜奶在它的搅拌下变成了奶油块。在奶油块的支撑下,这只青蛙用力一跃,终于跳出了奶桶。"

正是经过了以上三大层次的实性思维,第三只青蛙的生命得到了延续。

二、活动设计

(一)议一议

案例A "世间最珍贵"的故事

从前,有一座圆音寺,每天都有许多人上香拜佛,香火很旺。在圆音寺庙前的横梁上有个蜘蛛结了张网,由于每天都受到香火和虔诚的祭拜的熏托,蛛蛛便有了佛性。经过了一千多年的修炼,蛛蛛的佛性增加了不少。

忽然有一天,佛主光临了圆音寺,看见这里香火甚旺,十分高兴。离开寺庙的时候,不轻易间地抬头,看见了横梁上的蛛蛛。佛主停下来,问这只蜘蛛:"你我相见总算是有缘,我来问你个问题,看你修炼了这一千多年来,有什么真知灼见。怎么样?"蜘蛛遇见佛主很是高兴,连忙答应了。佛主问到:"世间什么才是最珍贵的?"蜘蛛想了想,回答到:"世间最珍贵的是'得不到'和'已失去'。"佛主点了点头,离开了。

就这样又过了一千年的光景,蜘蛛依旧在圆音寺的横梁上修炼,它的佛性大增。一日,佛主又来到寺前,对蜘蛛说道:"你可还好,一千年前的那个问题,你可有什么更深的认识吗?"蜘蛛说:"我觉得世间最珍贵的是'得不到'和'已失去'。"佛主说:"你再好好想想,我会再来找你的。"

又过了一千年,有一天,刮起了大风,风将一滴甘露吹到了蜘蛛网上。蜘蛛望着甘露,见它晶莹透亮,顿生喜爱之意。蜘蛛每天看着甘露很开心,它觉得这是三千年来最开心的几天。突然,有刮起了一阵大风,将甘露吹走了。蜘蛛一下子觉得失去了什么,感到很寂寞和难过。这时佛主又来了,问蜘蛛:"蜘蛛这一千年,你可好好想过这个问题:世间什么才是最珍贵的?"蜘蛛想到了甘露,对佛主说:"世间最珍贵的是'得不到'和'已失去'。"佛主说:"好,既然你有这样的认识,我让你到人间走一朝吧。"

就这样,蜘蛛投胎到了一个官宦家庭,成了一个富家小姐,父母为她取了个名字叫蛛儿。一晃,蛛儿到了十六岁,已经出落成了个婀娜多姿的少女,长的十分漂亮,楚楚动人。

这一日,新科状元郎甘鹿中士,皇帝决定在后花园为他举行庆功宴席,于是请来了许多妙龄少女,其中包括蛛儿,还有皇帝的小公主长风公主。状元郎在席间表演诗词歌赋,大献才艺,在场的少女无一不被他折倒。但蛛儿一点也不紧张和吃醋,因为她知道,这是佛主赐予她的姻缘。

过了些日子,说来很巧,蛛儿陪同母亲上香拜佛的时候,正好甘鹿也陪同母亲而来。上完香拜过佛,二位长者在一边说上了话。蛛儿和甘鹿便来到走廊上聊天,蛛儿很开心,终于可以和喜欢的人在一起了,但是甘鹿并没有表现出对她的喜爱。蛛儿对甘鹿说:"你难道不曾记得十六年前,圆音寺的蜘蛛网上的事情了吗?"甘鹿很诧异,说:"蛛儿姑娘,你很漂亮,也的确讨人喜欢,但你想象力未免丰富了一点吧。"说罢,和母亲离开了。

蛛儿回到家,心想,"佛主既然安排了这场姻缘,为何不让他记得那件事,甘鹿为何对我没有一点的感觉?"

几天后,皇帝下召:命新科状元甘鹿和长风公主完婚;蛛儿和太子芝草完婚。这一消息对蛛儿如同晴空霹雳,她怎么也想不通,佛主竟然这样对她。几日来,她不吃不喝,穷究急思,灵魂即将出壳,生命危在旦夕。太子芝草知道了,急忙赶来,扑倒在床边,对奄奄一息的蛛儿说道:"那日,在后花园众姑娘中,我对你一见钟情,我苦求父皇,他才答应。如果你死了,那么我也就不活了。"说着就拿起了宝剑准备自刎。

在这时,佛主来了,他对快要出壳的蛛儿灵魂说:"蜘蛛,你可曾想过,甘露(甘鹿)是由谁带到你这里来的呢? 是风(长风公主)带来的,最后也是风将它带走的。甘鹿是属于长风公主的,他对你不过是生命中的一段插曲。而太子芝草是当年圆音寺门前的一棵小草,他看了你三千年,爱慕了你三千年,但你却从没有低下头看过它。蜘蛛,我再来问你,世间什么才是最珍贵的?"蜘蛛听了这些真相之后,好像一下子大彻大悟了,她对佛主说:"世间最珍贵的不是'得不到'和'已失去',而是现在能把握的幸福。"刚说完,佛主就离开了,蛛儿的灵魂也回位了,睁开眼睛,看到正要自刎的太子芝草,她马上打落宝剑,和太子深深的抱着……

问题探讨:世间最珍贵的不是"得不到"和"已失去",而是现在能把握的幸福。请运用实行思维设想今后的工作生活。

案例 B　她没有骂人

晚饭后,母亲和女儿一块儿洗碗盘,父亲和儿子在客厅看电视。突然,厨房里传来打破盘子的响声,然后一片沉寂。于是儿子望着他父亲,说道:"一定是妈妈打破的。""你怎么知道?""她没有骂人。"

问题探讨:我们习惯以不同的标准来看人看己,以致往往是责人以严,待己以宽。请谈谈反思在分析决断实性思维过程中重要性。

(二)练一练

请对下面的故事进行点评。

逆境中求生存的老驴

一头老驴,掉到了一个废弃的陷阱里,由于陷阱很深,它根本爬不上来。主人看它是头年迈的驴子,所以懒得去救它了,便让它在那里自生自灭。一开始这头老驴也放弃了求生的希望,每天还不断地有人往陷阱里面倒垃圾。按理说老驴应该很生气,天天去抱怨自己倒霉掉到了陷阱里,它的主人不要它,就算死也不让它死得舒服点,每天还有那么多垃圾扔在它旁边。可是有一天,它决定改变自己的态度,它每天都把垃圾踩到自己的脚下,从垃圾中找到残羹来维持自己的生命,而不是被垃圾所淹没。终于有一天,老驴重新回到了地面上。

第二单元　实性思维特性介绍

一、要点讲解

实性思维应遵守的三条基本法则:

(一)形象设想思维过程的合理能动法则

在创新的计划、设计、计谋思维中虽然开始时可以不受束缚让思维自由奔驰想象及幻想,有不少想象及幻想是不合理的,甚至违背本质规律或基本原理的,并且根本实现不了,勉强执行也只能劳民伤财。自由奔驰想象后通常经过合理性选择,把不合基本原理、违背规律因素排除丢,把合理的因素、符合规律的想象保留修正,并能动地组合和控制,提出合理能动的方案。

(二)分析决断思维过程的可能可行法则

分析决断思维形式包含分析思维过程,只有分析,尤其辩证分析才有可能做出比较正确的决断、决策、对策、决议。决断思想过程的可能可行法则主要是指实性思维实践行动之前必须分析可能性与可行性基础上,然后才下决心、决策、对策、决议的决断思维过程。而可能性是理论上符合有关规律和本质、原理,实践行动上具备基本条件的计划、设计与计谋。事物的决断可能实现的,但不一定可行的,因为可行性包含了天时、地利、人和等条件,人力、物力、财力等具体条件以及项目各种更具体技术可行条件,包括管理与技术方面等的条件。各种项目的具体条件非常复杂的,具体项目需要具体分析,包括可操作性的分析决断,比如,可行性报告等,以便于顺利执行。

可见决断思维形式是建立在可能性和可行性的解剖分析或辩证分析思维基础上的,如分析哪些是有利与不利条件,哪些具备与不具备条件,哪些不利条件通过努力可转化为有利条件,哪些可通过创造条件达到目的等的分析决断过程。

(三)操作执行思维过程灵巧实效法则

主要指实性思维实践行动之时可操作,才能有效地实践行动,并获得实际效果。执行思维过程为达到预定的目标,所做出决断与所设计方案而努力实践行动,这需要操作、行动、跟踪、反馈、信息、控制、调整等过程,以争取达到优良实际效果的结果。因此,设计与决断要考虑到可操作性才能构成有效操作行动,并在跟踪与反馈信息中进一步控制调整操作行动,使其更有实际效果。其中任何一个环节造成操作行动的障碍,都会损害可操作性与实效法则。执行过程跟执行人的身体、知识、经验、技能、性格、情绪等主观条件密切相关,从而选择适合的行业、职业,才能较充分发挥作用,执行中才会更有实效。因此,执行思维形式建立在控制操作的实际效果基础上的。

【范例展示】

一只鞋与一双鞋

一个老人在高速行驶的火车上,不小心把刚买的新鞋从窗口掉了一只,周围的人倍感惋惜,不料老人立即把第二只鞋也从窗口扔了下去。这举动更让人大吃一惊,老人解释说:"这一只鞋无论多么昂贵,对我而言已经没有用了,如果有谁能捡到一双鞋子,说不定他还能穿呢!"

在工作中,有时为他人做嫁衣也特有一份成就感,并且一定会为你赢得更多的朋友,自然会使你的工作快乐得多,这也是"双赢思维"的一种体现。希望别人为自己做些什么的同时也想想自己能够为别人做些什么吧!建立有效的人际关系往往能够为你带来巨大的能量。

二、活动设计

(一)议一议

案例 A   坑洞与酒窝

有两个台湾观光团到日本伊豆半岛旅游,路况很差,到处都是坑洞。其中一位导游连声抱歉,说路面简直像麻子一样。而另一个导游却诗意盎然地对游客说:"诸位先生、女士,我们现在走的这条道路正是赫赫有名的伊豆迷人酒窝大道。"

问题探讨:请比较两位导游的实性思维。

案例 B   电灯是谁发明的?

小男孩问爸爸:"是不是做父亲的总比做儿子的知道得多?"爸爸回答:"当然啦!"小男孩问:"电灯是谁发明的?"爸爸:"是爱迪生。"小男孩又问:"那爱迪生的爸爸怎么没有发明电灯?"

问题探讨:权威往往只是一个经不起考验的空壳子,尤其在当今这个多元、开放的时代。在你运用实性思维时是否受到权威思想的影响?

(二)练一练

某日,张三在山间小路开车,正当他悠哉地欣赏美丽风景时,突然迎面开来一辆货车,而且满口黑牙的司机还摇下窗户对他大骂一声:"猪!"张三听了很纳闷,也很生气,于是他也摇下车窗回头大骂:"你才是猪!"才刚骂完,他便迎头撞上一群过马路的猪。

请结合实例谈谈你对这个故事的看法。

第三单元　实性思维方法推介

一、要点讲解

实性思维与感性思维或理性思维不仅在认识的职能上不同,并且在思维形式、法则和方法上也根本不同的。如果感性思维形式包含感觉、印象、表象,而理性思维形式包含概念、判断、推理,那么实性思维则通过合理、可行、实效法则指导实践行动并取得设想、决断、执行思维方式的结果。人的实践行动通常是在提出目标任务后在合理能动的设想和可能可行的决断基础上执行,而执行是大脑指挥、追踪、反馈、比较、调查、操作等工作的思维形式,借以以实现目标和完成任务。

(一)技巧实性思维法

技巧实性思维法是指经验性、改革性、发明性等技术操作的实性思维过程,包含决心、诊断、分析等的决断过程,环保、建筑、动力、机械、仪器、信息、材料、化工、生命、农业等的技术设计过程,以及经验、改革、发明等的技术执行过程。施工与生产过程中多半是经验性的技术操作,新手的经验来自于师傅指导传授或受到培训。学习培训是将他人经验转化为自己经验的有效途径,随着操作增多、经验愈丰富、技术技能愈熟练、操作熟能生巧。经验性的决断、设计、执行的实性思维过程都较为简单,甚至决断与设计过程熟练到一闪而过,就进入执行过程。如果产品使用不满意、不满足、有缺陷等矛盾问题,存在问题就需要改革或革新,通过研制、试制、试验设计、决断思维过程来解决矛盾,问题解决了使产品更加完善、完美。

(二)管理实性思维法

管理实性思维法是指经营性、指令性、法制性等管理实践的实性思维过程,包含决策、决议、判决等的决断过程,产业、企业、事业、社团、机关、国家等策划行动的计划过程,以及经营、指令、法制等的管理执行过程。

经营性管理主要是农业、工业、商业与服务产业或企业管理基本方式,它在统筹基础上,大体按人力、财力、物力三方面来分管理模块(或部门)进行分工合作的策划决策和计划,三个部门都要顾及大局与矛盾协调才能取得较佳效果、以便提高管理效率。

(三)智谋实性思维法

智谋实性思维法是指竞争性、权谋性行动的实性思维方法。包含对策、策略、战略等的决断思维方法,竞赛、竞争、谋略、政治等的计谋思维方法,以及竞争、权谋的执行思维方法。竞争最讲究智谋实性思维方式,现代不少商场也应用这类实性思维于商业或其他行业竞争活动上,取得不少成果。

【范例展示】

无法弥补的遗憾

一个年纪很大的木匠就要退休了,他告诉老板,"他想要离开建筑业,然后跟妻子及家人享受一下轻松自在的生活。虽然他也会惦记在这里工作的时光,并且拥有一份还算不错的薪水,不过他还是觉得需要退休了,生活上没有这笔钱,也是过得去的!"老板实在有点舍不得这样好的木匠离去,所以希望他能在离开前,再盖一栋具有个人风格的房子来。木匠虽然答应了,不过可以发现这一次他并没有很用心地盖房子。他草草地用了劣质的材料,就把这间屋子盖好了。落成时,老板来了,顺便也检查了一下房子,然后把大门的钥匙交给这个木匠说:"这间就是你的房子了,这是我送给你的一个礼物!"木匠实在是太惊讶了,也有点丢脸。因为如果他知道这间房子是他自己的,他一定会用最好的建材,用最精致的技术来把它盖好。然而,现在他却为自己造成了一个无法弥补的遗憾。

聪明人任何时候都会把他所服务的公司当作自己的公司一般。这当然不是自欺欺人,而是聪明人知道,只有具备这样一种主人翁精神,他才能够最大限度地从工作中学习,才能够最大限度地受益并最大限度地做到"快乐工作"。

二、活动设计

(一)议一议

案例A　锁的心

一把坚实的大锁挂在大门上,一根铁棍费了九牛二虎之力,还是无法将它撬开。钥匙来了,他瘦小的身子钻进锁孔,只轻轻一转,大锁就"啪"地一声打开了。铁棍奇怪地问:"为什么我费了那么大的力气也打不开,而你却轻而易举地就把它打开了呢?"钥匙说:"因为我最了解他的心。"

问题探讨:每个人的心,都像上了锁的大门,任你再粗的铁棍也撬不开。唯有关怀,才能把你变成一把细腻的钥匙,进入别人的心中,了解别人。生活中的你能做到吗?

案例B　竞　争

国外一家森林公园曾养殖几百只梅花鹿,尽管环境幽静、水草丰美,又没有天敌。而几年以后,鹿群非但没有发展,反而病的病,死的死,竟然出现了负增长。后来他们买回几只狼放置在公园里,在狼的追赶捕食下,鹿群只得紧张地奔跑以逃命。这样一来,除了那些老弱病残者被狼捕食外,其他的鹿的体质日益增强,数量也跟着迅速地增长起来。

问题探讨：如何看待工作中的竞争？

（二）练一练

1.父子二人经过五星级饭店门口，看到一辆十分豪华的进口轿车。儿子不屑地对他的父亲说："坐这种车的人，肚子里一定没有学问！"而父亲则轻描淡写地回答："说这种话的人，口袋里一定没有钱！"

你对事情的看法，是不是也反映出你内心真正的态度？

2.一辆满载乘客的公共汽车沿着下坡路快速前进着，有一个人在后面紧紧地追赶着这辆车子。一个乘客从车窗中伸出头来对追车子的人说："老兄！算啦，你追不上的！""我必须追上它。"这人气喘吁吁地接着说："我是这辆车的司机！"

请谈谈这一故事给你的启示。

第四单元　秘书实性思维实训

一、要点讲解

秘书作为具体操作技术范畴的职业，与自然科学范畴的职业不同之处在于自然科学以追求自然本质、规律新发现与更普遍的知识，并构成理论，而具体操作技术根据需要围绕着项目吸收所有的有用知识，开展选择、决断和设计，充分发挥合理能动性以帮助、丰富设计思维与实践行动过程。

【范例展示】

体　制

有七个人住在一起，每天共喝一桶粥，显然粥每天都不够。一开始，他们抓阄决定谁来分粥，每天轮一个。于是乎每周下来，他们只有一天是饱的，就是自己分粥的那一天。后来他们开始推选出一个道德高尚的人出来分粥，强权就会产生腐败，大家开始挖空心思去讨好他，贿赂他，搞得整个小团体乌烟瘴气。然后大家开始组成三人的分粥委员会及四人的评选委员会，互相攻击扯皮下来，粥吃到嘴里全是凉的。最后想出来一个方法：轮流分粥，但分粥的人要等其他人都挑完后拿剩下的最后一碗。为了不让自己吃到最少的，每人都尽量分得平均，就算不平，也只能认了。于是大家快快乐乐、和和气气地使日子也越过越好。

管理的真谛在"理"不在"管"。管理者的主要职责就是建立一个像"轮流分粥分者后取"那样合理的游戏规则，让每个员工按照游戏规则自我管理。游戏规则要兼顾公司利益和个人利益，并且要让个人利益与公司整体利益统一起来。责任、权利和利益是管理平台的三根支柱，缺一不可。缺乏责任，公司就会产生腐败，进而衰退；缺乏权利，管理者的执行就变成废纸；缺乏利益，员工就会积极性下降，消极怠工。只有管理者把"责、权、利"的平台搭建好，员工才能八仙过海、各显其能。

二、活动设计

(一)议一议

案例 A　沟　通

美国知名主持人林克莱特一天访问一名小朋友,问他说:"你长大后想要当什么呀?"小朋友天真的回答:"我要当飞行员!"林克莱特接着问:"如果有一天,你的飞机飞到太平洋上空所有引擎都熄火了,你会怎么办?"小朋友想了说:"我会先告诉坐在飞机上的人绑好安全带,然后我挂上我的降落伞跳出去。"当在现场的观众笑的东倒西歪时,林克莱特继续注视着孩子,想看他是不是自作聪明的家伙。没想到,接着孩子的两行热泪夺眶而出才使得林克莱特发觉这孩子的悲悯之情远非笔墨所能形容。于是林克莱特问他说:"为什么要这么做?"小孩的答案透露出了一个孩子真挚的美好想法:"因为我要去拿燃料,我还要回来!"。

问题探讨:结合秘书工作的实际谈谈你对沟通的看法。

提示:沟通并不是简单的布置任务,而是秘书对管理者管理精神和理念、做事方式以及将要进行的工作的一种较为彻底的贯彻。很多企业在进行企业攻坚时,都常常召开动员大会,这就是我们常见的一种沟通。

案例 B　指　导

有一回,日本歌舞伎大师勘弥扮演古代一位徒步旅行的百姓,他在上场之前故意解开自己的鞋带,试图表现这个百姓长途旅行的疲态。正巧那天有位记者到后台采访,看见了这一幕。等演完戏后,记者问勘弥:"你为什么不当时指教学生呢,他们并没有松散自己的鞋带呀。"勘弥回答说:"要教导学生演戏的技能,机会多的是,在今天的场合,最重要的是要让他们保持热情。"

问题探讨:请分析案例中勘弥的实性思维。

(二)练一练

1. 请谈谈图形在实性思维中意义。

2. 请分析执行在实性思维中的地位。

三、思维拓展

王志纲崇尚"唯实"思维,"百里不同天""时隔三日须刮目相看"是他的座右铭。

"唯实"就是从实际出发,就是离不开调查研究。调查研究,特别是市场调查和市场研究,是策划的基础,商战的尖兵。不进行调查研究的"策划家",最多像战国时的赵括那样是一个纸上谈兵的口头军事家,其"策划"不过是"银样蜡枪头",必定一触即溃。相反,深入进行并认真研究了市场情况的策划家,取胜的几率就会比其他策划家高得多。

日本有一家啤酒厂,30 年如一日地精心搜集了对啤酒销量有着直接影响的全国各地的最高气温,包括每月的最高气温,同时掌握了今后的气象预测资料,他们凭借这些数据编制了"啤酒气象指数",并以此来指导生产,使这家啤酒厂始终红火。

王志纲工作室的策划,无论大小项目,都必须进行尽可能详尽而全面的调查和研究。芜湖长江大桥策划,仅文字资料就搜集了近百万字。广州一家补酒的策划,动员了一百多人搞市场调查。为搞一个家具策划,专门委托一家专业公司,多人多次飞遍大江南北。为搞沂蒙老区的"双月园"策划,两位专家坐镇临沂市达 5 个月之久……

为什么如此执著?因为他们深深懂得,调查研究是目标定位和理念设计的基础,不如此就不能完成策划,更不能做出新颖深邃、卓尔不群的理念设计。

学有所得:

秘书实性思维的三大层次:形象设想——"做什么";分析决断——"为什么做";操作执行——"怎样做"。

四、习得交流

"实性和谐"是指两人之间统合无间、和合如一的和谐状态。"实中带虚"的和谐则是指和谐中潜藏着可能导致不合的因素,不过当前这些不合因子尚未被交往的双方察觉或触动而已。

为了避免察觉或者触动不和因子,人们会采取种种和谐化机制来处理人际关系,避免从实性和谐转换为"虚性和谐",或者尝试将"虚中带实"的和谐转换为"实性和谐"。

"虚性和谐"则是表面上维持和谐,台面下却暗藏着不和。与实性和谐相比较,此时此刻,那些不和因子已经被交往的双方察觉或者触发。身处此种和谐状态下的人们,会尝试使用各种和谐化方式,试图化解不和,将虚性和谐转换为"实中带虚"的和谐。当通过努力实在无法实现这种转换,人们则会尝试扩大自己对不和的忍耐,维持表面上的和谐。

第三篇　综合创新思维训练

第十三部分　领悟思维训练

训练内容图解

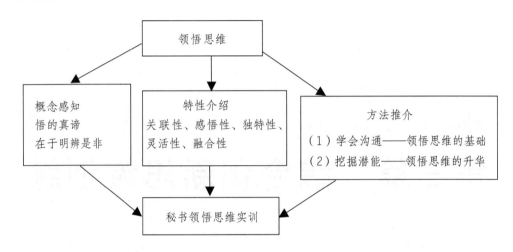

第一单元　领悟思维概念感知

一、要点讲解

宋·苏洵在《谏论上》有一段话："悟则明,惧则恭,奋则勤,立则勇,容则宽。致君之道,尽于此矣。""悟则明"即"致君之道"之首;悟,就是领悟。"悟则明"的意思就是说,"有所领悟就会明理,悟的真谛在于明辨是非。"

可以说领悟思维原是中国传统文化领域中一种特有的认识思维方式,是指在认识活动中认识主体对理性认识和感性认识的高度升华,实现对事物整体的、本质的把握过程。在中国传统文献中,领悟思维被称为"悟",其作为确定的概念最早见于《尚书·顾命》:"今天降疾,殆弗兴弗悟",至汉·许慎《说文解字》明确为:"悟,觉也。"可以看到,"悟"字最初的含义就是指人的意识知觉活动。后"悟"也作"领悟",明·李贽《复焦弱侯书》:"盖《近溪语录》须领悟者乃能观於言语之外,不然,未免反加绳束。"《景德传灯录》:"后入牛头山。谒岩禅师咨询秘要。岩观其根器堪任正法。遂示以心印。师豁然领悟。"此时的"领悟"已为领会、理解之意,是指人对于事物本质一瞬间达到的完整把握。

【范例展示】

猫鼠与"电木"的发明

1909 年,美国的培克兰博士正在研究一种新树脂。他住在一个老鼠活动十分猖獗的地区,每当夜深人静时老鼠便进入他的实验室,东奔西窜、横冲直撞,不但把试管、烧杯撞翻摔毁,还把一些宝贵的化学药剂撞翻流洒在地上,那些书籍和实验笔记也统统被啃坏。为此,培克兰博士又气又恨。

有一天,培克兰博士从朋友的家里要来一只猫,以为只要有它守候在实验室中,老鼠就会逃之夭夭。岂料,这只猫懒得出奇,它吃饱喝足之后就睡大觉。即使一觉醒来,它也不过是伸伸懒腰,在实验室里闲逛,一大群老鼠窜来窜去,它连理都不理。为了对付老鼠,培克兰只好另觅新途。

这天,他买来一只捕鼠夹,特意选用了一块奶酪作为诱饵放在鼠夹上,把捕鼠夹放在老鼠活动最频繁的药架上。第二天清早,他推门一看,大失所望:鼠夹静静地躺在书架上,那块奶酪仍旧原地陪伴着它。相反,药架上的药品却再一次被搅得一团糟。培克兰苦笑着摇摇头,只得像往常那样,把洒在药架上的药品擦干净,把打翻的药瓶扶起来……忽然,他发现鼠夹上的那块奶酪有些不对劲。原来,一瓶蚁醛被老鼠撞翻后,全部泼洒在鼠夹和奶酪上。培克兰小心地从捕鼠夹上取下奶酪,发觉它已经变得像木头一样硬,他又用手想将奶酪捏碎,但不管如何用力,变"质"了的奶酪始终保持原来的形状分毫不变。培克兰被这奇异的变化吸引住了,刚才的气恼为一阵兴奋所包围着。他拿着奶酪走到实验台前,操起放大镜,仔细地观察。显然,奶酪在蚁醛的作用下已经变成了另一种物质。它不再是原先那种由动物的奶汁做成的半凝固食品了。培克兰用一些更大的奶酪与蚁醛进行混合,制造出一些更大的"新物质"。他惊喜地发现这种新物质不仅质地坚硬,而且具有防酸防腐的作用,尤其可贵的是,它不导电,是用来制作电气绝缘材料的最佳选择。另外,这种新物质具有轻、制成后不变形等特点,可广泛运用于工业生产。

这种物质我们今天称之为"电木",是塑料的一种。当然,在今天,科学家们是采用了更加先进的方法,用苯酚和甲醛合成"电木"。可是,人们不会忘记培克兰博士率先把神奇的塑料世界展示在人类的面前。贝克兰发明"电木"的机遇竟源自老鼠碰翻药瓶的小灾祸,可是却最终导致了好的结果。祸无论大小,对人来说总是不利的,是需要避免和防止的。但有时由于事物的发展变化,它又可能在特定的情况下给人带来某种"福",这种"福",也包括它有时能使人有所领悟、警惕,或发现。故而遇到灾祸须积极对待,不仅要力求减少损失,同时还需使其尽可能地转化为对人有利的某种好结果。

二、活动设计

(一)议一议

案例 A 《小燕鸥》

美国布鲁克·纽曼《小燕鸥:关于领悟的故事》主要讲述:有一天,小燕鸥发现自己失去了飞翔的能力,生活也变得毫无意义。于是,他远离了空中的朋友们,独自留在海岸上。可是,他遇到了几个新朋友,他们使他对生活有了新看法。这段经历和友情,使小燕鸥发现了自己以前从没意识到的东西,他认识到:生活比他以前知道的更加丰富多彩,我们表面上的弱点其实正是我们的优点。

《小燕鸥》是一篇关于领悟的寓言,讲述了我们在失望或受到挫折的时候,该怎样去寻找希望。书中描绘了我们内心的视野,既是一次富有想象力的旅行,也是一次心灵的成长与蜕变。

问题探讨:请结合《小燕鸥》谈谈你对领悟思维的理解。

案例 B　蚂蚁与蟋蟀

在炎热的夏天,蚂蚁们仍是辛勤地工作着,每天一大早便起床,紧接着一个劲儿地工作。

蟋蟀呢?天天"叽哩叽哩、叽叽、叽叽"地唱着歌,过着游手好闲,养尊处优的好日子。

每一个地方都有吃的东西,满山遍野正是花朵盛开的时候,真是个快乐的夏天啊!蟋蟀对蚂蚁的辛勤工作感到非常奇怪。"喂!喂!蚂蚁先生,为什么要那么努力工作呢?偶尔稍微休息一下,像我这样唱唱歌不是很好吗?"

可是,蚂蚁仍然继续工作着:"在夏天里积存食物,才能为严寒的冬天作准备啊!"

蟋蟀听蚂蚁这么说,就不再理蚂蚁。"啊!真是笨蛋,干么老想那么久以后的事呢!"

快乐的夏天结束了,秋天也过去了,冬天终于来了,北风呼呼地吹着,天空中下着绵绵的雪花。

蟋蟀消瘦得不成样子,到处都是雪,一点食物都找不到。

"我如果像蚂蚁先生那样,在夏天里贮存食物该多好啊!"

蟋蟀眼看就要倒下了,蹒跚地走在雪地上。

一直劳动着的蚂蚁,冬天来了也不在乎。积存了好多食物,并且建了温暖的家。

当蟋蟀找到蚂蚁的家时,蚂蚁们正快乐地吃着东西呢!

"蚂蚁先生,请给我点东西好吗?我饿得快要死了!"

蚂蚁们吓了一跳。"咦!你不是在夏天里见过面的蟋蟀先生吗?你在夏天里一直唱着歌,我们还以为你到了冬天会是在跳舞呢!来吧!吃点东西,等恢复健康,再唱快乐的歌给我们听好吗?"

面对善良亲切的蚂蚁们,蟋蟀忍不住留下欣喜的眼泪。

问题探讨:请谈谈通过这一则童话故事你能领悟到什么?

(二)练一练

测一测你的iq:请根据排序规律推断字母或数字。

(1)A,D,G,J,(　　);　　　　(2)1,3,6,10,(　　);

(3)1,1,2,3,5,(　　);　　　　(4)21,20,18,15,11,(　　);

(5)8,6,7,5,6,4,(　　);　　　(6)65536,256,16,(　　);

(7)1,0,-1,0,(　　);　　　　(8)3968,63,8,3,(　　)。

第二单元　领悟思维特性介绍

一、要点讲解

领悟的关键就在一个"悟"字。这就是海德格尔之所谓的"思"和"颖悟"。"悟"是一种非常复杂、玄妙的过程:它长期积累,而瞬间完成。

领悟思维是直接达到对事物整体把握的思维过程,其特殊性表现在它被赋予了特定的文化内涵。在非逻辑思维的一般特点基础之上,领悟思维还蕴藏着自己的特征。

(一)关联性

所谓关联性就是说领悟必须与领悟对象密切相关,建立和领悟对象的理性逻辑关系要准(即逻辑定位要准)。领悟与领悟对象之间没有了关联性,领悟就失去了它的意义。

(二)感悟性

"领悟"是心灵的感悟,正所谓"悟之以道,抚之以心"。所谓的感悟性,就是一种对文献记载与信息的直觉捕捉能力或感悟力。通过感受冲击而产生心灵震动来达到某种共鸣,在心理定位上产生一种同一感。

(三)独特性

领悟作为一种思维方式或意识形式,其独特性主要在于其对象或内容的独特性:科学所要把握的是存在的有限性,而哲学所要把握的则是存在的无限性——不仅是在时间、空间上的无限性,而且是在其"可能性"上的无限性。

(四)灵活性

灵活性表现为领悟思维是一种触类旁通的思维方式。人们常常说某个人有很强的领悟思维能力,重在表现其理解一件事或物时的速度快,而快的前提是取决于这个人已有足够多的经验知识,并且必须具备触类旁通的能力。

(五)融合性

领悟思维重视理性和感性的有机结合,丰富而多元、不拘一格、运用之妙、存乎一心。如果进一步延伸,我们可以发现领悟思维实际上是诸多思维方式的融合。

【范例展示】

鲁班的妙法

我国古代著名的工匠鲁班,有一次率领一帮能工巧匠建造一座华丽的厅堂。当刚要立柱子、盖屋顶的时候,鲁班忽然发现自己犯了一个错误:把作柱子用的一些名贵的香樟木锯短了。这可不是一桩小事:首先,香樟木价格昂贵,不是轻易赔得起的;其次已接近限定的完工日期,如再去外地重新购买香樟木,必将因延误工期而受罚,甚至还会吃官司。

鲁班为此事日夜焦虑不安,鲁班的妻子云氏有一次站在鲁班的身旁,对鲁班说道:"你平时觉得我高不高?"鲁班答道:"你比我矮得多。"云氏又说道:"你现在同我比比看。"这时鲁班才注意到,云氏在她穿的靴子下面垫了一双木板拖鞋;头上的头发高高耸起,还插了玉簪和琼花。他俩站在一起,云氏显得比鲁班高了一截。这么一比,鲁班恍然大悟,终于找到了可以不必另买香樟木的补救房柱被锯短的办法:在每根房柱的下面,各垫上一个雕了花的圆形的白色柱石。接着在每根房柱的上面,各镶上一个雕了花的柱头。经过采取这样的补救措施后,建造出来的厅堂比原来的设计更加华丽美观。鲁班由此而发明了一种建房新工艺——为了使厅堂显得富丽堂皇,可以特意在房柱的下面加柱石和在房柱的上面加柱头。

鲁班悟出补救办法的关键一环是:不采取更换香樟木的办法愚蠢地"改正错误",而采取对房柱加柱石和柱头的办法巧妙地"利用错误"。鲁班从与妻子比高矮中受到启发,领悟到对房柱加柱石和柱头的办法,不仅补救了香樟木被锯断的错误,还由此发明了建房的一种新工艺。

二、活动设计

议一议

案例 A   细胞吞噬理论的产生

德巴赫是法国著名的生理学家,他曾致力于研究动物机体同感染作抗争的机制问题,但一直没有成果,这令他伤透了脑筋。一次,他仔细观察海盘车的透明幼虫,并把几根蔷薇刺向一堆幼虫扔去。结果那些幼虫马上把蔷薇刺包围起来,并一个个地加以"吞食"。这个意外的发现使德巴赫联想到自己在挑除扎进手指中的刺尖时的情景:刺尖断留在肌肉里一时取不出来,而过了几天,刺尖却奇迹般地在肌肉里消失了。这种刺尖突然消失的现象一直是他心中没得到解决的一个谜,现在他领悟到,这是由于当刺扎进了手指时,白血球就会把它包围起来,然后把它吞噬掉。这样就产生了"细胞的吞噬作用"这一重要理论,它指明在高等动物和人体的内部都存在着细胞吞食现象,当机体发生炎症时,在这种现象的作用下使机体得到了保护。

问题探讨:请分析德巴赫细胞吞噬理论的产生过程中运用的领悟思维。

案例 B   不爬上来就打死你

有一个人落入水中大声求救,这时拿破仑正好外出打猎路过,拿破仑用猎枪对着他说:"你若不爬上来,我就打死你。"那人一听,拼命地在水中挣扎,最后爬上岸来。"为什么要杀我?"那人气呼呼地问。拿破仑说:"我若不吓唬你,你就不会拼命往对岸划,你不就死了吗?"

问题探讨:从这一案例中你能悟出什么?

第三单元　领悟思维方法推介

一、要点讲解

(一)学会沟通——领悟思维的基础

1.沟通的态度——学会倾听　倾听不仅仅是能听懂对方言话的内容,要想做一个合格的倾听者,还需要眼神、动作、表情以及语言的配合告诉对方你是在认真地倾听。

2.沟通的方式——双向原则　在人际沟通中,我们要有意识地增加双方的信息交流和感情沟通,要不断反馈、调节沟通方式,使沟通达到最佳效果,实现人际关系融洽,从而减少或消除误解和人际紧张。

(二)挖掘潜能——领悟思维的升华

不管你现在情况怎样,你都要相信自己还有巨大的潜能。现代心理学所提供的客观数据让我们惊诧的发现,绝大部分正常人只运用了自身潜藏能力的10%。蜚声世界的心理学家奥托认为:"一个人所发挥出来的能力,只占他全部能力的4%。"可以这么说,每个人都有一座"潜能金矿"在等待着被挖掘,因此不要低估自己的智慧和能力。这种沉睡着的潜能一旦被激发,便能成就一番大事业。

潜能需要激发,这种激发是一个过程。在这个过程中,有很多因素会影响我们是否能顺利激发潜能,能否正确归因就是其中的一个关键因素。积极归因,激发出无尽潜能,始终保持生命的活跃状态:当我们取得进步时,可以将其归功于"自己的努力",这样可以激发自己进一步获取成功的欲望,产生继续努力的动力。

【范例展示】

超凡魅力从何而来

新加坡"推销大王"李贤昭以其超凡的魅力、高雅的气质享誉东南亚,而这也是他成为东南亚推销界一枝独秀的重要原因。他在讲述自己成功的奥秘时,认为推销的关键在于能够吸引对方,使对方心甘情愿地购买你的东西。创业伊始,李贤昭并没有意识到这一点,直到一件事情的发生才使他领悟到培养吸引对方的注意力的重要性。

那是有一次,李贤昭到新加坡南部一家名叫"冷筑小居"的佛寺庙推销。接待他的是寺庙的住持清风大师。李贤昭开始口若悬河、滔滔不绝地向这位老和尚介绍投保的好处。清风大师笑而不言,耐心地听他把话讲完后说:"听了你的介绍之后,我丝毫不愿意投保。"顿了一顿,他用慈祥的双眼看了看发愣的李贤昭,接着说:"人与人之间,一定要具备吸引对方的魅力,如果你做不到这一点,仅仅像你今天这样的表现,将来的前途就渺茫了。"清风大师的这番话不啻于晴天里的一声惊雷,把李贤昭要吸引对方投保的美梦震得粉碎。清风大师又说:"年轻人,你应该先努力去改造自身,要改造自己首先必须认清自己,你知不知道自己是一个什么样的人?"我自己是什么样的人?"李贤昭陷入了沉思,他逐步领悟出那番话的意思,顿时感到自己是多么的幼稚和无知。"你在替别人考虑保险之前,必须先考虑自己,然后才能认识自己。""那我要怎么去做呢?"李贤昭问道:"要做到认识自己,说起来简单,做起来很困难,请教别人吧。"清风大师回答道:"请问如何请教呢?""好!我来告诉你。你手头上现在有多少已投保的客户呢?"清风大师问道:"不多。"清风大师接着说道"这些人就是你的老师,从他们的身上你能学到很多东西。现在,从这些投保户开始,你诚恳地去请教他们,请他们协助你认清自己。倘若照我的话去做,日后必成气候。"李贤昭正是在清风大师的"从你的投保客户中去认识自己!"的指点下,才在激烈的营销市场上,掌握了正确的方向,从此迈向了事业的巅峰。

　　由此我们领悟到:要想成功地说服别人,首先就要说服自己;要想说服自己,就要敢于深入灵魂地解剖自己。徒有外表的光鲜而缺乏内在的修养,就没有足以吸引人的魅力。

二、活动设计

议一议

案例A　断　箭

　　春秋战国时代,一位父亲和他的儿子一起出征打仗。父亲是将军,儿子是马前卒。

　　又一阵号角吹响,战鼓雷鸣了,父亲庄严地托起一个箭囊,其中插着一支箭。父亲郑重地对儿子说:"这是家袭宝箭,佩带身边将力量无穷,但千万不可抽出来。"

　　那是一个极其精美的箭囊,厚牛皮打制,镶着幽幽泛光的铜边儿,再看露出的箭尾,一眼便能认定是用上等的孔雀羽毛制作而成。儿子喜上眉梢,贪婪地推想箭杆、箭头的模样,耳旁仿佛嗖嗖地箭声掠过,敌方的主帅应声折马而毙。

　　果然,佩带宝箭的儿子英勇非凡,所向披靡。当鸣金收兵的号角吹响时,儿子再也禁不住得胜的豪气,完全背弃了父亲的叮嘱,强烈的欲望驱赶着他呼的一声拔出宝箭,试图看个究竟。骤然间他惊呆了!

　　一支断箭,箭囊里装着一支折断的箭!

　　我一直佩带着支断箭打仗!儿子吓出了一身冷汗,仿佛顷刻间失去支柱的房子,轰然意志坍塌了。

　　结果不言自明,儿子惨死于乱军之中。

　　拂开蒙蒙的硝烟,父亲拣起那柄断箭,沉重地说:"不相信自己的意志,永远也做不成将军。"

　　问题探讨:请谈谈通过这则故事你领悟到了什么。

案例B　锻　炼

　　一个人在高山之巅的鹰巢里,抓到了一只幼鹰。他把幼鹰带回家,养在鸡笼里。这只幼鹰和鸡一起啄食、嬉闹和休息,于是它以为自己就是一只鸡。后来这只鹰渐渐长大,羽翼丰满了,主人想把它训练成猎鹰,可是由于终日和鸡混在一起,它已经变得和鸡完全一样,根本没有飞的愿望了。主人试了各种办法,都毫无效果,最后把它带到山顶上,一把将它扔了出去。这只鹰像块石头似的,直掉下去,慌乱之中它拼命地扑打着翅膀,就这样,它终于飞了起来!

问题探讨:这个故事告诉我们什么?

第四单元 秘书领悟思维实训

一、要点讲解

在秘书行业当中,出色的领悟能力是干好秘书工作必备的基本素质,因为秘书的天职就是与上司共事,协助上司处理好各类日常事务,为上司出谋划策、提供各类专业性建议,根据上司的授权协调与处理机关、企业内部各种关系。秘书的工作性质就决定着你必须具备卓越的领悟能力,领悟文件精神、领悟领导意图……只有这样,你才能胜任秘书这个职业,也只有这样,你才能处理好各种复杂的人际关系。

秘书的领悟能力与他的工作表现和工作效率是呈正比的。作为秘书要能够当好参谋助手,就要准确领悟领导的意图,把领导意图体现在工作部署之中。因此,可以说领悟领导意图是秘书工作成效的潜在要素,是秘书活动的准绳和尺度。衡量某项秘书活动是否有效,往往视其能否如实而创造性地领悟贯彻领导意图,是否能对领导的意图一揣即透。

【范例展示】

该来的不来

有个人请客,看看时间过了,还有一大半的客人没来。主人心里很焦急,便说:"怎么搞的,该来的客人还不来?"一些敏感的客人听到了,心想:"该来的没来,那我们是不该来的了?"于是悄悄地走了。

主人一看又走掉好几位客人,越发着急了,便说:"怎么这些不该走的客人,反倒走了呢?"剩下的客人一听,又想:"走了的是不该走的,那我们这些没走的倒是该走的了!"

于是又都走掉好多人。

最后只剩下一个跟主人关系较近的朋友,看到这种尴尬的场面,就劝他说:"你说话前应该先考虑一下,否则话一出口,就不容易收回来了。"主人大叫冤枉,急忙解释说:"我并不是叫他们走哇!"朋友听了大为光火,说:"不是叫他们走,那就是叫我走了。"说完,头也不回地离开了。

说话也是一种艺术。如果出口不够谨慎,没有顾虑到听者的立场,就很容易在无意中伤害别人,而产生一些不必要的误会。所谓"言者无心,听者有意"就是这个道理。

二、活动设计

议一议

案例 A　苏沃洛夫的用兵之道

18 世纪俄国大军事家苏沃洛夫非常注意培训士兵的领悟能力。苏沃洛夫认为这是士兵必不可少的品质和素质。

苏沃洛夫经常用极为简洁的语句来表达想法、发布命令,以此来训练士兵们的领悟能力。有一次在准备出征的时候,苏沃洛夫下了一道指令,指令只有短短 6 个字,"不要弄潮子弹。"新来的士兵不知所措,而已跟随苏沃洛夫一段时间的老兵们立刻就理解了这道指令的含义。他们向新兵们解释,苏沃洛夫是在告诉战士们,他们前进的过程中要涉过一条河,在渡河时战士们要把子弹夹系高一点。另一次,在战争期间的一天早晨,苏沃洛夫正在洗脸,他的副官斯托雷平站在一边儿。苏沃洛夫突然抬头问副官,"明天是星期六吗?""是。"斯托雷平回答。沃洛夫听了依旧在洗脸,只是淡淡说了一句:"希望炮不怕马,马也不怕炮。"然后再也没说其他的话。靳托雷平听了,马上就明白,苏沃洛夫是在下令明天举行骑兵及炮兵的战斗演习。斯托雷平没有再问苏沃洛夫什么,就转身出去发布命令。果然苏沃洛夫的意思正是这样,他对副官的领悟能力非常满意。

长期反复的训练,使俄军士兵们几乎不用苏沃洛夫说半句话,只要他的一个手势或一个眼色,他们立即就能理解。士兵的领悟能力是赢得战斗胜利的关键因素,这种素质必须在日常生活中时时着意培养,否则战时用之恨晚。苏沃洛夫非常清楚地看到这一点,因此他时刻运用种种方法在平常反复训练战士的这种素质。

问题探讨:请谈谈你对苏沃洛夫培训士兵领悟能力的看法,并对比分析苏沃洛夫的副官斯托雷平与《三国演义》中曹操的主薄杨修的领悟思维。

案例 B　挤掉水分

有一次,小江写了一篇故事,共 20 页,送到杂志社。

"主题很好,"编辑看了说,"就是稍微长了一点,请把里面的水分挤掉,留下干的情节。"

回到家,小江琢磨了半天,最后删去了几页,多一句也没法再删了。再次到杂志社的时候,小江对编辑说,"遵照你的旨意,我已经把文章里的水分全部挤出来了。"

编辑数了数稿纸,还是十几页,就请小江继续挤。

小江回家后,把故事又改了三天三夜,又删掉了 3 页,实在没法再删了。

一天,有人打电话给小江,"您好,我是杂志社,故事删好了吗?我们这期就要用你的稿子了,急等着排版……"没等对方说完,小江就说尽快给你们邮寄过去吧,"邮寄?时间太长了。请您到邮局用电报把稿子发过来吧。"

小江飞奔邮局。

"这……"女电报员瞥了小江一眼,"把这些全部发出去吗?不过,您得知道您得花多少钱?"

小江拿起稿子就开始删。三下五除二,将稿子删成了20句。

翌日,编辑又打电话给小江。"好小伙子!"编辑在电话中称赞道,"太棒了,你知道你写了一篇多么优秀的稿子吗?"

问题探讨:请结合生活中的实际谈谈你的看法。

三、思维拓展

领悟思维是中国传统文化领域中特有的认识思维方式,它被赋予了中国特定的文化内涵。如在传统中国画艺术领域中,领悟思维是中国画创作过程中重要的思维活动。

学有所得

生活中的领悟能力可以提高人们的生活品质,工作中的领悟能力则可以帮助我们提高工作效率。

人们常说,秘书就好比是领导的左右手,替领导思考,替领导办事。这种默契的合作关系的形成,完全依赖于充分的理解和领悟。

(一)察言观色

"出门看天色,进屋看脸色。"这个道理谁都明白,其实这一句话也就是提醒世人注意察言观色。

(二)听话中话

俗话说:"听话听声,锣鼓听音。"一个人说什么话,怎样说话,怎们听话,确实反映着一个人的文化教育和修养水平,以及为人处世的态度。对人生的意义要不断感悟,悟的真谛在于辨明是非、不患得患失。有所为,有所不为。

四、习得交流

宽容是一种境界,一种美德。胸怀宽广、大公无私,敢于承认自身不足,取人之长,补己之短。

用"面壁十年图破壁"的精神培养领悟能力。包括潜思默想、洞悉宇宙奥妙、体悟人生真谛和提升精神境界等过程。

第十四部分 潜概念思维训练

训练内容图解

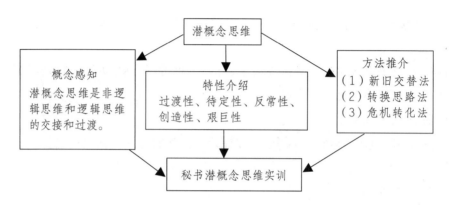

第一单元 潜概念思维概念感知

一、要点讲解

列宁在《哲学笔记》中写道:"潜在等于未展开。"

平衡大脑学说认为:人的大脑左右两半球是联在一起活动的。即非逻辑思维和逻辑思维联在一起活动,潜概念思维正好说明这两种思维的交接和过渡。任何一种概念的产生,都必然要经历一个酝酿、孕育和发展的过程,都有一段潜在期或孕育期。此时的概念形式是模糊的,往往以创造者头脑中的思想火花、瞬时灵感和想像等形式出现,经过不断筛选、雕琢、组合,向某些难点发起集中思维攻势,终于形成一种潜的概念。如果把已经成熟并被社会承认的概念称为"显概念"的话,那么,对于那些尚未成熟,还处于幼芽阶段的概念则可称为"潜概念"。

潜概念是与显概念相对立而存在的。潜概念思维处于潜在形态,是从人们认识客观对象呈现出来的模糊状态到反映事物特有属性的过渡阶段的思维形式。这种思维形式常常表现在历史发展的进程中,它以实践材料和事实为依据,反映着同样实践的认识必然存在着相同的模糊状态。潜概念不同于虚假概念,它反映实践得来的认识,是构成显概念的要素、前奏、环节。

一般可把潜概念初步分为以下几种表现形式：

(1)显露式的潜概念。如"共产主义理想"这一概念,因目前尚未实现共产主义理想,因而这一概念反映的对象是潜的。但它不是其他的潜概念,而是具有显露共产主义理想的某些特点和性质的潜概念。

(2)假定式的潜概念。如量子力学中引入的"味""色"等概念,这些概念只是为了说明问题而提出的假定;再如"无穷小"与"无限大"的概念,均属此类。

(3)演绎式的潜概念(预想式)。如"磁单极"这一潜概念是从量子力学推导出来的,"理想实验"这一潜概念是依据其他实验事实从理论上推导出来的。

(4)探索式的潜概念。如"宇宙人""黑洞""可控热核反应"等,虽然目前尚未找到与之相对应的现实事物,但这些潜概念是表明人们对宇宙和微观现象的探索。

(5)类比式的潜概念。如从模拟和仿生某方面得出的"超级人工智能""电子猫"等都属于这一类。

潜概念还有许多形式值得进一步探索。但不管是何种潜概念,在一定条件下都可以向显概念转化。潜概念是构成潜科学的基本细胞,是引导人们作出重大突破前奏的酝酿,是获得重大的科学成果的阶梯环节。潜概念在一定的历史条件下,可作为人们指导实践的方式,使人们在科学前进道路上获得前所未有的新发现。

【范例展示】

石头怎样才能在水上漂起来?

海尔集团总裁张瑞敏曾经在一次中层管理会议上提出这么一个问题:石头怎样才能在水上漂起来? 人们的回答真是五花八门,有人说:"把石头掏空。"张瑞敏只是摇了摇头。也有人说:"把它放在木板上。"张瑞敏说:"没有木板。"甚至还有人说:"石头是假的。"张瑞敏微微一笑,强调说:"石头是真的。"终于有人站起来回答道:"速度!"张瑞敏脸上露出满意的笑容:"正确!《孙子兵法》上说:'激水之疾,至于漂石者,势也。'速度决定了石头能否漂起来。"

这就是说,只要用强势,给予石头足够的速度,它就能在水上漂起来"。为了证实这个问题,张瑞敏接着说:"大家可能都记得,儿时在河边用石头打水漂,石头之所以能在水面上连续跳跃而不沉下去,就是因为我们给了它足够的速度。"

二、活动设计

议一议

"关于分牛传说的析疑"的故事

传说古代印度有一位老人,临终前留下遗嘱,要把19头牛分给三个儿子。老大分总数的1/2,老二分总数的1/4,老三分总数的1/5。按印度的教规,牛被视为神灵,不能宰杀,只能整头分,先人的遗嘱更必须无条件遵从。老人死后,三兄弟为分牛一事而绞尽脑汁,却计无所出,最后决定诉诸官府。官府一筹莫展,便以"清官难断家务事"为由,一推了之。邻村智叟知道了,说:"这好办! 我有一头牛借给你们。这样,总共就有20头牛。老大分1/2可得10头;老二分1/4可得5头;老三分1/5可得4头。你等三人共分去19头牛,剩下的一头牛再还我!"

问题探讨:请分析智叟的潜概念思维。

第二单元　潜概念思维特性介绍

一、要点讲解

潜概念思维是在潜在的形式下把握真理和表达思想的。其主要特性表现为:

(一)过渡性

潜概念思维作为形象思维到概念思维的中介,在一定程度上呈现一种新旧交互渗透的过渡性状况。潜概念是相对显概念而言的,两者相互依存,共处于同一体中。没有显概念就谈不上潜概念,没有潜概念也就谈不上显概念。潜概念作为孕育中的概念,常常表现为人们头脑中的一股潜意识流,因而具有鲜明的隐变性。潜与显既有区别又有联系,并在一定的条件下相互转化。

(二)待定性

在潜概念思维阶段,布满下意识的灵感、直觉的猜测、模拟的语言和粗糙的模型。既然我们将孕育中的概念称之为潜概念,那么它就是不够成熟的东西,就是一个在认识上尚待进一步深化、完善和确定的过程,其结果可能被肯定,也可能被否定。待定性有模糊性的特点,也有不严格性的特点。

(三)反常性

潜概念思维经常向传统的观念、定理、定律、结论、方法等提出挑战,因而往往具有批判性、革命性的属性。一个新的潜概念在它刚刚诞生时,未免会显得离奇古怪而不相容于流行的显概念,使人感到难以理解。而随着潜概念的出现,往往会逐步引导出了新的学说、新的学科,以至新的科学革命。

(四)创造性

潜概念是未来科学的先导,而科学的本质又是批判的、革命的,因而潜概念思维必然是创造性思维。潜概念思维十分注重创造性、开拓性的工作,在潜概念思维过程中往往会运用多种创造性技法进行创造性思维和创造性想象,进行交织纵横交错的创造性活动。

(五)艰巨性

潜概念思维的艰巨性来自于社会条件的制约。一种新的思想、新的理论刚刚诞生时往往是受到规范理论的排斥,传统观念的指责。

潜概念是相对于显概念而言的,潜概念和显概念又相互联系并在一定条件下互相转化。潜概念阶段对于任何科学来说是必不可少的,潜概念是显概念的基础和起点。因此,可以说科学的发展就是在潜概念和显概念互相影响、交替作用下前进的。例如,许多科学家和发明家面临所要解决的难题,常常久思不得其解。但是,当他们在不使用显概念的思维方法,而自觉或不自觉地采用潜概念思维方法时,难题往往就可以迎刃而解。

【范例展示】

藏在深闺无人识
——冷落40年的转座因子理论

1945年,麦克林托克通过耐心的记录和仔细的分析,从自然界的这种表面上显得杂乱无章的过程中,发现了一种条理。这就是,使籽粒着色的色素基因是在某一特定代上"接上"或"拉断"的。更为重要的是,同一个"接上"或"拉断"经常是在其后的某一代上在同一染色体的各部分、甚至在所有染色体上突然出现的。麦克林托克把它们叫做"控制因素"(或称控制因子)。

在1951年的冷泉港生物学专题讨论会上,麦克林托克递交了自己的学术论文,兴致勃勃地向科学界同行报告了自己的新发现和新理论。她提出遗传基因可以转移,能从染色体的一个位置跳到另一个位置,甚至从一条染色体跳到另一条染色体上。她把这种能自发转移的遗传基因称为"转座因子"。

转座因子的发现使人们对生物的奥秘取得了深入的理解。它不仅解决了整个机体如何从单个细胞发育起来(即从一个受精卵细胞如何变成形状、大小和功能完全不同的细胞)的问题,而且解决了如何产生所有新种的问题,甚至解决了为什么偶尔有些细胞会疯长的问题。既然如此,麦克林托克的报告理应受到科学界的欢迎。但事实上,听众反应却十分冷淡,甚至有人称她是"怪人,百分之百的疯子"。她的论文被收入冷泉港论文集后,世界科学界也一直加以否定和忽视。

直到1980年,冷泉港的生物学家们召开专题讨论会,集中讨论了可移动的遗传因子问题。虽然麦克林托克未能出席会议,但是整个会议讨论期间人们纷纷提到她的名字。

1983年10月9日,斯德哥尔摩卡洛琳医学院宣布:美国遗传学家巴巴拉·麦克林托克由于发现了可移动的遗传物质,被授予诺贝尔医学奖。

道是无情却有情。麦克林托克40年代的发现、50年代提出的理论,到80年代初终于为科学界所普遍接受。她走在时代前面40年,同时也为此被冷落了40年。

麦克林托克的"转座因子"理论被科学界冷落了40年的故事告诉人们:对待任何潜概念,都要努力克服思维的保守性,采取正确的态度给以热情支持,努力做到有眼光、有魄力、有远见,因为不久的将来也许就能充分地证实这一潜概念是个超时代的发现。

二、活动设计

议一议

相对论的厄运

1905 年,在物理学的地平线上,一颗耀眼的巨星腾空而起,像一把利剑直刺向不平静的科学夜空。

在瑞士的伯尔尼,住在克拉姆胡同 49 号顶楼里的一个某专利局的小公务员经常向人们侃侃而谈:一对孪生子,其中一个坐上光子火箭去宇宙空间旅行。1 年后,他回到家里,发现自己的孪生兄弟已经是白发苍苍的老人,自己却还是那样年轻……1 千克煤中蕴藏了 21 万多亿千卡的能量,如果把这些能量全部释放出来,可供一个大城市消耗几年……

10 年之后,在德国的柏林还是这个人,以柏林科学院院士的身份,在科学院挤得水泄不通的讲堂里向人们发表演说:空间是弯曲的光线也会拐弯,宇宙在膨胀和收缩……讲演者那深刻的思想,精辟的论述,在生动、幽默的趣谈陪衬下具有一种特殊的魅力,使听众为之惊叹、倾倒。这位讲演者就是在物理学家中享负盛名的、被誉为科学巨匠的阿尔伯特·爱因斯坦。他所讲的就是经过他严格科学推导而创立的、为现代物理学的发展开辟了广阔道路的全新的物理学体系——相对论。

今天,"相对论",已经成为了显概念,是现代物理学的理论大厦最重要的支柱之一,人们对爱因斯坦及其相对论也有了更广泛的了解。不过,可以肯定地说,从科学史的角度,人们知道的更多的是爱因斯坦带有神奇色彩的创造性工作,以及他所提出的深邃问题和研究的辉煌成果。随着相对论的问世,爱因斯坦的名字作为"智慧""理性"的代名词开始闪耀在全世界报刊上,拨动着人们的心弦。爱因斯坦一下子跃居于群英荟萃的科学圣坛中最显赫的位置。然而,科学鲜花从来都是在疾风暴雨中绽开的。当相对论还是一个潜概念时,人世间赐予爱因斯坦既有赞颂、钦佩和欢呼,也有讥笑、斥责和咒骂。与自然科学中其他一些改变人们传统观念的理论一样,"相对论",也有过一段艰难曲折的历程在它身上,也深深地烙着对习惯势力阻挠的拼搏的历史印记。

问题探讨:请结合实际谈谈你对待潜概念的态度。

第三单元 潜概念思维方法推介

一、要点讲解

相对"显概念"而言,潜概念指潜在形态中的、孕育中的科学。科学发展的过程就是潜概念和显概念相互依存、相互交替、相互统一的过程,潜概念是成熟的显概念的前身与起点。新思想、新观点、新假说、新理论的孕育和成长离不开潜概念的出现。

(一)新旧交替法

新事实与旧理论矛盾的解决往往会导致潜概念思维的产生,并由此逐步转化为科学理论。

（二）转换思路法

对一个问题,如果用传统的方法长期得不到进展,则应通过变革思想方法,结合潜概念思维,问题立即就可得到解决。

（三）危机转化法

危机的产生常常导致科学理论的重大变革,而这一变革又必然以解决这一危机而产生的潜概念思维及其创造活动为开端。

【范例展示】

富田惠子与"花罐头"

日本有一个叫富田惠子的家庭主妇,有一次她为一位去欧洲度假的朋友代养了几盆花。由于缺乏养花的经验,施肥、浇水的不得法,使很好的几盆花全都被糟蹋了。这事使她常常思考:如何能使不会养花者也可以把花养好呢? 有一天,她头脑里突然冒出了一个想法:可以把泥土、花种和肥料装在一个罐里,像食品罐头那样搞一种"花罐头"。人们买了这种花罐头后,要想养花时,只要打开罐头盖每天浇点水,就能开出各种鲜艳的花朵来。她把这个想法告诉丈夫以后,得到了丈夫的支持。经过一番研制,这种花罐头终于被制造出来。这样养花十分简便,任何人都会,它很快便成了销路很好的热门货。富田惠子当年就盈利 2 000 万日元,不久就成了一个拥有不少资产的企业家。富田惠子制作花罐头的想法是"有一天"头脑里突然冒出来的。富田惠子头脑里突然出现研制花罐头的想法,不是她采取了什么措施有意识地诱发出来的,也不是一时见了眼前的什么事物触发而来的,更不是受了某种客观情景的迫使逼发出来的。这是由于她头脑里长时间反复思考这个问题,当显概念思维与潜概念思维共同酝酿成熟后,二者一下子忽然接通所产生的。

二、活动设计

议一议

一个永恒运动的世界

我们这个星球,宛如漂浮在浩瀚宇宙中的一方岛屿,从茫茫中来,又向茫茫中去。生息在这一星球上的生命,经历了数亿年的繁衍和进化,终于在创世纪的今天,造就了人类的高度智慧和文明。

然而,尽管人类已经有着如此之多的发现,但仍不知道我们周围的宇宙是怎样开始的,它又将怎样终结。万物都在时间长河中流淌着,变化着;从过去变化到现在,又从现在变化到将来。静止是暂时的,运动却是永恒!

天地之间,大概再没有什么能比闪烁在天空中的星星更能引起远古人的遐想。他们想像在天庭上应该有一个如同人世间那般繁华的街市,而那些本身发着亮光的星宿,则忠诚地守护在天宫的特定位置,永恒不动。后来,这些星星便区别于月亮和行星,称之为恒星。其实,恒星的称呼是不确切的,只是由于它离我们太远了,以至于它们间的任何运动,都慢得使人一辈子感觉不出来!

北斗七星大约是北天最为明显的星座之一,在天文学上有个正式的名字叫大熊星座。大熊星座的 7 颗亮星,组成一把勺子的样子:勺底两星的连线延长约 5 倍处,可寻找到北极星。在北天的夜空是很容易辨认的。

大概所有的人一辈子见到的北斗七星都没变化过,这是不言而喻的。人的生命太短暂了,几十年的时光对于天文数字般的岁月,几乎可以忽略不计! 然而有幸的是:现代科学的进展,使我们有可能从容地追溯过去和精确地预测将来。经过测算,人类在 10 万年前、现在和 10 万年后应该看到和可以看到的北斗七星的形状是大不一样的!

问题探讨:请分析潜概念思维在未来预测中的作用。

第四单元 秘书潜概念思维实训

一、要点讲解

潜概念既是构成显概念的重要因子,又是引导人们作出重大突破的前奏,在创造发明中也起着重大的作用。潜概念的出现反映着历史前进的步伐,在一定条件下可作为人们实践的先导。如果没有潜概念的地位,也就不可能有显概念的成就。

显概念是已认识的事物的总结和反映,潜概念是人们认识达到一定目的之前的中介;是思维进一步展开发展的基础,潜概念所要达到的目的是实现向显概念的转化。

【范例展示】

毛泽东的公文写作于思维方面有一个显著特点,就是敢于突破纯概念思维的思维定势,善于运用潜概念思维,使其公文思路格外活跃,思维奇特超逸,行文生动形象。

阅读《简论毛泽东公文写作的潜概念思维》,体悟潜概念思维在秘书工作中的运用。

二、活动设计

议一议

一枕黄粱

唐·沈既济《枕中记》中记载着这样一个故事:

在唐玄宗开元年间,有一位落魄书生卢生,由于怀才不遇,一天他来到河北邯郸县。在那里,他遇到一位道士吕翁。这位道士送给他一个枕头,并告诉他这是个可以实现愿望的枕头。卢生就很高兴地睡在枕头上。睡梦中的他科举及第、官运亨通,并且还做了大官,拥有富贵荣华、美妻娇妾。但不久,他受到奸人陷害,锒铛入狱。在朋友的努力奔走之下,他得到了平反。最后,他在享尽荣华富贵之后离开了人世。当卢生醒来的时候,他发现那位道士在煮着的黄粱还没有熟。他突然有所领悟,从此对于世间的富贵荣华,不再耽耿于怀。

问题探讨:请议一议"黄粱一梦"由"潜概念"发展为"显概念"的过程。

三、思维拓展

潜概念的研究方法:

(1)个例分析方法。所谓个例分析方法,就是通过对科学技术发展中大量个例的剖析,从个别上升到一般,概括和总结出科学技术由"潜"到"显"转化的某些共同带有的规律性的东西。

(2)整体综合方法。整体综合方法是在个例分析的基础上,把大量的现象联结起来,作为一个统一的整体,从它们的内在的相互联系中把握事物的本质和特征。

(3)历史方法。历史方法就是立足于现在而回到历史中去追溯不同时空坐标的历史事件在其产生、发展和功能方面的共同点,揭示它们之间相互联系的必然性及因果关系。

(4)从抽象上升到具体的方法。这种方法是通过抽象这一思维形式,舍弃研究对象的非本质的东西,抽取本质的特性和方面。

学有所得

在人类发展的历史长河中,显概念思维只是一种最近发生的、较为年轻的思维方式,它曾经历着漫长的"潜概念"积淀过程。"潜概念"阶段是人类思维空间走向"显概念"阶段必不可少的萌芽时期,它孕育着思维往后发展的条件。

四、习得交流

一种潜概念思想诞生后,靠实践可推进其进化。

一个科学问题提出之后,解决这一问题的一种重要方法就是:首先提出某种假说,在此基础上进行合情推理(或理论分析)。如果使问题得到解决,则这种假说(潜概念思想)是正确的,就会形成一种新的科学理论。

第十五部分 创新思维训练

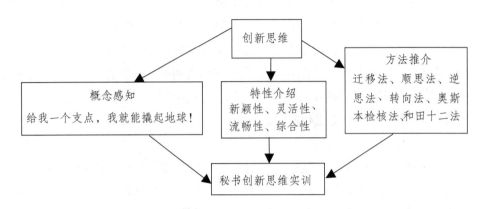

第一单元 创新思维概念感知

一、要点讲解

给我一个支点,我就能撬起地球。——阿基米德

创新思维是指主体在探索未知世界的过程中,运用已有知识和经验发挥意识的主观能动性,综合运用逻辑思维和非逻辑思维的方法,为了明确的目标而获得对社会和个人具有较大影响的,新成果的创新性认知活动。创新思维是一种有创见的思维方式,这种思维方式不仅能揭开事物的本质及其内在联系,而且还能以此为基础创新出全新的思维成果,给人们带来新的具有社会价值的产物。

创新性思维是一种复杂的多种思维协调的动态过程,它因创新课题的性质、类型、创新主体和客体条件的不同而有所区别。但就一般情况而言,创新性思维过程包括3个阶段。

(1)准备期:准备和提出问题阶段。知识的整理,提出问题,问题的价值等的思考主要是用抽象思维,而对事实、经验和技术资料条件的积累则主要用形象思维。

(2)酝酿期:沉思和多种假设阶段。这时大脑应该有意识地得到放松,这样有利于孕育、诱发灵感。一般来说,假设(假说)的提出是凭对材料的直觉,大脑的放松,思维自由组合、撞击,灵感的诱发,多属于形象思维。

(3)明朗期:顿悟和突破阶段。这时灵感、直觉往往起决定作用,它们主要是形象思维。

【范例展示】

可口可乐畅销之谜

在美国,最初上市的可口可乐是一种健脑药。它是美国亚特兰大市一个叫潘伯顿的业余药剂师,以一种叫古柯树的树叶和一种叫柯拉树的树籽作为基本原料,经过无数次试验炼制而成的("可口可乐"就是"古柯"和"柯拉"的谐音)。古柯树叶和柯拉树籽具有很强的兴奋作用,印第安人和西非人常常食用它们,以消除疲乏振奋精神。

可口可乐作为一种健脑汁,上市后销量一直不算大。有一天,一个患头痛的人来到潘伯顿的药店内,要求店员当场给他冲配一杯可口可乐。这个店员在冲配时,由于粗心慌张,他没有按规定倒进自来水,而是随手倒入了错拿过来的苏打水。那位头痛病人喝了几口,竟连声高呼:"妙!妙!妙!这味道太妙了,真是妙不可言!"这让潘伯顿意识到,这样的可口可乐将有可能成为一种大受欢迎的饮料。

后来,潘伯顿对可口可乐的配方作了一番调整,将它作为一种"芳醇可口、益气提神"的饮料推向市场,并广为宣传。此后可口可乐便在美国逐渐风行起来。

潘伯顿去世后,后继者康德勒和他的助手们对可口可乐又大加改进,同时在包装和宣传上不惜工本,加大投入。再加之正碰上当时的宗教运动和禁酒运动,可口可乐被人们视为"圣洁的饮料",使它畅销于世界的许多地区。在"二战"中,单是美国大兵就喝掉了由美国政府提供的可口可乐100亿瓶以上。

可口可乐至今在全世界畅销不衰的主要原因是,潘伯顿机敏地看出了那位店员错将苏打水当成自来水这一偶然现象所造成的意外优良结果,如能加以巧妙利用,可望能在市场上大有一番作为,大获其利。

二、活动设计

(一)议一议

案例 A　招聘支书

上海恒源祥是我国的著名企业。恒源祥的老总刘瑞旗就是一个很会策划的人。

第一次,1997年把马拉多纳引到国内来,做了很大的宣传造势。这可是第一次把马拉多纳引到国内啊!媒体象蝗蜂一样跟着,报道象雪崩一样涌出,影响很大。

第二次,在天安门广场做广告。大家知道,天安门是不能做广告的,那里是禁地。但他打了一个擦边球,也引起了媒体的注意,甚至包括国际媒体,于是恒源祥的名字也出去了。

第三次,去年年初,他又冒出一个点子,恒源祥向媒体发布消息,年薪10万招聘思想政治工作者——党支部书记。你看看,我们有些公司招聘什么董事长啊、总工程师啊,年薪 50 万、100 万的都没什么稀奇,而他是招聘党支部书记,做思想政治工作。

一般来说,民营企业招年薪 10 万的党支部书记给人做思想政治工作,这种事是不会发生的。这是一个很好的,史无前例的点子。这个消息播出去后,全国 298 家媒体,包括中央电视台、《人民日报》都报道了这个消息。这个点子好。在电视台做一个广告多少钱?现在你们看,眼睛一眨,等于这么多钱就赚回来了。

问题探讨:请就此案例谈谈你的感想。

案例 B　施特劳斯的牛仔裤

李维·施特劳斯是犹太人,他 20 岁时,受淘金热潮的吸引来到美国西部,加入了淘金者的行列。他挖了一段时间的金矿,但收获很小。这时他发现,成千上万的淘金者非常需要生活上的供应与服务,于是他转向开了一家日用品小商店。

有一次,他带了一些小商品和供淘金者搭帐篷用的帆布,乘船到外地去销售。他带的一些小商品在船上就卖光了,只剩下一些帆布。船靠码头后,他上岸碰见一位淘金的工人,他问这位工人:"你需要买帆布搭帐篷吗?"这位工人回答说:"我不需要买搭帐篷的帆布,我需要买结实耐穿的裤子。我们现在穿的这种棉布裤子不结实,很快就会磨破。我看你卖的这种搭帐篷的帆布,用来做裤子倒挺不错。"李维·施特劳斯听他这么一说,马上就想到一个主意:干脆就用这些帆布做成裤子来卖。于是他约了这位淘金工人一道去了一家裁缝店,用帆布做了一条裤子。对做成的这条裤子,这位淘金工人以及他的很多伙伴都觉得很不错,裤子既结实耐穿又很好看。接着李维·施特劳斯专门订做了一批帆布裤子,都很快就卖出去了。更令他感到意外和高兴的是,要求定做这种帆布裤子的订单竟源源而来。后来因为帆布供不应求,他又改用一种靛蓝色的粗布来做,这样做成的裤子就是最初问世的牛仔裤。

1853 年,李维·施特劳斯正式成立了牛仔裤公司,在旧金山开设工厂进行大批生产。他根据一位缝纫工人的建议,以金属加固臀部裤袋的缝口,因为矿工们经常要把矿石样品放在裤袋中,用线来缝不牢固。裤子上的金属扣用的是铜与锌的合金材料,重要的部分并用皮革镶边,这样便进一步形成了牛仔裤与众不同的特有样式。

问题探讨:请分析李维·施特劳斯的创新思维过程。

(二)练一练

1. 24 个人排成 6 列,要求每 5 个人为一列,请问该怎么排列好呢?

2. 一个人去看牙医,当他看到医生拿来的工具时被吓坏了。医生为了使他安静下来,给他喝了一点酒,病人感觉好多了,随之又要了一杯酒喝了下去。这时医生问他:"这次有勇气了吧?"病人在这个时候却大声说:……

病人究竟说了什么?请你设计结尾。

第二单元　创新思维特性介绍

一、要点讲解

创新思维是多种思维发展的结晶。它是一种能够发现新知识,获取新知识,解决新问题的智慧和能力。

(一)新颖性

创新性思维无论在思路的选择上,还是在思考的技巧上,或者在思维的结论上,都具有独特之处,具有新的见解、发现和突破。它能突破一般逻辑和通常实践经验的局限,常以不合逻辑和违反常规的形式出现。

创新性思维最显著的特征就是思维的新颖性,也就是思维的新颖和独特程度。创新性思维在遇到某些问题(指全新问题情景)时不再依据常规的方法去解决,必须进行创新的思维过程,它要求人们重新组织已有的知识、经验,采用新的方法去解决问题,从而产生全新的思维成果,这种思维成果应是率先的、前所未有的,而不是在人类以往的认识内已有的。解决问题的设想与办法越新奇、越独特、越是与众不同,就越能体现出其创新性。

(二)灵活性

思维的灵活性是指思维活动的智力灵活程度,是从思维活动的特点(多维度、多方向及发散性、变通性、跳跃性)来说的。创新思维虽然也有思维方法和思维程序可寻,但对一个具体创新过程来说,并没有固定的框架,善于从不同的角度想问题,可以从一个思路迅速地跳到另一个思路,从一种意境进入另一种意境,能多方位地探究解决问题的办法,并能随时修正变更。具有创新思维能力的人思路开阔,不受传统的思想、观念、习惯、评价的束缚,敢于从新角度去思考,能尽量提出多种设想、多种答案。

(三)流畅性

这是对思维速度的评价。"思如潮涌""一气呵成",一个人思维流畅,他思考的量就大,成功的可能性就高。思维流畅的人善于"由此及彼"地连动思考。

(四)综合性

综合性是指创新思维是多种思维的有机结合。

每种思维(非逻辑思维和逻辑思维)都各自有一整套思维方法。如果每种思维各取一种方法进行组合,则有五、六十种的结合形式,如果取两种方法再结合起来,则有两千多种结合形式。可见多种思维结合是多种多样、非常灵活的。

(1)逻辑思维是创新性思维的基础。思维的起点是问题和现象,问题的发现和提出是逻辑思维起主要作用,现象的观察、描述和概括也主要靠逻辑思维。创新性思维始终都贯穿逻辑思维,概念的形成、方案的选择及结论的叙述都是逻辑思维起作用。只有成果被解释成符号逻辑的东西,才能为人们所接受,才能成为科学的理论。

（2）非逻辑思维则起着承启转合的作用。创新性思维的内容，有一些无法用逻辑推理获得，那是因为缺乏推理的基础。运用非逻辑思维，诸如想象、联想、直觉、灵感等，激发出新的思维，常常使创新活动获得成功。因此，创新性思维是逻辑思维和非逻辑思维共同结合的产物。

在上述创新性思维的品质特征中，新颖性是一切创新性思维的基础，是创新性思维活动的最主要的标志。灵活性是由新颖性引申出来的思维品质，流畅性是灵活性的具体表现，综合性则是创新性思维的概括。

二、活动设计

（一）议一议

案例A　影子公司

耐克公司不设厂、不雇用工人、不购置生产设备、不直接生产一双鞋，只是变换新设计出来的样鞋。专门物色低成本、质量可靠、交货期及时的厂家。通过与众不同的经营模式，省去庞大的生产设备投资。

问题探讨：

1. 请比较实体企业与影子公司有什么不同？

2. 影子公司的经营模式是如何被创新构想出来的？

3. 请从宏观背景分析，由实体公司经营模式到影子公司经营模式的发展过程中，其中的推动力是什么？

案例B　奥运会开幕式点火仪式的创新

图中，2000年悉尼奥运会开幕式上的圣火，是从水里出来的。大家知道，古希腊哲学家泰勒斯认为万物起源于水，而另一位古希腊哲学家赫拉克利特则认为万物起源于火，水火难相容，就像澳大利亚长期以来都存在欧洲移民与原住民间的、内心深处的不和谐，以及西方文化和土著文化间深刻的隔阂，然而点火仪式却通过这样一个水火相容的方式向全世界传达了一种融合、谅解的人文精神。我认为，这是一个伟大的创新，它已经超越了视觉文化的表层，而直接达到了灵魂的深度接触。

问题探讨：请结合历届奥运会的点火仪式谈谈它们的创新点。

（二）练一练

1.请用左手写出自己的名字。

2.请分析下面案例中小牧童发现咖啡过程中的思维动态。

1000多年前,非洲埃塞俄比亚一个叫"凯夫"的小镇有个聪明的牧童。他对自己的羊了如指掌,羊也非常听他的话。有一天,他把羊赶到了周围有一片灌木的草地上吃草。到了晚上却发生了奇怪的事,羊不听话了。他费了好大劲才把羊赶进了围栏,羊进栏后还是很兴奋得挤来挤去。

第二天,他又把羊赶到那片草地上去。他看到,羊除了吃青草外,还吃灌木上的小白花、小浆果和叶子。到了晚上,他的羊和前一天一样不听指挥。

为证明是不是羊吃了灌木叶和果实而出现的反常现象,第三天,他把羊赶到了另一片草地上只让羊吃青草,当晚羊就恢复了常态。

问题出在灌木上。小牧童拔了几棵灌木回家。他尝了尝灌木毛茸茸的叶子,有点苦,又尝了尝果子,又苦又涩。

他把果实放在火里烧一烧,发出浓郁地香味。再把烧过的果实放在水里泡着喝,味道好极了。那一天晚上,小牧童也兴奋得彻夜未眠。

小牧童反复试了几次,每次都得到了同样的结果。

于是,他把这种香喷喷的东西当作饮料招待镇子里的人。

此后,一种新的饮料诞生了。这就是我们现在都喜欢喝的咖啡,咖啡也就是非洲小镇"凯夫"的谐音。

第三单元　创新思维方法推介

一、要点讲解

（一）迁移法

迁移法是在寻找创新性思维客体答案的过程中,由于思路受到其他事物某种已知特征启发,便联想到自己寻找的思维客体答案的相似和相关的东西,从而使自己的思路迅速迁移到自己原来探寻的创新性思维客体上,以达到和实现彼此了解的目的。

（二）顺思法

顺思法是在创新性思维活动中沿袭着某些常规去分析问题,按思维客体顺序"顺推"。一般说来,这种顺序是从已知到未知,通过已知来揭开思维客体之迷,这种方法一般只限于对一种事物的思考。

（三）逆思法

逆思法是指改变思维主体在思维中的空间排列顺序、跳出常规,利用事物的可逆性进行逆推,就可能找到常规的岔道,从反向看问题:从A事物与B事物的联系中,反推出B事物与 A 事物的另一种联系。

（四）转向法

转向法就是思路在一个方向上受阻时，马上转向另一个方向，经过多次转向直到获得成功。在改革中许多出色方案就是在这种变换中使其思路趋向成功的。

（五）奥斯本检核法

奥斯本检核法见于奥斯本所著的《创新性想象》一书。在该书中，他提出了 75 个促进想象的问题。当时，这种方法只作为他智力激励法的一个补充。就是说，当设想小组成员在智力激励会议上感到"山穷水尽疑无路"时，会议主持人可以用这些问题来启发会议参加者想象，往往能创新出"柳暗花明又一村"的境界，使他们的思路豁然开朗，有助于创新性想象的形成。后来，由于其优点，奥斯本检核法就作为一种独立的方法而存在。

奥斯本检核法包括的 75 个问题，按具体内容可概括成 9 组问题：

（1）转化。有无新用途？用什么新的方式才能一成不变地使用它？怎样改进它以适应新的用途？

（2）引申（参考）。这个东西和什么东西相类似？是否可以由这个东西想出其他东西？过去有何类似的东西？可不可以模仿？

（3）改变。可否改变一下形状、颜色、音响、气味等？

（4）取代。可否代替？有没有东西取代这个东西，或代替这个东西的一部分、某种成分、某种过程呢？

（5）放大。在这件东西上可否增加些什么？可否扩大、夸大？加强一些、高一些、长一些、厚一些、大一些行吗？

（6）缩小。在这件东西上可否减少些什么？可否缩小？削弱一些、矮一些、短一些、薄一些、小一些行吗？

（7）变换。可否重新安排？变换一下顺序、位置、因果关系、速率、时间等行吗？

（8）颠倒。可否颠倒？把位置、作用、正反、上下颠倒一下行吗？

（9）组合。可否把物体混合、合成、配合、配套、协调？可否把物体、目的、特性、观念，等等组合？

（六）"和田十二法"

"和田十二法"源自上海市闸北区和田路小学学生的发明创新活动。该小学从 1979 年起就着手学生的创新力的培养，全校成立了 9 个班级科技队，有近两百名学生参加。全校学生创新的科技作品已有三千件以上，有的已被实际应用，有的已转化为商品。上海的有关专家把小学生们在发明创新活动中所采用的技法，总结概括出 12 种，因此称为"和田十二法"，又称"十二种聪明办法"。这 12 种方法为：

（1）加一加。它是把一件物品加大一点，加高一点，或者把功能加多一点，在形态上、功能上、尺寸上有所变化，实现创新。

（2）减一减。它同"加一加"相反，把一件物品减小一点，减轻一点，减短一点，减低一点，等等。

(3)扩一扩。它是把一个物品扩大一点,放宽一点,使功能产生明显变化。

(4)缩一缩。它是使一个物品体积缩小一点,长度缩短一点。

(5)变一变。它是使一个物品改变形状、尺寸、颜色、音响、气味等,可使人有一种新感觉。

(6)改一改。它是对一个物品原来形状、结构、性能的改进,使之出现新的形态、新的功能。

(7)拼一拼。它是把一个物体与其他物体拼合起来。这和加一加有相同意义,但是又有不同之处,它往往是多种功能,多种方法的拼合、组合。

(8)学一学。它是通过学习模仿别的物品、事物的形状、结构、色彩、性能、规格、功能、动作等来实现创新的。

(9)代一代。它是替代的方法,就是日常生产、工作中广泛存在着的材料的代用、方法的代用、工具的代用、商品的代用,等等。

(10)搬一搬。它的特点是把事物的某个部件搬动一下,使之形成一种新的物品,产生新的功能。

(11)反一反。它是把某一物品的形状、性质、功能反一反,作出新的创新。

(12)定一定。它是按照人类社会活动规范来创新发明新事物的方法。为了保证人类社会生活的正常进行,必须有一定的规范。对涉及人们社会生活的事物作出一定的规定,按照这些规定实现创新发明。

上述12种技法是由上海的创新工程研究者与和田路小学领导、师生一起实践、总结而成的,是对奥斯本检核法的发展。这些方法虽然有所交叉,但是仍各有侧重,且通俗易懂,简单易行,几年来实践证明是相当有效的、具有推广价值的,特别是对于小发明、小创新尤其适用。

【范例展示】

魔球效应

早在1983年,在广西南宁召开的中国创新学首届学术讨论会上,被邀请的日本专家村上幸雄为与会的作家、艺术家、编辑、记者、发明家、厂长、经理、教育专家们讲课,讲得非常新奇,很有魅力。在一次讲课中,村上幸雄捧来一把曲别针,向听讲的人们说:"请各位动动脑筋,打破旧的思维模式,说出曲别针的种种用途。谁的创新性思维开发得好,他就能说得多而奇特!"

"曲别针可以别相片,可以用来挂杂志";"纽扣掉了,可用曲别针临时勾起"……大家七嘴八舌,总共说了20多种。席间,有人问:"村上先生,您能说出多少种?"村上伸出三个指头,莞尔一笑。人们问:"30种?"村上摇摇头。"300种?"村上点点头。大家异常惊讶。

此时,坐在台下的一个人提出:"关于曲别针的用途,我能说出3千种,甚至3万种!"全场听了万分震惊。就是科普作家、中国创新学会北京分会理事许国泰。

第二天,许国泰走上讲台,回答村上提出的问题,他说:"昨天村上先生讲的关于曲别针的用途,可用四个字概括:勾、挂、别、联。但曲别针的用途远远不止这些。要突破原有的思维格局,必须借助于简单的思维工具——信息标准和信息反应场。"说着,他把曲别针分解为材质、重量、体积、长度、截面、韧性、颜色、弹性、硬度、直边、弧等信息点,用直线连成信息标(x 轴)。然后,再把与曲别针有关的社会实践及知识能力分解为数学、文字、物理、化学、磁、电、音乐、美术等信息点,用直线连成另一个信息标(y 轴)。两轴相连并垂直延伸,形成信息反应场。使两轴各点上的信息,依次"相交",即可达成"信息交合"。

这样一来,就能形成曲别针的无数用途。如果把 y 轴上的"数学"点和 x 轴上的"材质点"相交,曲别针可以写成"1""2""3""4""5""6""7""8""9""0";"＋""－""×""÷""( )""[ ]""＝""／""—"等数字、符号,进行无数次数学运算。如果把 y 轴上的"文字"点和 x 轴上的"材质"点相交曲别针就变成了"A""B""C""D""E""F""G"等英文字母或"德""法""俄""日"等其他文字的字母,进而组成无数种词、句。世界上有多少种文字,曲别针就有多少种作用。曲别针还可弯成化学元素符号,组成无数化学反应式;而且曲别针是铁质做成的,可把铁质的曲别针以不同比例与几十种其他化学元素化合,可以生成成千上万种化合物。凡此种种,曲别针的用途举不举胜!

许国泰这个思维魔球,神奇地吸引了所有的与会者。村上幸雄先生也由衷地敬佩。有的人说:"这简直是点金术!"

自南宁会议后,许国泰对这一"魔球信息交合论"进行反复验证后,于 1986 年正式面世。

二、活动设计

(一)议一议

案例 A　烧东西的位置

"用火烧东西,火在东西的什么方位上?""当然在下边!"这是人的思维定势。但是,火能不能在东西的其他方位上? 如用凸透镜面把太阳光聚焦来烧东西。日本的夏普就是突破"火在下方的思维定势开发了烤鱼器,把电热铬镍合金丝装在鱼的上方。这样的结构,不仅同样可达到烧烤鱼的目的,而且即使烤鱼滴油,也不会燃烧冒油。又如,原来设计的住房,每个房间的使用面积是固定不变的,但是,为了在原有面积上有效使用,或者扩大使用面积,就要打破传统的设计思路,变固定隔墙为不固定,变一层为两层。

问题探讨:请交流生活中类似的例子。

案例 B　壶盖为什么会动?

以瓦特发明蒸汽机为例,来说一说瓦特发明蒸汽机的过程。瓦特小时候看到水壶烧水沸腾了,壶盖会噗噗地跳动,因而产生了壶盖为什么会动的疑问。

瓦特一直把这个问题记在心上,当他学习了物理热胀冷缩的知识后,便对存在的这个疑问提出了假设——壶盖是因为水煮沸时变成水蒸气,水蒸气的体积肯定是膨胀得比水的体积要大得多,从而产生一股力量,所以会推动壶盖。

为了进一步证实这个问题,他肯定进行了实验。如将烧瓶装满水,用塞子紧紧塞住瓶口并用火将水烧开,得到的是两种结果:(1)水沸腾了,把塞子"呼"的一声推了出去;(2)瓶子爆裂了。这就证明了水煮沸化成水蒸气时,体积膨胀到几十倍甚至几百倍时,就会产生很大的力量。

水蒸气能产生这样大的力,能不能用来代替人力做工,即用蒸汽的力量推动机器为人类服务呢?

通过想象与联想将蒸汽产生的巨大力量用来做工,就会想到做成什么样的工具?怎样使它代替人力做工?就要进行多种设计方案,如设计多种机器图纸或做成样品模型进行实用性试验。通过实验比较,最后从许多方案中选出一种最佳的设计图,然后创新成真正实用的蒸汽机。当然,这种创新发明还要通过实践去进行不断改进。

问题探讨:请分析这一创新思维过程中对多种思维地综合运用。

(二)练一练

1.某人有过这样一次经历:他乘坐的船驶到海上后就慢慢地沉下去了,但是,船上所有的乘客都很镇静,既没有人去穿救生衣,也没有人跳海逃命,全部眼睁睁地看着这条船全部沉没。为何?

2.你是如何理解莎士比亚所说过的"聪明的人善于抓住机遇,更聪明的人善于创造机遇"这句话的?

第四单元　秘书创新思维实训

一、要点讲解

创新性思维是一种复杂的高层次思维活动。它具有求异、超常、预见等特征,而秘书人员的创新性思维还有自己的独有特征,主要表现为求新性、超前性和整体性。

【范例展示】

"高原苹果"的广告词

在美国新墨西哥州的高原地区,有位经营苹果园的杨格先生。他种植的"高原苹果"味道好、无污染,在国内市场上很畅销。可是有一年,在苹果成熟的季节,一场冰雹袭来,把满树苹果打得遍体鳞伤。而杨格已经预订出了9 000吨质量上等的苹果。面对这突如其来的天灾,看来只有降价处理,自己承受其中的经济损失了。

但是杨格具有出色的应急智能,善于把"不利"因素变为"有利"因素。他想出了对策,拟定了一段广告词,结果使这批受伤的苹果极为畅销,以致后来经销商专门请他提供带疤痕的苹果。请你想想杨格是怎么拟的广告词。

杨格的广告词:本果园出产的高原苹果清香爽口,具有妙不可言的独特风味;请注意苹果上被冰雹打出的疤痕,这是高原苹果的特有标记。认清疤痕,谨防假冒!

二、活动设计

(一)议一议

案例A　戴尔公司的虚拟经营

传统观念认为土地、矿产、森林等天赋资源是资源;机器设备、厂房建筑是资源;专利、商标、信誉等是资源。但是,人们往往忽视了另外一种资源在市场经济的发展中,较其他有形和无形资源重要得多,这种资源就是"虚拟"。

虚拟能创新经济奇迹。戴尔电脑公司的销售模式确实很简单,戴尔在我国没有生产工厂,也不制造电脑零件,只是利用互联网了解顾客需要什么样的电脑,根据市场信息去找相应组件的厂商,买回组件进行组装。虽然没有生产基地,但公司却建立起了庞大的虚拟经营体系,与众多优秀企业建立了密切的合作关系。

戴尔公司通过虚拟经营,成功地联络了大批供应商。戴尔把这些供应商视为有利的合作伙伴,公司和他们之间的交易已跨越了纯粹的购销关系,而进入深层次的合作范畴。

戴尔公司还加强与世界一流的电脑生产商之间的合作,以获得高超的计算机制造技术。戴尔公司认为,与计算机领域最优秀的企业合作,比与这些企业在计算机领域展开竞争更有意义。戴尔与IBM达成合作协议,可以从IBM获得迫切需要的技术进行技术交换,保证自身生产更复杂电脑的能力。同时,公司还和IBM建立了战略供货关系,向IBM采购磁盘驱动器、显示器、网络转换卡等,加强双方的关系。

在销售和服务领域,戴尔公司利用与其他公司的合作,既大大减少了公司管理的成本,又充分利用了他人的资源优势。在送货方面和快递公司合作,利用快递公司广泛的网络和投递快速的优势,将产品迅速送到顾客手中。在顾客服务方面,戴尔一共有约10 000名服务技师为顾客提供售后服务,而这些服务技师中绝大部分都不是戴尔公司的人。

问题探讨:

1. 戴尔公司采取了哪些类型的创新技法?

2. 戴尔这看似简单的市场营销模式,实际上并不简单,请分析其主要优点有哪些?

案例B　冰块里的商机

弗里德里克出生于美国旧金山的一个中产阶级家庭,少年时期便梦想成为一个成功的商人,但由于没有机遇,于是他心中时常显得焦躁不安。

一个偶然的机会里,他发现常常被人们废弃的冰块的用途实际上是非常广泛的。而它的主要用途,也就是最普遍、最大众化的用途就是食用。而且,冰块加入水中,或者化为水后就可以成为冷饮。他敏锐地发现在气候炎热的地方,这种饮料一定会有广阔的市场。弗里德里克由此看到了一个潜在的商机,但是,他发现现在自己的当务之急是改变人们的饮用习惯,用冷饮取代人们习以为常的热饮,创新一种冷饮流行的市场局面才可能使冰块售业务有长足进展。于是,弗里德里克开始不断地实验创新消费。他试着利用冰块做各种各样的冷饮,并将冰块加入各种酒中兑出各种口味的鸡尾酒。

经过多次试验,他终于试制出适合多数人饮用的冷饮。实验成功之后,他开始思索怎样才能让冷饮自动地成为一种时尚,成为一种人们趋之若鹜的消费倾向,而不靠自己挨家挨户地去劝说顾客。他观察到一般情况下人们只是在酒店或者热饮店里喝饮料或酒,到了夏天天气炎热的时候,这些酒店生意都不太好,店主也为之烦恼不已。于是,他决定从酒店人手,传播自己创新的时尚。开始时,他免费给一些小酒店提供冰块,并且教会他们用冰块去做各种冰镇饮品及勾兑各种鸡尾酒。因为这些冷饮在炎热天气下有解暑降温的作用,经冰镇过的各种液体又会变得十分可口,这些饮品便立即在各个地方,尤其是那些气温高而又缺水的地区率先风靡起来。于是,许多店主开始纷纷仿效他的做法,大量购买冰块制作冷饮,弗里德里克也不失时机的自己经营了一家冷饮店,专营冷饮。

一时间,冷饮蔚然成风,人们渐渐改变了以往只喝热饮的饮食习惯,学会了在热天里饮用冷饮止渴。于是,冷饮开始在全国各地广泛地流行起来,成为新型的健康时尚。冷饮的风行大大的带动了冰块销售,一切都如弗里德里克所预料的那样,冰块的销售业务得到了巨大的发展,弗里德里克的一番努力终于使冰块的市场得到第一次的充分发掘,他的心态开始稳定下来,事业也逐渐从起始的艰难中走出来,开始慢慢向成功的高峰挺进。

一个少年时的梦想使弗里德里克在乘虚而入的创新思维作用下,一个偶然的机会里发现冰块的最广泛、最大众化的用途——食用。于是他不失时机地抓住机遇,以创新机遇,以百倍的勇气和耐心在崎岖的道路上慢慢探索,终于获得成功。

问题探讨:从这个成功的案例里你悟出了什么?

（二）练一练

1. 设计 OPPMP4 的广告用语。

2. 请将"字—电话—写"这三个概念结合构想出一种新产品。

三、思维拓展

创新能力是个人多种心理品质和能力的复杂的、高水平的结合。不同领域的创新,这种能力的结构各不相同。一个文学家的文艺创作和一个工程师的技术创新,其能力结构是不同的,就是科学家的理论发现和工程师的技术发明,其能力结构也不尽相同。我们从创新能力(创新能力)的研究中,可以得出其中最重要的心理品质和能力有 3 个方面:一是,创新精神。一种在创新活动中高度的劳动热情,自信心,独立思考和探索精神;二是,创新性思维。即创新过程中的思维,它是创新活动的核心;三是,实践能力、动手能力。一切创新都是在实践活动中形成,只有在活动中,勤奋的劳动,高超的技术,才能把创新的思想变为现实。这种高水平的能力不是凭空产生的,它是以扎实的知识和一般能力为基础,是从一般能力发展而来。就是说,创新能力的培养是和不同领域的学科知识及有关能力相联系的。

学有所得:

知识—死劳动—过去完成时态的劳动—模仿

智慧—活劳动—现在进行时态的劳动—创新

知识可以传递、可以学习、可以复制、可以模仿。但是智慧在本质上,是需要我们创新的。

决策是各级领导的主要工作。随着经验决策向科学决策的转变,领导对秘书的辅助要求越来越高,不仅要求秘书提供信息、办文办会,而且要其参与政务、出谋献策。秘书工作为了顺应时代潮流而产生的变化,必然要求作为秘书工作主体的秘书人员具备较强的创新能力。现代秘书要有创新的意识、创新的胆略和创新的思维,才能充分发挥应有的参谋作用。

四、习得交流

江泽民同志指出:"创新是一个民族进步的灵魂,是国家兴旺发达的不竭动力。"

长期以来,秘书工作的创新始终没有停止过,过去的创新成果已成为今天的优良传统。在新形势下,创新仍然是秘书工作提升水平、强化功能、发挥作用的动力源泉。创新不但要突破前人,更要超越自我。秘书部门的创新性工作,可以借鉴别人的经验,但不能简单地照搬照抄,必须坚持从实际出发,从本部门本系统的特点和领导工作的要求出发,有针对性地解决秘书工作存在的问题和薄弱环节。

总之,秘书工作要积极主动地、持续不断地进行创新。通过创新性的工作,努力提高秘书工作的效能和水平,以适应新形势对领导工作的要求,为领导提供优质高效的服务。

第四篇　秘书活动思维训练

第十六部分 公文写作思维训练

训练内容图解

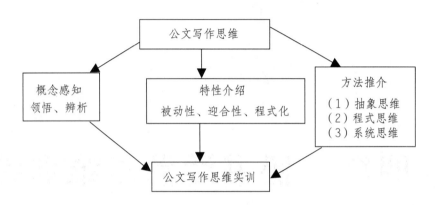

第一单元 公文写作思维概念感知

一、要点讲解

公文写作是指秘书人员秉承领导意图,或因工作需要在自己的职责范围内起草完成的各类公务文书。它包含两层意思:一是,指秘书人员的写作行为;二是,指写作行为所产生的以文字、文本为主要表现形式的成果。秘书写作不是独立的文种或文体,而是各级各类单位的秘书人员为完成特定工作任务而写作的、具有特定体式的、系列文章的泛称,属于应用写作的范畴。其使用范围虽不及应用写作广泛,但具有应用写作的全部特性和一般应用文所没有的专业特性。

公文写作是秘书工作的重要内容之一,有秘书工作就有公文写作,因而公文写作的体式与内容受到秘书工作的影响与支配。随着时代的发展变化,秘书工作的内容不断地发生变革,公文写作的内涵与外延也在不断地发生变化。据学者考证,我国有记载的秘书工作有三千多年的历史,在这个过程中,公文写作的体式与内容不断发展、完善、丰富,形成了自己独特的风格。早期的公文写作以政府文告等公务文书为主。《尚书》可以看作是我国第一部以公务文书为主体的文集,秦焚书后,从汉初搜集到的 28 篇来看,主要是以典、谟、训、诰、誓、命、令、上书、檄、移书等形式反映政府对公共事务的处理情况。随着国家治理体制的完善,又出现了状、判、勘合等司法文书。在经济活动中,伴随着大量商品交换的出现,产生了"质""剂"等商务性文书。今天的公文写作既包括各级党政机关、团体、企事业单位的公文类、行政事务类文书,也包括经济单位的商务类文书以及常见的日用类文书与宣传类文书。与过去相比,公文写作的种类更多、内容更广、体式更完备。

在当今快速发展的社会现实生活中,公文写作的应用性更广,在政治、经济、军事、文化等各个领域都发挥着不可替代的作用。它是机关、团体、企事业单位的管理者依法行使管理权力的重要工具,也是组织与组织、组织与个人、个人与个人之间沟通信息,共建和谐社会的重要桥梁,它还能帮助有关单位总结经验、提高管理水平和工作效率。同时,秘书起草的各类文稿还能客观地反映组织管理事务的发展、衍变的过程,具有较强的史实记载与凭证作用。

公文写作是一项重要的精神生产活动,是写作主体对秘书职务活动客观反映后转换成语言文字的思维活动。在整个写作活动中,写作和思维是密切相关的,写作过程也就是思维的过程,写作主体只有善于运用科学的思维方式才能顺利高效地进行写作。

公文写作思维是一种有别于其他写作思维的特殊思维形式,需要经过领会领导意图、针对客观情况、明了接收对象、选择适当文种、思考写作方法等复杂的思维过程。思维能力是公文写作的灵魂,对思维方式运用的科学与否,是衡量一个秘书人员写作能力高低的一个重要标志。

【范例展示】

申请是这样写的吗?

"申请是这样写的吗?"这是江苏无锡新洲丰田汽车店的老总审核秘书所写申请时说的一句话。

事情是这样的:无锡新洲丰田汽车店拟定于2010年1月10日开业,准备举行一个隆重的开业仪式,届时将有部分实物广告和烘托气氛的标语、气球置于户外,需要地方城市管理行政执法局批准,老总就吩咐秘书写个书面材料。

下面是秘书写出的第一稿(原稿):

无锡新洲丰田店审批申请

尊敬的城市管理行政执法局领导:

兹有行创四路18号新洲丰田店,定于2010年1月10日举行开业活动;主办单位:无锡新洲丰田店;承办单位:上海工元展览设计工程有限公司。活动于本店内组织举行。活动中我们邀请了新区部分高层领导以及丰田总部领导莅临本次活动。有相关广告物的审批事宜,请给予方便为感。

无锡新洲丰田店

2009年12月25日

老总拿着秘书写的这份申请看了又看,最后说出了一句"申请是这样写的吗?"这份申请无论是行文格式,还是内容表达都存在很大问题,当然通不过。这位秘书立即向他的老师求救,在老师的指点下重新写了一份(原稿)。

无锡新洲丰田店关于开业时设置户外广告的申请

城市管理行政执法局:

为发展新洲地方经济,丰田汽车总部在新洲开设"新洲丰田店"。我店位于行创四路18号,拟定于2010年1月10日开业并举行开业活动。届时将邀请地方政府有关领导、丰田总部领导以及客户代表参加开业典礼。为了服务客户、宣传产品、烘托气氛,开业活动时将有部分实物和宣传广告置于户外。特向城市管理行政执法局申请。

妥否,请批示。

无锡新洲丰田店(章)
二〇〇九年十二月二十五日

老总看了这份申请后又说了一句话:这就对了。

上面这个例子说明秘书写作不仅要掌握公务文书写作的格式,更重要的是写作过程中的思维。

二、活动设计

(一)议一议

案例 A　上文无锡新洲丰田店秘书所写的两份申请

问题探讨:

1. 第一稿申请写作时出现了哪些思维错误?（提示:行文格式不正确、标题意思不清、内容表达不到位皆与思维有关）

2. 第二稿申请秘书运用了哪些思维方式?（提示:如文中的"为发展新洲地方经济""邀请地方政府有关领导""服务客户"等语句,表明了秘书运用了换位思考的方式）

案例 B　会议文件

大厂市慧远区宏达百货股份有限公司是2003年注册成立的股份制企业。公司现有职工1 428人,企业总资产3.35亿元,2009年销售收入4.86亿元,预计2010年销售收入可达5.3亿元,实现利润3 280万元。由股份公司集资筹建的宏达商场新楼于2010年元月开业,总建筑面积17 000平方米,营业面积8 000平方米,经营商品品种达二万余种。

为应对国际金融危机,化解危机带来的不利因素,宏达百货股份有限公司董事会于2010年3月20日至21日在大厂辉煌大酒店商务中心第三会议室举行了第5次董事会议。会议由董事长徐先生主持,副董事长马先生、董事王先生、张先生、周女士出席了此次会议。会议首先听取了公司李总经理的述职报告。李总向董事会重点报告了本公司在经营上对外开拓的近况。他说,"随着改革不断深入,对外开放的不断扩大,公司在经营上正积极向着国际化方向发展。为此,特地成立了外引内联的专门工作机构,积极探索与国外企业合资、合作的途径。目前,公司已同日本、俄罗斯、匈牙利等国的贸易团体进行了接触,取得了显著的成果,并先后与日本日新株式会社成立了博文美食有限公司;与匈牙利合资成立了天德尔儿童制衣有限公司,并在匈牙利占有一定范围的市场,形成了长期供货基地,为进一步发展对外贸易创造了条件。但是,由于本公司没有小额贸易出口权,无法直接从事贸易出口、签订供货合同,以致公司的产品不能及时、迅速地进入国际市场,失去了许多出口创汇的机遇。为改变这一状况,适应形势的需要,增强股份制企业的活力,参与国际市场竞争,公司已向所在地慧远区人民政府申请小额贸易出口经营权,并得到了区人民政府的批准,但还得经大厂市经贸委准允。因此,大厂市慧远区人民政府已于2010年2月12日向大厂市经贸委去函申报。"

董事会对李总的工作业绩感到很满意,会议着重讨论了国际金融危机对国内百货业所带来的冲击,提出了应对挑战的策略。李总提出要引进国外新技术,建立现代化的物流中心,可以降低经营成本。马副董事长认为公司应该采取灵活多样的经营方式,除了办商场、零售、批发应并举,还要通过举办展销会、技术交流会等适于引进技术与信息的方式开展业务,除此之外还要举办不同类型的培训班,造就人才。徐董事长指出,要重视并运用现代化管理手段:信息+人才+管理(包括决策)=效益。公司要通过各种途径聘请中高级管理人才,引进国外先进的管理方法,并要筹建信息部,以便及时掌握国际商贸最新信息。以上意见均得到与会者的认同,并要求有关职能部门具体实施。

问题探讨:以上材料可以写出哪几种文件? 说说你是怎么思考的?

(二)练一练

1. 中原某市鸿运县政府办公室上任刚1个月的胡秘书接到领导吩咐的一项任务。本县一合资企业产品出口外运需与广东某海关就有关手续进行沟通,因时间紧迫故得请广东海关给予帮助。要求胡秘书以县政府的名义给广东海关写一文书,胡秘书写了一份请示,交给县政府办公室主任,结果被办公室主任批了一顿并要求重写。你知道为什么? 胡秘书应该怎么做?

2. 下文的条款存在哪些错误(包括排列的逻辑顺序)?

通 告

本渡口是××河上的重要渡口之一,过往车辆、行人很多,等候时间往往较长。为了减少等船时间,加强渡口管理,特作如下规定:

一、不准携带易燃、易爆、腐蚀性强的物品上船。违反规定擅自携带上船,被查出者,没收所带物品,并酌情予以五十元至二百元罚款。

二、凡需乘渡船过河者必须购票,机动车每辆五元,非机动车每辆三元,行人每位一元(儿童免票)。不买票者不得乘船。

三、乘客必须听从工作人员指挥,按顺序上下船。各种车辆要按指定位置停放,以保证渡船安全。

四、凡牵引牲畜过渡,到指定仓位,并购票,每头(只、匹)二元。放在筐、篮等容器内的家禽、仔猪等以筐计算,每筐一元。

五、渡船开动后,乘船者不要来回走动,机动车必须熄火,牲畜必须有人看守。

六、违反规定或者在船上无理取闹、不听指挥、妨碍渡船正常航行者重罚,情节严重的扭送公安机关,依法惩处。

七、乘船者必须爱护渡船及其设备,损坏要赔偿。

××河渡口管理处

二〇一〇年×月×日

第二单元　公文写作思维特性介绍

一、要点讲解

秘书工作的根本属性是辅助性和从属性。公文写作是秘书工作的主要内容之一,其写作是根据领导工作的需要,不是秘书自身写作能力的表现,这就决定了公文写作的特点是代拟而非自撰。撰稿者首先得按照领导或领导集体的授意,对机关事务管理、业务管理等客观需要进行调查了解后,收集材料并撰稿。而不是在客观外界的感悟下,有感而发、有情可抒才进行写作的。其写作活动是受工作实际需要和领导旨意制约的,写作活动是被动的,是遵命写作。秘书工作的特殊规律也反映了公文写作思维活动的特点。

(一)思维活动的被动性

秘书人员接受写作任务,从写作思维的启动到确定主旨、收集材料、谋篇布局、语言表述等,都是在被动状态下进行的。整个写作过程的各个环节,从内容到形式的各个方面,对问题的认识角度和用语分寸,都必须根据领导的授意和审稿意见遵命而行。在公文写作中,秘书人员是执笔者,不能也不允许表达个人的思想观点,或带有个人的感情色彩,只能表达上级机关的精神和领导的旨意,所以公文写作体现的是"群体"的思想意识和价值取向,所以秘书的思维活动是被动的。

(二)思维活动的迎合性

秘书的公文写作,关键在于正确领会、体现和贯彻领导的"意图",这就要求秘书必须十分注意同领导统一认识,达到思想上、政治上的高度一致,既要掌握上级有关政策精神,又要摸清基层实情,从而更好地服务领导。

秘书公文写作的实践表明,对领导"意图"的把握往往是以丧失写作个性为代价的。秘书在草拟文件或为领导撰写讲话稿中,若事前不了解领导的作风、文风和思路特点,所写的文稿就很难被领导认可。

要全面、深入、准确地领会和把握领导发文意图,作为写作主体秘书首先是"想"而不是"写"。要想领导所想,思领导所思,写领导所需。公文是领导决策意见的书面化,只有主体迎合客体,才能写好公文。

(三)思维活动的程式化

公文在长期的使用过程中形成了一套比较固定的规范化格式,即"公文程式"。公文程式是受公文内容制约的,公文内容的实用性、政策性及法定的权威性,决定了公文程式的独特性。

秘书公文写作主要运用的是逻辑思维方式。从接受领导的"意图"到收集材料、叙述、论证,是一种直线聚焦式的论述结构,是以认识性为中心的写作思维,由于公文程式性特点,领导意图的指向作用等因素,导致秘书公文写作思维活动具有明显程式化的特征。

【范例展示】

关于商洽委托代培涉外秘书的函

××大学文学院:

本集团公司新近上岗的秘书缺乏专门的涉外秘书知识,业务素质亟待提高。据报载得知,贵院将于今年9月开办涉外秘书培训班,系统讲授涉外秘书业务、公关礼仪、实用文书写作等课程。这个培训项目为我集团公司新上岗的涉外秘书人员提供了一个难得的在职进修机会。为能尽快提高本集团公司涉外秘书人员的从业素质,我们拟选派8名在岗秘书委托贵院代培,随该班进修学习。有关代培费用及其他相关经费,将按时如数拨付。

是否慨允,恳请函复为盼。

××集团公司(印章)
二○一○年六月十日

该函充分体现了撰稿人在写作过程中思维活动的被动性、迎合性和程式化。

二、活动设计

(一)议一议

阳光公司的秘书李芳与营销部的贾娜是一同进公司的,二人关系很好。一日公司总经理召开公司全体中层干部会议,秘书李芳做会议记录。会议的主要内容是:公司接到举报说营销部的贾娜有接受客户贿赂的行为,且公司已查证,讨论如何处理贾娜。

经过讨论最后决定,鉴于贾娜工作业绩较好,是初犯且数额不大,给予贾娜严重警告处分并退还所收贿赂款。

会后总经理要求办公室将处理决定告知贾娜本人,并将处理文件尽快发给各部门。办公室主任将写文件的事交给了李芳。李芳接到任务后,左思右想、进退两难。最终写出了以下公文:

阳光公司关于营销人员不得收受贿赂的通知

各部门:

为树立公司良好形象,遵纪守法、合法经营,公司决定营销人员不得收受客户贿赂。现将有关事项通知如下:

1.营销部贾娜为了稳定客户关系,在营销过程中收受客户钱财,因是初犯且数额不大,公司决定给予警告处分并退还所收钱财。

2.公司所有人员应以贾娜事件为鉴,不得受贿行贿。

特此通知

阳光公司

二〇一〇年五月九日

办公室主任在审核李芳所写文件时,双眉紧锁,认为李芳在秘书岗位上已有 5 年时间,写过不少文件,这次怎么会这样写?

问题探讨:

1.办公室主任找到了怎样的答案?

2.李秘书真的没有领会领导意图吗?作为秘书李芳应该如何写这份文件?写作过程中应体现怎样的公文写作思维特征?

3.可 3 人一组,模拟操作:1 人扮办公室主任;1 人扮李芳;1 人扮贾娜,如实交流思维活动过程。

（二）练一练

1.请指出下面公文的毛病并写出修改稿

关于××违犯劳动纪律的处分决定

张××,男,现年 30 岁,系机加车间原汽车装卸队工人。该同志自入厂以来,累犯劳动纪律,曾多次发生殴打事件,谩骂领导干部,辱骂老工人。特别是今年×月×日,伙同×××(已收审)、×××(已记大过)两次殴打×××,影响极坏。为了维护厂规定厂法,加强劳动纪律,经厂务会议讨论通过决定给予张××开除厂籍留厂察看一年的处分。察看期间只发给生活费,每月×××元。

××市××厂

提示:如果你是秘书,你认为单位或领导作出这样决定的意图是什么?

2.请合理扩充下面提供的材料,以××分公司的名义向总公司起草一份不超过 500 字的情况报告。(想一想,你运用了哪些思维方式)

(1)××××年 6 月 4 日凌晨 2 时 40 分,××分公司江南百货大楼发生火灾事故。

(2)事故后果。未造成人员伤亡,但该大楼二楼商品被全部烧毁,直接经济损失 350 万元。

(3)事故原因。二楼某个体裁缝经楼层经理同意从总闸自接线路,夜间没断电导致电线起火。

(4)施救情况。事故发生后,分公司领导马上拨打火警。市消防队出动了 8 辆消防车,至清晨 6 点,火灾才被扑灭。

(5)善后工作。分公司经理、副经理多次到现场调查,并对事故进行了认真处理。

3."××分公司关于请求批准开发新产品的报告"这个公文标题对吗?

第三单元　公文写作思维方法推介

一、要点讲解

公文是党政机关、人民团体和企事业单位在公共事务活动中所运用的具有高度政策性、特定效力和规范格式的文书。文秘人员在撰写公文时必须运用恰当的思维方式,才能使公文的效用得到保证。

(一)抽象思维

以抽象思维为手段,概括公文内容。

抽象思维是人们在分析、综合和比较的基础上,抽取同类事物的一般性或本质属性,从而使感性认识上升到理性认识的一种思维方式。其间概念、判断、推理是其主要思维形式;分析、综合、比较、概括以及定义、分类、演绎、归纳等是其具体思考方法。公文内容的归纳和概括,主要依赖这种思维方式。这里所谈的公文内容,主要包括公文主旨、行文依据、行文目的或意义、公务活动的事项或问题以及对策、执行要求,等等。抽象思维的运用贯穿整个写作过程。

首先,在撰写公文的准备阶段,就必须运用抽象思维。准备阶段包括解读领导指令和搜集选取写作材料等工作。其中,解读领导指令是作者要过的第一关。在实际工作中,领导的指令往往并不十分明确,这就需要作者充分发挥主观能动性,对写作对象进行全面的审视,对其本质有一个深刻、理性的认识。这也就需要分析、比较、归纳、概括等抽象思维方法的大量运用。

其次,在行文表达阶段,也必须依赖抽象思维。在具体的行文表达中,无论公文主旨、行文依据、行文目的或意义、公务活动的事项,还是问题、对策、执行要求等,均以概述、概括说明或简要议论的形式出现。

(二)程式思维

以程式思维为基础,规范公文格式。

程式思维是指公文作者在起草公文过程中,总是借助于特定文种的既定格式来体现相应的公文主旨,传达发文机关意愿的一种思维方式或思维习惯。

虽然公文写作也要求有独到见解,但那是在内容方面,主要指公文主旨,解决问题的具体对策、措施等,而在公文的形式,尤其是格式上,为了提高办公效率,则不要求标新立异,更多的是按照既定模式展开。

如许多公文文种的开头,一般都要求写行文根据、目的或意义;主体部分用来叙述基本事实,或阐明性质意义,或者提出措施、要求等;结尾部分则是执行要求或申报请求等。不仅如此,许多公文的表达方式和语言也有既定的模式。如开头和正文部分一般只用叙述、说明、议论这3种表达方式,其中,开头为简要说明;中间部分多为概述、概要说明或简单议论；结尾处一些文种惯用"来函收悉""敬请批复""特此函复""希即遵照""妥否，请批复"等约定俗成的套语收束全文。即使是非程式化语言，一般也要求平实化、常规化，反对藻饰。而所有这一切，目的就是为了保持公文形式上的稳定性和规范性，使公文能以最清晰、最简洁、最便于阅读和理解的面目出现，为贯彻执行提供便利。相反，如果不按照这种既定模式来写作，总是标新立异，反而会为公文的理解、落实带来麻烦。而这就必然要求公文作者运用程式思维来写作。

（三）系统思维

以系统思维为保障，调控公文脉络。

系统思维，是指以系统论为思维基本模式的思维形态。它本质上是一种全局性思维，总是从事物的整体出发，思维程序是"整体——部分——整体"。而整体并不等于局部的简单相加，部分与部分之间最合理的组合才会产生最大的整体效应。

公文脉络是指公文内在的思路或思维活动的"路线"，其作用是对公文内容进行统筹组织与安排，以使其眉目清楚，言而有序。好的公文在脉络的掌控上是相当讲究的。

首先，思路必须完整。全文必须是一个完整的统一体，首尾要圆合，中心线索要连贯，过渡照应要清楚。既不能有顾此失彼、残缺不全的情况，也不能有缺头少尾、七零八落的弊端。

其次，结构要严谨。结构要周密，无懈可击，而绝无漏洞和颠三倒四的毛病。

最后，行文要自然。要行止自如、顺理成章、浑然天成，不能有人工雕琢的痕迹。而要达到这种完美的境界，显然又必须运用系统思维。

只有运用系统思维，在明确整篇结构要达到的目的，以及对各要素的具体要求的前提下，将诸多要素进行统筹安排，这些要素或"部件"才能形成强大的整体功能，并发挥整体效力。

【范例展示】

××市农业局关于发展我市观光旅游农业的意见

××市人民政府：

随着我市农业产业结构调整步伐的加快和人民生活水平的不断提高，发展观光旅游农业已成为农村经济新的增长点。为科学有效地开发利用农业资源，促进农村经济发展，现就发展我市观光旅游农业的有关问题，提出如下意见。

一、指导思想、任务目标与原则

（一）指导思想：贯彻落实科学发展观，以农业资源综合开发利用和保护为基础，以提高经济和社会效益为中心，逐步把观光旅游农业培育成具有一定生机和活力的新兴产业，促进农村经济全面发展。

（二）任务目标：力争经过 5～10 年的努力，在旅游景区周围、交通干线两侧和主要农副产品生产基地，构筑起点、线、面相结合的全市观光旅游农业新格局；建立起一批不同特色、不同层次和规模，具有观光、休闲、体验和科普等多功能的观光旅游农业基地；通过发展观光旅游农业,进一步优化农村经济结构,增加农民收入,加快农村城镇化发展步伐。

(三)遵循原则:

1.注重实效、循序渐进的原则。观光旅游农业是经济和社会发展到一定阶段的产物。各县(市)区要抓住机遇,因势利导,坚持速度、规模和效益的统一。近期,优先开发生产基地有规模、资源环境好和交通便利的观光旅游项目,积累经验,逐步展开。

2.全面规划、突出特色的原则。各地要从实际出发,制订科学的发展观光旅游农业规划。要适应回归自然和观光休闲的心理,注重文化品位,突出地方特色,体现乡土风情,展示农业高科技成果。

3.用市场机制开发建设的原则。发展观光旅游农业,项目建设、资金投入和经营管理要按照市场经济的要求,鼓励多种经济成分参与开发建设。

4.开发与保护相结合的原则。发展观光旅游农业要正确处理资源开发和环境保护的关系,防止滥占耕地。加强环境保护,实现观光旅游农业与农村经济的协调发展。

二、区域布局与重点项目

全市发展观光旅游农业,按照由近及远,功能配套,点线面连接,依托农业资源,结合旅游景区建设的构思进行布局。

近期抓好以下重点项目:

(略)

三、几项政策措施

(一)观光旅游农业享受农业税收的有关政策。利用"四荒"资源兴建的项目,执行"四荒"开发的相关政策。

(二)加大对观光旅游农业建设项目的投入。观光旅游农业是农业发展和农民增收的新增长点。市、县(市)区要作为扶持的重点,分别列出专项资金,用于项目基础设施的扶持投入或贷款贴息,各级计委、农业、林业、水利、交通、供电、电信等部门,要根据职责分工,对市里规划建设的重点给予积极支持。

(三)搞好观光旅游农业的服务设施建设。景区建设是观光旅游农业的基础,必须高起点、高品位规划,高标准、高质量建设,并与农田水利、农村小城镇、旅游景区、农业科技园区以及农业结构调整结合起来。根据项目进展情况,适时开辟观光旅游专线,为市民出游提供方便。加强导游人员的业务培训,搞好餐饮、娱乐和住宿等服务业的配套项目建设,并尽快开发观光农业产品、生态旅游商品,不断丰富观光旅游农业的内涵。

以上意见如无不妥,请批转各县(市)、区及市各部门执行。

××市农业局

××××年一月六日

这是一篇上报上级机关的建议性意见。采用完全式标题。正文开头交代发展观光旅游业已成为农村经济新的增长点,作为行文的背景、原因。目的句之后以文种承启语"提出如下意见"引出主体(事项)。主体部分实质上是行文的下级机关对如何发展我市观光旅游农业的见解,有"指导思想、任务目标与原则";有"区域布局与重点项目";还有"几项政策措施",考虑合理、内容周全、措施适当。文末以呈转类建议意见的习惯用语作结。此文一旦经市政府同意批转以后,就成为了市政府对发展全市观光农业的指导性意见,具有一定的行政约束力。

该文中的概念、判断、推理,充分体现了作者的抽象思维能力、脉络清楚、格式规范。是一篇值得借鉴的好文章。

二、活动设计

(一)议一议

深圳市人民代表大会常务委员会

关于批准深圳市人民政府在罗湖区进行行政综合执法检查和处罚试点的决定

(××××年5月15日深圳市第二届人民代表大会常务委员会第二十二次会议通过)

深圳市第二届人民代表大会常务委员会第二十二次会议审议了深圳市人民政府《关于提请审议在罗湖区试行行政综合执法的方案》。为加强城市管理,提高行政执法效率,避免多头检查和重复处罚,改善我市投资环境和生活环境,根据《中华人民共和国行政处罚法》的基本原则,结合深圳的实际,作如下决定:

一、批准市人民政府在罗湖区进行行政综合执法检查和处罚试点。同意罗湖区人民政府成立行政综合执法机构。

二、罗湖区行政综合执法机构的名称、组织机构、人员编制、执法范围、执法程序、复议管辖等具体实施方案由罗湖区人民政府拟定,报市人民政府批准并公布实施。

三、罗湖区行政综合执法机构具有独立的行政执法主体资格。在市人民政府确定的试点范围内,市、区相关行政机关依照法律、法规和有关规定在罗湖辖区按各自职权范围只行使行政管理权和监督权,不再行使检查权和处罚权。

四、本决定自公布之日起生效。

问题探讨:上述决定运用了哪些思维方法? 体现了怎样的思维特征?

(二)练一练

1.下面的会议纪要存在一定的问题,请运用恰当地思维方法,写出规范的会议纪要。

《××××学会会议纪要》

时间:××××年×月××日

参加人员:常务副会长×××,副会长×××、×××、×××,办公室主任×××、副主任×××,活动中心主任××。

会议内容:

一、确定了学会的办公地点。根据××××年×月××日会议决定,×××、×××同志对学会办公地点进行了考察,经过比较,认为 ××大学办公条件优越,适合作学会的办公地点。会议决定,从即日起×××学会迁到××大学,挂牌办公。通信地址:××

市××区×××路××号。联系电话：×××××××××。

二、学会与××大学商定。由××大学给学会提供办公室、办公桌椅、电话和必要的办公费用。利用××大学的教学条件，双方共同组织举办秘书培训班等。

三、增补了学会副会长。为便于开展工作，建议增补××为学会副会长，负责学会的后勤保障和日常管理，先开展工作，以后提请×月份常务理事会确认。

四、制订了今年的活动计划(简略)。

××××学会
××××年×月××日

2. 想一想，下列事项中，应该用请示行文的有(　　　)。

A. ××县教育局拟行文请求上级拨款修复台风刮毁的学校。

B. ××县政府拟行文向上级汇报本县灾情。

C. ××集团公司拟行文请求上级批准引进肉食品加工自动化生产线。

D. ××海关拟行文请求上级明确车辆养路费缴纳标准。

E. ××市政府拟行文向上级反映农民负担增加的情况。

第四单元　公文写作思维实训

一、要点讲解

秘书工作中大量的写作是公文写作，公文写作的特点反映了秘书工作的特殊规律，也反映了秘书思维活动的特点。加强秘书写作思维训练，对提高秘书的写作水平有着重要意义。

秘书写作思维能力的提高，需要抓好三个环节：

(1)开展材料的鉴别综合，培养选材思维能力。

(2)运用分析判断，培养立意思维能力。

(3)学会结构表达，培养赋形思维能力。

【范例展示】

教育部关于举办2010年全国职业院校技能大赛的通知

各省、自治区、直辖市教育厅(教委)，各计划单列市教育局，新疆生产建设兵团教育局，有关单位：

为充分展示职业教育改革发展的丰硕成果，集中展现职业院校师生的风采，努力营造全社会关心、支持职业教育发展的良好氛围，促进职业院校与行业企业的产教结合，更好地为我国经济建设和社会发展服务，我部联合天津市人民政府、人力资源和社会保障部、工业和信息化部、住房和城乡建设部、交通运输部、农业部、文化部、卫生部、国务院扶贫办、中华全国总工会、共青团中央、中华职业教育社、中国职业技术教育学会、中国机械工业联合会、中国物流与采购联合会等部门，决定于 2010 年 6 月 24 日至 27 日在天津市举办 2010 年全国职业院校技能大赛。现将大赛方案印发给你们，请做好有关准备工作。

大赛期间还将同时举办 2010 年全国职业院校学生文艺调演晚会、2010 年全国职业院校学生技能作品展洽会、全国中等职业学校德育工作经验交流会和职业教育国际论坛。有关事项另行通知。

附件:2010 年全国职业院校技能大赛方案

教育部
二〇一〇年四月二日

这是一篇告知性通知，大赛的目的、意义、举办单位、参赛单位、时间、地点、要求等要素俱全，格式规范。写作中充分体了作者的选材、立意、赋形思维能力。

二、活动设计

（一）议一议

教育部关于转发《重庆市人民政府关于促进民办教育发展的意见》的通知

各省、自治区、直辖市教育厅（教委），新疆生产建设兵团教育局：

2008 年，重庆市制定下发了《重庆市人民政府关于促进民办教育发展的意见》（渝府发〔2008〕65 号）。该《意见》坚持以科学发展观为指导，贯彻落实党的十七大关于"鼓励和规范社会力量兴办教育"的精神。根据《民办教育促进法》关于"民办教育事业属于公益性事业""国家对民办教育实行积极鼓励、大力支持、正确引导、依法管理的方针"，解放思想，转变观念，结合实际，明确了该市民办教育未来发展的目标和任务。

《意见》将促进民办教育发展放在十分重要的地位。强调民办教育是深化教育体制改革，拓宽教育投入渠道，推动教育发展的重要力量。是实现该市新时期新阶段教育改革与发展的迫切需要。是建设长江上游地区教育中心和西部教育高地的重要保障。《意见》对发展民办教育提出了四项主要举措：一是树立学校品牌。由主要关注数量增长的粗放式发展，转向主要追求特色和质量的内涵发展；二是实施人才战略。学校不仅办学条件要达标，还要有名教授、名校长、名专业的支撑，努力建设一支高素质、高水平的民办学校教师队伍和管理团队，实现人才兴校；三是增强资本融通。针对民办学校投入不足、办学条件差的发展瓶颈，引导多渠道融通民间资本，通过收购兼并，吸引社会投资，完善学校法人财产权等方式，提高民办学校的资产总量；四是加强管理。政府有关部门和教育行政部门，依法加强对民办教育的管理，切实落实管理责任，明确管理职责，改革管理方式。

《意见》下发后，得到了重庆市民办教育工作者和社会的普遍欢迎。激发了社会力量兴办教育的积极性，振奋了民办教育工作者办好学校的信心，开始冲破长期以来阻碍民办教育发展的制约因素，给教育带来了生机和活力，对推动该市民办教育发展起到了积极的作用。

为进一步促进我国民办教育发展，现将《意见》转发给你们，请认真学习借鉴，结合实际情况,总体规划本地区的民办教育事业发展。要把握民办教育发展新的阶段特征,认清面临的新情况、新问题,明确工作的新思路、新举措。要清理并纠正不利于民办教育发展的政策措施,加快制定和完善有利于民办教育发展的政策措施。改革开放的实践表明,发展民办教育事业,对于增强国家教育能力,增加教育服务品种,扩大教育资源,促进教育公平,建设全民学习、终身学习的学习型社会,具有不可替代的作用。民办教育是教育事业发展的重要增长点和促进教育改革的重要力量,教育行政部门要把发展民办教育作为重要的工作职责,坚持改革创新,积极探索试验,努力开拓具有中国特色的民办教育发展道路。

附件:重庆市人民政府关于促进民办教育发展的意见(略)

中华人民共和国教育部

二〇一〇年四月一日

问题探讨:从公文写作的抽象思维、程式思维、系统思维等方面分析上述通知。

(二)练一练

1. 将下列注重感性的语句改写成注重理性的语言。

(1)缘分让我们相遇、相识、相聚,虽然难得寻到一个"臭味相投"的知己,但我们要好好珍惜,为了美好的未来,在挫折与艰苦中体验人生,在体验中认识自我、解剖自我、完善自我,从中寻找欢乐。(注重交友及生活体验的表述)

(2)大学相当于半个社会,来自五湖四海的同学在一起学习、一起生活、一起工作,无聊时谈谈心、聊聊天,各自叙说家乡的特产、家乡的变化与成就。(注重个人趣味的表述)

(3)刚进大学时,面对陌生的校园,想着人才竞争的激烈曾满怀学习的热情,但是很快理想与现实之间的差距让我泄了气。(偏重个人情绪的宣泄)

(4)在两年的生活中,最得意的事莫过于——智勇双全,公交车上斗小偷……最失败的事莫过于——同室操戈,两个室友闹矛盾。(以具体事情对自己情感影响的深刻程度作为选材的方向与标准,仍是感性多于理性)

(5)大学生活在不知不觉中已过半,回顾过去的学习生活颇有感慨、思绪万千,在学习上成功的经验寥寥无几,失败的教训却可以随手拈来,掩卷沉思,其主要情况如下……(个人思绪的形象表述)

(6)社团组织与社会现实很贴近,参入其中使我在迈入社会前做了个热身运动,这是我的大学生活中不空洞的一页,我已满足。(以个人的满意度作为选材的标准)

2. 根据下列材料完成公文写作。

某商贸集团总公司是省属的集化工、电子、服装、原材料、副食品等进出口贸易于一体的大型国有企业。目前拥有分公司15家,总资产近150亿元,在职职工近5万人。在开发国内外两个市场中不断发展壮大。

商贸集团第五分公司主要经销副食品。几年来,随着城乡人民生活水平的不断提高,第五分公司的市场前景越来越广阔,其规模也在不断扩大。至2009年,第五分公司所属的一个副食品冷库,需要扩建。根据有关人员反映,自1996年以来,由于市场经济的迅速发展,农村许多地方办起了养殖场、鱼塘等,有的实行了联营,鲜肉、鲜蛋、鱼虾等副食品大量增加,极大地丰富了菜篮子。但原有冷库不能满足需要。他们想在分公司所在地的东望县再建一个冷库,面积为 $90 \times 60 \ m^2$,这样,可储存鲜肉、鲜蛋、鱼虾等近 200 吨,还想进口部分冷冻设备。请求总公司拨款 800 万元。若有可能,将于今年(2009 年)破土动工,争取明年下半年投入使用。第五分公司将选派一名有经验有能力的副经理分管此项工作。

商贸集团总公司接到第五分公司的请示后,当即予以回复。希望分公司接此文后,即同当地有关部门协商,在保障安全的前提下,选好建库地址,按期投入使用。所拨资金要专款专用,不得超支。作为扩建冷库的专用资金,进口高级冷库设备不合适,需要的外汇太多,而且懂得外国冷冻设备安装和调试的技术人员也不好找。要求拨 800 万元建一个冷库,标准太高,因为国家资金有限、标准太高,也无太大必要。所以,只拨给建筑款项 500 万元。随着市场经济的发展和我国即将加入 WTO 使得扩建冷库很有必要。款不够,可采用其他办法筹款,你们自行安排,但要符合国家政策。

第五分公司接到总公司批复和建筑款后,当即派王副经理负责此项工作。第五分公司采取股份办法,自筹资金 100 万元。王副经理组织一干人马,经过严格的招标后,确定由本省建筑工程公司第三建筑队负责施工。工程于 2009 年 3 月破土动工,2010 年 7 月 10 日竣工。然后,又用了近 20 天时间布置、安装、调试设备,该冷库于 2010 年 8 月 1 日正式投入使用。该冷库建在东望县南郊,西邻火车站,东邻 108 国道,交通运输便利。该冷库占地面积为 $80 \times 50 \ m^2$,分上下两层,4 个区域,分别储存肉类、蛋品、海鲜等,储藏量可达 200 吨。分公司又自筹资金,购置了一套国产冷冻设备,冷冻效果很好,扩大了市场销售量。该冷库投入使用 3 个月来,营业收入就比去年同期增长了 20%,极大地鼓舞了干部和职工。职工纷纷表示,要以更大的热情投入工作,为了公司的发展不怕苦和累。第五分公司的经理非常高兴,于 2010 年 11 月,写报告向总公司汇报了这些情况。

写作要求:

(1)以第五分公司的名义写一份主送给商贸集团总公司的请示。(提示:选材思维)

(2)以商贸集团总公司的名义写一份给第五分公司的批复。(提示:赋形思维)

(3)写一份第五分公司向总公司汇报建冷库情况及投入使用后情况的报告。(提示:立意思维、系统思维)

四、思维拓展

(1)秘书写作思维要服从领导决策。

(2)秘书写作思维要服务领导决策。

(3)秘书写作思维要有利于领导决策。

学有所得:

领会意图——公文撰写的"奠基工程";构思准备——公文撰写的"蓝图设计";拟写文稿——公文撰写的"施工阶段";认真修改——公文撰写的"整修装潢"。公文撰写的任何一个环节都离不开思维,只有科学运用公文写作的思维方法,才能写出符合要求的公文,才有助于领导决策及其决策的实施。

五、习得交流

公文写作的过程实际上是一种思维过程。写作思维活动是秘书写作的基础和关键，它渗透到秘书写作的各个方面。要想写好公文，就必须学会对材料的鉴别、综合和剪裁，培养选材思维能力；学会分析、判断和推理，培养立意思维能力；学会组织、结构和表达，培养赋形思维能力。写作者必须有较高的思维能力，才能显出他们的心灵高度、思维高度、智慧高度，随着这种高度的不断超越、不断拓展、不断深化，写作者对事物的认识就越高远、越深刻，对指令性的把握就会越准确，表达也就越完美。

第十七部分 秘书说话思维训练

训练内容图解

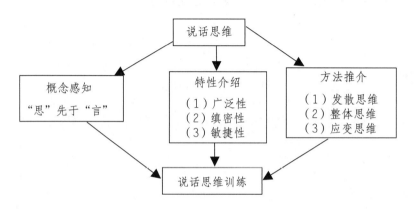

第一单元　说话思维概念感知

一、要点讲解

本章的"说话"与"口才"有关,但并非是讲口才如何好,运用了什么口才技巧。而是立足于秘书职业,强调秘书说话"思"先于"言"。

秘书界曾这样形容秘书工作:"上面千条线、下面一根针。从早忙到晚,嘴不闲、腿不停。"这段话在一定程度上说明了秘书怎样工作和秘书工作的辛劳。而"嘴不闲"则说明秘书工作中,动"嘴"的时间不比动"手"的时间少,"说"与"写"都是秘书的重要技能。过去那种完全文牍型的秘书已经不适应当今社会,现在需要的秘书是既要会写,又要会说,更要会"思"。

在我国很早就形成了传统的"说学"。《左传》上曾有这样的话:"言之无文,行而不远。"就是强调说话要讲究艺术。古人还注意到学识功底对口才的重要性,孔子在《论语·季氏》中强调:"不学《诗》,无以言。"他看到了口才不只是"说"的问题,还与说话人的学识有关。晋代陆机在《文赋》中说:"思风发于胸臆,言泉流于唇齿。"告诉我们"思"先于"言",只有思如风发才能言如泉流。明代的袁宗道说:"口代心(古人把心视为思维器官)者也,文章又代口舌者也。"古人早就认识到了"说"的根本在于"思",要"会说"就要"多思,"慧于心,而秀于口""精于思,而美于言"。也就是我们通常说的只有想的清楚,才能说得明白。

【范例展示】

厂长大还是书记大?

一位青年工人问厂长秘书:"实行厂长负责制后,我们厂是厂长大还是书记大?"

怎样回答这位青年工人的问话呢? 这位思维广泛、缜密的秘书马上联想到家庭里爸爸和妈妈相辅相成、相互配合的关系,立即敏捷地回答:"你回家问问,在你们家里是爸爸大,还是妈妈大?"

这位青工听后笑了,想想也是这个理。

俗话说"宁和明白人吵架,不与糊涂人说话。"充分说明了交际双方思维状况对言语交际效果的影响。

二、活动设计

(一)看一看

和谐出家

有 4 个年轻人想要出家,法师考问年轻人为什么要出家?

年轻人 A:"我爸叫我来的。"

法师:"这样重要的事情你自己都没有主见,打 40 大板。"

年轻人 B:"是我自己喜欢来的。"

法师:"这样重要的事情你都不和家人商量,打 40 大板。"

年轻人 C:不作声。

法师:"这样重要的事情想都不想就来了,打 40 大板。"

如果你是年轻人 D 怎么和法师沟通呢?

在法师和年轻人的沟通中,年轻人要出家和法师收弟子是目的,共识是和谐出家。

年轻人 D:"我受到法师的感召,我很喜欢来,我爸也很支持我来!"

(二)议一议

案例 A　买柴与卖柴

有一个秀才去买柴,他对卖柴的人说:"荷薪者过来!"卖柴的人听不懂"荷薪者"(担柴的人)三个字,但是听得懂"过来"两个字,于是把柴担到秀才前面。

秀才问他:"其价何如?"卖柴的人听不太懂这句话,但是听得懂"价"这个字,于是就告诉秀才价钱。秀才接着说:"外实而内虚,烟多而焰少,请损之。(你的木材外表是干的,里头却是湿的。燃烧起来会浓烟多而火焰小,请减些价钱吧)"卖柴的人因为听不懂秀才的话,于是担着柴就走了。

问题探讨:卖柴的为什么走了? 秀才说话有什么思维缺陷?

案例 B　说话的力量

台湾著名成功学家林道安说:"一个人不会说话,那是因为他不知道对方需要听什么样的话。假如你能像一个侦察兵一样看透对方的心理活动,那你就会知道说话的力量有多么巨大了!"

问题探讨:从秘书职业定位出发,谈谈秘书会说话的作用及不会说话的危害。

(三)练一练

1. 你的同事马小姐体态稍胖,好打扮。一日穿了一件刚买的价格不菲的名牌风衣,别人都称赞她"漂亮""越来越年轻"。当问到你时,你如何评价?

2. 一海外客商到某公司商谈合资办厂事宜。该公司经理在会客室专候,并准备了烟茶水果。客商走进公司大门后,迎候在门厅的经理秘书与客商握手道:"我们经理在上面(指二楼会客室),他叫你去。"客商一听,当即一愣,必想:他叫我去? 我又不是他的下属,凭什么叫我? 于是说:"贵公司如有合作诚意,叫你们经理到我住的宾馆去谈吧。"说完拂袖而去。

如果你是这位秘书,想想应该怎么说?

第二单元　说话思维特性介绍

一、要点讲解

一个秘书说什么和怎么说,都反映出他的思维品质。一个思维敏捷、广泛、缜密的人,可以用极简洁的语传达出丰富准确的思想。

(一)秘书说话思维的广泛性

秘书说话所反映出来的思维广度,表现为能以言语交际的话题为中心向周围发散思维,思索一切有关的已知经验,使所有正反面的、相关、相似的各种材料,网罗成一个构思的整体,在思维的广阔范围内充分展开联想。

(二)秘书说话思维的缜密性

秘书在工作中,说话的话题往往涉及形形色色的客观事物,因此言语交际中的思维能力要具有广泛性。而形形色色的客观事物在不同的环境中又有着不同的内在联系,因此,秘书说话的思维能力又要求具有缜密性。

(三)秘书说话思维的敏捷性

由于秘书的工作环境、说话对象不是一成不变的。秘书会在不同的环境中与各种人打交道、处理各类事务、应对各种场面,所以秘书说话要具有应变能力,思维要相当敏捷。

人的思维有敏捷和迟钝之分。这既有先天的因素,又有后天的原因。思维是人脑的机能,会受先天遗传因素的影响。但是,决定人的思维品质的主要因素不是生理结构,而是大脑的意识结构。思维的敏捷性和应变能力,主要取决于思维结构的优化与否。

【范例展示】

让阳光公司天天充满阳光

阳光公司副总经理盛家禄，因一项对外业务与总经理黎云发生了争执。第二天，副总经理与戈秘书出差，在路上说起他与黎总的分歧，明明是想得到秘书对他的支持与同情，如果秘书说话不注意，就会陷入尴尬的处境。戈秘书从维护领导之间的团结出发，深情地对盛副总经理说："上帝真是青睐我们阳光公司，让您和黎总一同降临我们公司。你们俩各有千秋，一个雷厉风行、一个和风细雨，真可谓珠联璧合。你们在一起相得益彰，大人有大量，不必为一些小事生气，我们阳光公司天天充满阳光。"戈秘书恰到好处的语言促进了领导之间矛盾的化解。

二、活动设计

(一)看一看

电影导演谢晋赴美举办他执导的影片回顾展，美国电影界同行和记者们向他提问："什么样的影片最卖座？中美如何进行电影合作？"这真是友好的难题。谢晋答道："里根先生将来不当总统了，如果他仍旧对表演感兴趣，那么他来主演，我来导演，中美合拍，我相信这部影片在全世界一定卖座，这也是最好的中美电影合作。"对这种出乎意外的敏捷的回答，在场的美国朋友报以热烈的掌声。如果对美国同行和记者提出的这两个问题，谢晋囿于常规思维方式，大谈一番关于最佳影片的理论和最好电影合作方式，人们就不一定会称赞他的机敏口才。谢晋避开系统分析思维方式而采用典型分析思维方式获得了大家一致赞赏。

(二)议一议

案例A　一语不慎，险致领导失和

某地党政两位一把手关系原本很好，一度因工作意见分歧产生小不愉快。正巧这时上级来了一个工作检查组，在陪同问题上，书记认为党政一把手有一人陪同就行了，不必两人都去。不料办公室秘书在向政府一把手转达书记意思时，却把话说成："书记说啦，你去他就不去。"政府一把手听了，心里思忖：我去他就不去，这是什么意思？虽然勉强去了，总认为书记对自己有了成见。幸好这两位一把手以后谈心消除了误会。否则，还不知会酿成什么局面。

问题探讨：办公室秘书在转达书记意思时思维欠缺在什么地方？

案例B　一言不妥，令兄弟单位不悦

"喂，县统计局吗？我是县委办公室。今年上半年的各项经济指标完成情况你们统计出来了吗？"这是某县委办公室一位秘书人员在给县统计局打电话。对方回答统计出来了。这位秘书又说："我们正在给领导写讲话稿，急等着要这些数字，你给送来吧。"统计局的人听了这话，很不乐意，说："我们也正忙着，你自己来抄好了。"叭！电话断了。如果那位秘书换一种口气，请求对方给予支持协助，情况又会如何呢？

问题探讨:县委办的秘书应如何思维,讲出来的话对方才能接受? 如果你是那位秘书,请换种口气说说看。

(三)练一练

1. 琳达是托普仪器(上海)公司销售部经理丁勇的秘书。这天上午上司在去开会之前,丁勇对琳达说:"开会期间所有的电话都不要转给我,待我开完会再说。会议估计到12点左右结束。"10点多钟,经销商田总打来电话:"我有些急事要与你们丁总商量,所以想下午到你们公司来,具体时间看丁总方便。"由于丁总在去开会之前说了所有的电话都不要转接,所以琳达告诉田总丁总现在不在。琳达接下来应该怎么说?

2. 佩佩年轻干练、活泼开朗,入行不几年,职位噌噌地往上升,很快成为单位里的主力干将。几天前,新老板走马上任,下车伊始就把佩佩叫了过去:"佩佩,你经验丰富、能力又强,这里有个新项目,你就多费心盯一盯吧!"

受到新老板的重用,佩佩欢欣鼓舞。恰好这天要去上海某周边城市谈判,佩佩一合计,一行好几个人,坐公交车不方便不说人也受累,会影响谈判效果。打车吧,一辆坐不下,两辆费用又太高。还是包一辆车好,经济又实惠。

主意定了,佩佩却没有直接去办理。几年的职场生涯让她懂得,遇事向老板汇报一声是绝对必要的。于是,佩佩来到老板跟前。

"老板,您看,我们今天要出去。"佩佩把几种方案的利弊分析了一番,接着说:"所以呢,我决定包一辆车去!"汇报完毕,佩佩发现老板的脸不知道什么时候黑了下来。他生硬地说:"是吗? 可是我认为这个方案不太好,你们还是买票坐长途车去吧!"佩佩愣住了,她万万没想到,一个如此合情合理的建议竟然被打了回来。

"没道理呀,傻瓜都能看出来我的方案是最佳的!"佩佩大惑不解。

请帮佩佩找出问题的症结。如果你是佩佩,你觉得怎样说话老板就会同意你的建议?

第三单元　说话思维方法推介

一、要点讲解

新的社会实践向秘书人员的思维方式提出了新的挑战,秘书要改进和完善自己的思维方式,运用科学的思维方式说好该说的话。

主要思维方式:

(一)发散思维

首先,秘书人员要具有发散思维的能力,要注意知识积累,因为思维的基础是意识。思维要广泛,就必须努力积累各种直接和间接的知识,而且还要善于利用所积累的各种知识。要在广泛积累知识的基础上,全面提取与思维主题有关的材料,加以严密的组织,为秘书工作服务。

其次,要摆脱常规思维定势的束缚。每个人都有自己的思维结构(头脑里已有的观念及习惯用法),尽管这种思维结构具有时代和民族、阶层的特点,但它毕竟是具有个人的特征,形成各自的思维"定势"。秘书人员要有宽广的思路,就得挣脱自身思维定势的束缚,从各方面考虑问题,进行发散思维、求异思维。这种思维不依定势,只求变异,不受传统知识和方法的束缚,能从多方面进行思考,从不同的方向进行探索,其结果可能找到开拓前进的新途径和解决问题的新方法。由已知推到未知去发现新事物,创造新方案,从而更好地当好领导的助手与参谋。

(二)整体思维

秘书人员在说话思维过程中,既要注意全局又不能忽视细节。客观事物不是孤立地静止地存在,而是互相联系着,永远处于运动状态中的。秘书要勤于思考,有意识地培养接近联想、相似联想、关系联想、因果联想等思维能力。给领导当参谋时,要能鸟瞰全貌,注意运用全局和整体的观点分析问题,既"瞻前",又"顾后"。在思维过程中,既抓住关键,又不忽视细节;一方面看到思考对象本身;一方面又兼顾与其有关联的情况。不仅看到思考对象的变化,而且考虑它与周围事物的相互制约和影响,从整体上思考一切问题。这样,说出的话才严谨、周到。

(三)应变思维

思维的敏捷性和应变能力,主要取决于思维结构的优化与否。秘书要优化自身的思维结构,除了积累知识外,就是要掌握辩证思维方式。作为秘书,切不可习惯于寻觅一些"程式化"的、错误的思维方式去应付层出不穷的现实话题。因为思维的"惰性"会严重影响言语技巧的发挥,妨碍秘书形成敏捷应变的说话能力。

【范例展示】

明年的服装流行色是绿色

几年前,一服装厂的秘书对他的厂长助理说:"今年我国几把大火烧掉了大片大片的森林,在社会上引起了强烈的反响,人们心理上为失去'绿'而遗憾。因此,预计明年的服装流行色是绿色。"看来,这位秘书是懂得社会重大事件对流行色的影响的,但是,他的思维欠缜密,他在讲这番话时所使用的是单向思维,单向地寻求森林色与服装色的同一性。殊不知,影响服装流行色的原因是多方面的,社会重大事件对流行色是有影响,但是还有其他许多方面的影响,如当时的社会经济文化状况、人们的心理运动规律、市场周期、世界潮流、各种人为因素,等等。结果,这位秘书的预言与事实不符,第二年的流行色并非绿色。

二、活动设计

(一)看一看

一位小伙子向厂长秘书请教:"对女性外貌美应该怎么看?"这位秘书的头脑里会接连闪出一些广泛的念头:"过得去就行,只要人好""别光看外貌美,要更注重内在美""情人眼里出西施,人是因为可爱才美的""美是总体印象,并非单指外貌""不要太漂亮,太漂亮了招惹是非""太漂亮的女性往往骄傲、任性",等等。最终该秘书会从这些广泛联想中归纳出她的答案。如果这位秘书思路不开阔,思维不广泛,那她的回答就没有选择的余地,回答就不一定使人满意。当然,究竟应选择哪种说法,这又要视时间、环境和问话的对象而定。

(二)议一议

案例 A　不要和老板开黑色玩笑,虽然它只是玩笑

青青是个报关员,更是个聪明的女孩。她脑子快、言辞犀利,还有丰富的幽默细胞,是公司的一颗"开心果"。但如此可爱的青青,却得不到老板的青睐。

青青工作非常努力,有时为了赶时间一大清早就要赶到海关报关。当她满身疲惫地回到办公室后,老板不仅不体谅,还不分青红皂白地说她迟到、旷工,怎么解释都不行。青青委屈极了,向专家求教。专家启发她,"你平时有没有在言词上对老板不敬啊?"

这么一问,青青想起来了,自己平时就爱与同事开玩笑,后来看老板斯斯文文,对下属总是笑眯眯的,胆子一大,就开起了老板的玩笑。这天,老板一身簇新地来上班了,灰西装、灰衬衫、灰裤子、灰领带。青青夸张地大叫一声:"老板,今天穿新衣服了!"老板听了咧嘴一笑,还没来得及品味喜悦的感觉呢,青青接着来了:"像只灰耗子!"

又有一次,客户来找老板签字,连连夸奖老板:"您的签名可真气派!"青青恰好走进办公室,听了又是一阵坏笑:"能不气派吗? 我们老板可暗地里练了3月了!"此言一出,老板和客户同时陷入尴尬。

问题探讨:这么可爱的青青为什么得不到老板的青睐?(请从说话思维的特性和方法着手分析)

案例 B　给我多少工资

小王学的是秘书专业,毕业后到人才市场找工作,看到一家公司招聘秘书,于是递上自己的简历。趁对方看简历的空隙,小王问:"到你们公司做秘书,你们给我多少工资啊?"对方看了看小王。小王见对方没有回答,又接着问:"你们公司解决住宿吗? 年终有没有奖金啊?"招聘者又看了看小王并将材料还给小王,说了一句话:"我们公司用不起你。"

问题探讨:小王应聘为什么不成功? 小王的问话在思维方面存在什么问题?

(三)练一练

1.莉莉是益群百货(上海)公司总经理的秘书。上司与供货商刘经理就进货问题谈判了几个回合了。这天刘经理来益群公司准备签合同,但上司又提出了供货中的问题,一个上午又无果而终。刘经理回去的时候,上司让秘书莉莉送他到电梯口。在电梯口,刘经理苦笑着对莉莉说:"你们老板今天怎么变得这么婆婆妈妈的? 没有一点男子汉大丈夫的气魄!"

如果你是秘书莉莉,你该说什么话既不得罪客人又维护领导形象?

2.公司召开的工资调整会议由你担任公司秘书做会议记录。会上总经理吩咐与会者:此次会议内容保密,不得向外透露。午饭时,同事也是好友张强凑过来悄悄地问:"听说公司要调整工资,你是领导的红人,涨多少?"想一想,你该怎么应对?

第四单元　秘书说话思维实训

一、要点讲解

工作中,每天都可能有些状况出现,我们和同事、领导之间也难免有"话"要交代。说什么、怎么说,什么话能说,什么话不能说,能不能达到预期的目的,都有讲究。你是否曾因不善言辞而"闯祸"? 面对不同的突发情况,你会运用哪些"智慧"的语言化险为夷?

秘书要想会说话,说好话,就要改进和完善自己的思维方式。为此,应作两个方面的努力:

一方面,要保持良好的思维情绪。一个秘书,即使遇到了不利情况,也要像"塞翁失马"一样,永远保持良好的情绪。因为情绪会影响思维应变的敏捷性,愉快乐观的心情能有效地激活人们对外界信息的反应。一个秘书如果处于不利于言语交际的情况下,只要保持情绪正常,冷静地、全神贯注地考虑言语对策,也能获得敏捷的思维反应。

另一方面,平时要多进行"推理""概括""想象"等限时反应练习,这类思维练习随时都可以进行。比如,当某件东西丢失了,寻找时进行思维的推理练习;为了说明日常生活中出现的某件事情,选用一句适当的成语进行思维的概括练习;给别人讲述自己编构的故事,进行思维的想象练习等。

【范例展示】

对于秘书来说,在给上司提建议时,应尽量让上司做"选择题",避免做"回答题"。

公司总裁秘书李建军在与大隆公司总裁秘书聊天时,得知恒盛公司老板的父亲下个星期满八十大寿。如果李建军这么向自己的老总提建议:"听大隆公司的人说,恒盛公司老板的父亲下个星期满八十大寿。我们是否要准备点贺礼?"那对于老总来说,李建军这种建议没有任何意义,因为恒盛公司是本公司的最大客户,老总得知这信息之后不可能不去祝寿,既然要去祝寿,自然要准备寿礼。所以,李建军一开始就应该知道,即使自己不问,老总也肯定是"要送"。李建军在这种情况下应该直接提出具体建议,比如他可以这么说:"我听恒盛总裁办小谢说老爷子喜欢书法,我们给他送一套文房四宝,您看如何?"自己只提建议,决定权还是交给上司。也就是说,在这种场合只让上司做"行"或"不行"的选择就行了。如果你是一个经验丰富的秘书,那你提出的建议上司多半会说"行!"如果上司对你说"这事你就看着办吧!"那就说明上司基本信赖你了。

二、活动设计

(一)看一看

1.当你看到领导兴高采烈、神采飞扬时,你该说点什么?

2.当你看到领导在办公室紧锁眉头、闷闷不乐时,你该说点什么?

3.当你向领导汇报工作,发现领导心不在焉时,你该说点什么?

(二)议一议

接待有怨气的顾客

广州某家化妆品厂的办公室,一天突然来了这样一位访客。只见她满脸愠色,一见到办公室主任,就从手提袋里取出一盒化妆品,怒气冲冲地质问道:"这个倒霉的东西是不是你们的产品?"

办公室主任取过一看,果然是本厂的一种新产品。她面带微笑,仿佛没有理会到姑娘的怒气,说:"这正是本厂的产品,请问您用过之后,有什么不妥吗?"

姑娘说:"广告上说能祛雀斑的,可是我买回来之后,不光没有去掉雀斑,还弄坏了我的皮肤。"说到这里,姑娘眼圈红了。

办公室主任这才注意到,姑娘的脸上有许多受药物刺激造成的红斑。

这时,她二话没说,拉起姑娘的手说:"别的我们以后再说,您的皮肤过敏要紧。我马上带您去医院检查一下。医疗费由我们厂包了。"说着就带这位投诉的姑娘到医院检查去了。

检查结果表明,这位姑娘的皮肤过敏症状是由于不适用这一类型的化妆品造成的。幸亏这种化妆品药性不强,不会引起什么严重后果。听了医生的这番话,姑娘的脸色才"多云转晴"。

这时候,办公室主任又不慌不忙地从化妆品盒中取出原来就附在里面的说明书,打开来对姑娘说;"其实,这说明书中已说明什么皮肤不宜使用这种化妆品了。您的皮肤不宜用这类化妆品,我们厂还生产有其他类的祛雀斑药物化妆品。根据医生刚才的检查,我觉得另一种牌子挺适合您,您不妨试试看。"

听了办公室主任的话后,姑娘的脸上绽开了笑容。

案例中办公室主任的说话运用了哪些思维方式?

(三)练一练

运用恰当地思维方式完成下列任务:

1.当领导要你立即处理某件事时,你说什么?

2.当你的同事出的妙计被领导赞赏时,你应该说什么? 为什么?

3.当有件棘手的工作,你无法独力完成,非得找个人帮忙不可时,你会怎么说?

4.当上司问了你某个与业务有关的问题,而你不知该如何作答,又千万不可以说"不知道"时,你怎么办?

5.你必须向领导报告一个坏消息时,你怎么说?

三、思维拓展

"良言一句三冬暖,恶语伤人六月寒"。说话做事是一种学问,也完全是一种艺术。不管用什么方法、技巧说话,都离不开思维,要想好再说。

（1）急事，慢慢地说。遇到急事，如果能沉下心思考，然后不急不躁地把事情说清楚，会给听者留下稳重、不冲动的印象，从而增加他人对你的信任度。

（2）小事，幽默地说。尤其是一些善意的提醒，用句玩笑话讲出来，就不会让听者感觉生硬，他们不但会欣然接受你的提醒，还会增强彼此的亲密感。

（3）没把握的事，谨慎地说。对那些自己没有把握的事情，如果你不说，别人会觉得你虚伪；如果你能措辞严谨地说出来，会让人感到你是个值得信任的人。

（4）没发生的事，不要胡说。人们最讨厌无事生非的人，如果你从来不随便臆测或胡说没有的事，会让人觉得你为人成熟、有修养，是个做事认真、有责任感的人。

（5）做不到的事，别乱说。俗话说："没有金刚钻，别揽瓷器活"。不轻易承诺自己做不到的事，会让听者觉得你是一个"言必行，行必果"的人，人们才愿意相信你。

（6）伤害人的话，不能说。不轻易用言语伤害别人，尤其在较为亲近的人之间，不说伤害人的话。这会让他们觉得你是个善良的人，有助于维系和增进感情。

（7）伤心的事，不要见人就说。人在伤心时，都有倾诉的欲望，但如果见人就说，很容易使听者心理压力过大，对你产生怀疑和疏远。同时，你还会给人留下不为他人着想，想把痛苦转嫁给他人的印象。

（8）别人的事，小心地说。人与人之间都需要安全距离，不要轻易评论和传播别人的事，只有这样会给人交往的安全感。

（9）自己的事，听别人怎么说。自己的事情要多听听局外人的看法，一则可以给人以谦虚的印象；二则会让人觉得你是个明事理的人。

（10）领导的事，不要说。不要再背后议论领导，不要非议自己所在的单位，让领导和同事觉得你是一个可信赖的人。

学有所得：

秘书人员都深感说话的重要，都在寻求增进口才的途径。但有的秘书人员却说，读了不少关于口才技巧的书，但收效却不大。原因在哪里呢？原因就在于他仅仅着力于口才技巧的简单模仿，还没有找到解决如何说话问题的根本途径。会不会说话，会不会表达固然重要，但如果不看对象、不明事理、不能运用恰当地思维方法，是绝对说不好话的。

四、习得交流

秘书在给领导当参谋时，所发表的意见自然是越正确越好。所谓"正确"，就是恩格斯所说的"我们的主观的思维和客观的世界服从于同样的规律，因而两者在自己的结果中不能互相矛盾而必须彼此一致。"用邓小平的话说就是"实事求是"，反映同一律才是思维的基本规律。符合反映同一律的思维是正常思维，不符合反映同一律的思维是反常思维。除此而外，还有介于二者之间的中间状态，即从思维的直接结果上看虽未能反映印象与客体的同一，但却可以推进人们的认识，为以后的同一打下基础。这种思维为不完全正常思维或不完全反常思维。

一个人要没有一丁点反常思维是不可能的，否则便会有一贯正确的"完人"了。人并不是经常都能保持正常思维的,常常有反常思维或不完全正常思维渗透其中。因此,秘书人员的出发点,是如何尽可能地把反常思维的成分降低到最小限度,以保证我们言语内容的最大正确性。要达到这个目的,我们必须努力培养思维的自我评估和批判能力。

当一种看法产生时,应自觉地多换几个角度去评价和审视。首先,在思考问题时用言语追述出自己的思维过程,从中发现自己的思维指向、思维方式所存在的问题,从而使思维的目标和手段得到改善,提高主体的言语自我控制能力。其次,秘书人员在言语交际中还要养成窥测和捕捉异常现象的能力,善于发现自身或对方的言论在主客观之间的不协调情况,并根据客观实际作出是非判断,深入剖析其实质。剖析时要独立思考,勇于自我批判,扬是弃非,对别人的意见既不一概排斥,也不盲目迷信。坚持原则、坚持实事求是,只有这样,才能在认识客观世界的同时改造自己的主观世界,以优化自己的思维品质,确保秘书说话的准确有效,当好领导的参谋和助手。

第十八部分 秘书临时事务处理思维训练

训练内容图解

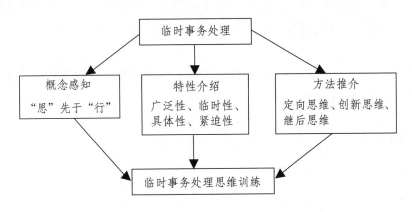

第一单元 临时事务概念感知

一、要点讲解

秘书临时事务是指：上司临时交办或正常事务性工作之外突发的，需要秘书及时处理的事务。

临时事务处理是秘书事务处理的重要内容，也是领导活动有效开展的重要条件；是组织有效运转的重要保证；是秘书协助领导决策的重要途径；是秘书发挥参谋助手作用的重要前提。因此，秘书人员必须重视临时事务处理工作，充分发挥临时事务工作在决策和管理中的作用。

临时事务处理，无论在物质上、心理上，秘书事先都没有准备，处理方法也无章可循。这就需要秘书人员具有较强的应变能力，超常的思维方法，符合逻辑的、切合实际的、行之有效的做法。

要处理好临时事务，秘书人员要多动脑筋，要根据当时的工作环境快想敏思，找出处理的办法，预想处理效果。"思"先于"行"。

【范例展示】

老总的照片

这是一家以家电制造为主业的上市公司。最近,公司为了实现产业升级,正在收购一家上市的生物制药公司的股份。为了避免两家公司在股票市场上的大幅波动,他们签订了严格的保密协议,规定这件事双方只能让少数人知道。这天,负责与对方秘密谈判的公司副总从对方的所在地打来电话说,谈判已经完成,让秘书赶紧用快件寄3张作为公司法人代表的总经理照片过去,以办理有关手续。这天总经理正好在市政府开会,秘书一时找不到总经理的照片。就在秘书不知怎么办好时,她看到挂在自己胸前的胸卡,想起半年前公司为了实施CI战略,公司公关部统一为公司每个员工拍照制作胸卡,便估计公关部留有总经理照片。秘书给公关部打电话,对方接电话的正是秘书中学的同学小诺。小诺是公关部的办事员,公司所有人的照片都是她拍的。她说他们那有总经理的照片,并答应马上给送过来。

这件事看起来不是什么大事,但如处理不好会误了大事。案例中的秘书运用了联想思维,成功处理了这件临时事项。

二、活动设计

(一)议一议

性急的老总

这是一家规模较小的私营企业,总裁办有三个秘书,总裁办主任是个男性,他还兼着人力资源部经理。除了主任,就是经验丰富的小娜和今年刚刚参加工作的玛丽。这天上午,小娜外出有事,办公室只留下主任和玛丽。这时,一位看上去似乎有些耳背的老人拿着一张发票走了进来。可能是找销售部找错了门,玛丽正好有点别的事情去办,会路过销售部,于是顺路将他领到销售部去了。不巧,玛丽刚走,老板就来电话,让主任把新车间的设计图送去。负责文件收发的是玛丽。主任左翻右翻怎么也找不到图纸,于是等得不耐烦的老板在电话里大发雷霆:"怎么搞的?连张图纸也找不到,你这个主任一天到晚在干些什么?"有什么办法?主任只好沮丧地等玛丽回来。玛丽刚进门,主任就把自己胸中的怒气全部发泄到玛丽头上:"托您的福,老板给了好果子吃!你干什么去了?!"玛丽想说明,但主任根本不给她说话的余地:"废物!饭桶!"玛丽怎么受得了这样的委屈,她泪流满面地冲出办公室,屋里只剩下主任对着硕大的天花板抽闷烟。这时,小娜回来了。……

问题探讨:如果你是小娜,你怎么处理这件突发事件?

提示:

正确的处理方法及理由:小娜首先要向主任汇报外出办事的结果,然后小声地问:"主任,出了什么事?""真是实在对不起,要是我早回来一会儿就好了……"当主任大致说完事情的经过后,立即向主任表示道歉。这样,主任的脸色就会阴转多云,这是第一步。第二步是小娜帮主任找到设计图,然后将图纸送到总经理办公室,向老板认错:"实在对不起,我刚出去办了点事……您要的是这份图纸吗?"如果现在由主任给老板送去,说不定老板还要发脾气,把主任奚落一顿。但是由小娜送去,不管老板脾气如何,总不至于再发雷霆。沉着机灵,随时给自己的上司准备下台阶的梯子,只有具有丰富经验的秘书,才会有这种智慧的闪光。最后是第三步,小娜带玛丽到一个无人的接待室,心平气和地同她谈心:"你参加工作以来,工作很刻苦,而且对工作也很热情,大家对你的印象都不错。不过,只是有时候还得掌握点分寸,注意点工作方式。就拿今天的事来说吧,如果你在存放文件时,对主任说一句:'主任,我把图纸放在这里。'今天就不会让老板生气了。过去我也出过这方面的差错,其实,这也是我的不对,我应该及时提醒你才是。"小娜最好是这样和风细雨地去帮助玛丽,千万不能这么对待玛丽:"正是因为你走了,主任才生气嘛!"或者"你存放文件的方法就是有问题。"

本题的关键:换位思考是保持良好人际关系的法宝。

(二) 练一练

1. 你值班时,接到邻市交警大队的电话,告知你们单位的车在那儿除了交通事故。听到这个消息,你的第一反应是什么? 说说你处理这一突发事件的思路。

2. 你正在上班,突然有一位客人造访并大吵大闹,你作为秘书该怎么办?

第二单元 临时事务处理思维特性介绍

一、要点讲解

(一) 广泛性

临时事务处理过程中体现出秘书人员思维的广泛性,上司交代秘书办理的事项、单位临时发生的事情,通常内容都会十分广泛。既有比较重要的事项,又有鸡毛蒜皮的小事;既有公务活动事项,又有私人生活事项;既有决策服务事项,又有应酬接待事项;既有公开交代的事项,又有秘密委托的事项。总之,凡是上司认为需要秘书出面办理或在秘书职责范围内的事项,都可能交代秘书去办。广泛性特点是由秘书工作的综合性所决定的,秘书是为上司工作服务的,办理上司交办的事项是秘书义不容辞的职责。无论上司交给秘书什么事项,只要不违反原则,秘书都应当积极办理、努力完成任务,没有分内分外之分。

(二) 临时性

上司交代秘书办理的事项或突发事件,大多具有临时性,它不像一些较大的工作任务或常规事务工作,是事先有计划和安排的。上司交办事项一般都没有计划和安排,它往往是上司临时想到或遇到的、需要马上办理和落实的事项,一旦办理完毕,这项工作就宣告结束。它要求秘书人员具有临时性思维的能力,随时准备接受和完成上司交办的各种事项,而且要抓紧办理,尽快落实。否则,很容易发生忘记、延误等问题,影响上司工作的开展。

（三）具体性

上司交办事项一般都很具体、琐碎，需要秘书去动手或跑腿。比如，上司让秘书去查询一个典故、去通知一件事情、去接待一位客人、去安排一顿便饭、去派一台小车、去借一笔差旅费、去购买一件办公用品等，这些事项都很具体，都需要秘书亲自动手去做。它要求秘书人员腿要勤、心要细、路要熟，只有这样才能办理好上司交给的每一件事情，避免出现差、错、漏、忘等现象。

（四）紧迫性

上司交办事项或突发事件，大都是不能拖延、必须马上处理的事项，否则就会误事。比如，上司有急事临时决定外出，要秘书马上派一台车来，秘书必须立刻打电话落实。耽误几分钟，都可能引起上司的不满。又如，上司要秘书去车站接一位客人，秘书必须在客人所乘车次到达之前赶到车站，否则就会让客人不高兴。紧迫性特点要求秘书人员必须具有紧张快速思维的能力，对上司交办的事项要马上办、抓紧办，以最快的速度完成任务。坚决反对拖拉、疲沓、漫不经心的不良作风。

【范例展示】

缺 货

长春金成集团有限责任公司是生产"金成"牌防盗门的专业集团公司。今天是秘书小李值班。上午9点，接到南京路专卖店营业员的电话，说一位家住静安区的顾客所需要的N12型防盗门缺货。小李翻看仓库记录，仓库也没有存货，只能从淮海分店调货。因此，小李又打电话与淮海分店店长联系，得知有此型号的防盗门，他赶紧跟淮海分店店长发出请求，让其调货给南京路店。再让营业员小张请顾客留下地址、电话和押金，并开出收货凭证，让顾客回家等候，承诺一小时后为其上门服务。

此案例充分体现出临时事项的特性。从秘书小李处理过程中，我们可以清楚地看到，秘书小李运用了整体思维、换位思考的思维方法，有效处理了这一临时事务。既解决了南京路专卖店的困难、服务好了客户，又维护了集团的良好形象。临时事务管理处理工作做得是否到位，直接关系到整个单位的工作效率能否得以提高。

二、活动设计

（一）议一议

案例A 会议材料

天地石化股份有限公司董事会召开会议，讨论从国外引进化工生产设备的问题。秘书初萌负责为与会董事准备会议所需文件资料。因有多家国外公司竞标，所以材料很多。初萌由于时间仓促就为每位董事准备了一个文件夹，将所有材料不分顺序地都放入文件夹中。有三位董事在会前回复说将有事不能参加会议，于是初萌就未准备他们的资料，不想，正式开会时其中的两位又赶了回来，结果会上有的董事因没有资料可看而无法发表意见，有的董事面对一大摞资料不知如何找到想看的资料，从而影响了会议的进度。

问题探讨:该案例中体现了临时事项处理思维的那些特性? 作为秘书该怎么处理?

案例 B　真是够乱的

天地公司的新产品发布会即将开始,总经理秘书高叶正站在会议大厅的入口处,她一边做着最后的检查,一边在查看着嘉宾的到来情况。她发现主席台上放置的定位牌有问题,一位董事因故不能前来,定位牌却没有撤掉;而另一位嘉宾刚刚来电话说要来,定位牌还未准备好;这时她的手机又响了,原来是接电视台记者的汽车在路上抛锚了,现场直播发布会已经来不及了。同时会议秘书组的人员来报,宣传材料不太够,此时嘉宾已陆续到来。面对如此情况,高叶咕哝了一句:真是够乱的!

问题探讨:结合临时事务处理思维的特性,分析秘书高叶应如何处理这些问题才能保证会议效果?

(二)练一练

如果你是秘书,你怎么处理下列事项?

1.你正在办公室赶写下午董事会的有关材料。10 点总经理来电话,让你半小时内赶到机场接一位重要的客人,并陪同午餐。

2.2010 年 3 月 16 日上午,天正下着大雨。永久皮毛厂的厂长和市外经贸委的一位副主任匆匆赶到市政府,找到正在开会的某市长说,"附近农民将他们的水沟堵死,如一天之内不解决,工厂就有被淹的危险,产品将造成损坏。"市长当场指示,请市政府办公室的王秘书协调处理。

第三单元　临时事务处理思维方法推介

一、要点讲解

(一)定向思维,弄清意图

定向思维是在动力定型驱使下的,按照既定方向或程序进行思维的活动过程。秘书处理临时事务首先应运用定向思维,弄清交办者意图。上司配备秘书的主要目的就是协助上司处理各种事务,减轻上司的事务工作负担,以便集中精力处理重大问题。因此,秘书必须弄清上司交办的意图,以积极主动的态度,想方设法去完成,做到"不以小事而不为,不以难办而不办"。要通过办理上司交办事项的工作,努力提高自己的办事思维能力。

完成上司交办的工作任务,大体都有"三要素":1)内容——办什么事。2)时限——什么时间完成。3)要求——工作质量、注意事项等。秘书人员在接受上司交办任务时,一定要把"三要素"搞清楚,为把事情办好创造前提条件。

(二)创新思维,灵活变通

创新就是要不断解放思想、实事求是、与时俱进。创新思维就是产生新思想的思维活动。具有开放性、开拓性、灵活性、独特性、有效性和非常规性等特点。创新思维能突破常规和传统,不拘泥于既有结论,以新颖独特的方式解决新的问题。创新俗称"点子",一个好点子往往可以救活一个单位或一家企业。

秘书在处理临时事务时,需要创新思维。临时事项,有些是比较好办的,有些则是比较难办的;有的事情的处理有据可依,有的无章可循。或因政策规定不明确、或因客观条件不具备、或因上司不便出面、或因涉及人财物等。因此,办理此类事项时,秘书人员应开拓思维,运用创新思维的方法多方面寻找处理事情的办法。既不能因为是给上司办事而违反政策规定、乱开口子、搞特殊化,又不能因为政策规定不明确而不去办理,消极等待。正确的方法是既要符合现行政策规定,又要注意灵活变通。因为政策规定毕竟是僵死的、静止的东西,而客观情况则是鲜活的、变化的东西,用死框框去套每一个活情况,往往不合适。因此,秘书应在符合政策精神的前提下,从实际出发变通地解决问题,做到原则性与灵活性的辩证统一。

秘书在处理临时事项时可能会出现3种情况:

(1)单一办事。在同一时间内完成一项工作任务。

(2)交叉办事。同时受领两项工作任务或者两位上司分别赋予不同任务,需要在同一时间或交叉时间内完成。

(3)穿插办事。3项以上工作任务穿插在同一时间流程中进行。

针对以上情况,秘书要保证在完成任务的前提下,有序安排、协调处理,可动用辅助力量。但不能模仿领导人笔迹乱批条子,假借领导人名义乱打电话、托人办事,达到了无所顾忌、无法无天的程度,损害领导和单位的形象。

(三)继后思维,检验效果

事情处理结束后,秘书要适当放缓思维节奏进行继后思维,思考已经结束的工作有无遗留问题、有无疏漏,并协助领导以解决后继事务,使工作任务完成得更为圆满。秘书人员完成上司交办工作之后,要从思考办事的全过程,进行工作效率自我检验,标准如下:

(1)工作质量是不是达到了上司要求的限制条件,有没有潜在的问题和漏洞。

(2)工作速度如何,有没有超过工作时限,浪费拖延时间的情形。

(3)对社会和群众的影响,即办事全过程对社会、群众有没有不良影响。

如果发现问题一定要及时补救,保证办事效果。办事的目的是为了获得好的结果,排除或缩小坏的结果,因而办事的全过程也是趋利避弊、兴利抑弊的过程。事物有其两面性,比较来说:一个是利、一个是弊。优化办事成果,要进行3个方面的比较,这就是"利利相交取于大,利弊相交取于利,弊弊相交取于小"。

秘书的继后思维还表现在事情完结后,要及时复命。秘书对上司交办的事项,无论事情大小都必须认真对待,做到件件有着落、事事有回音,千万不能泥牛入海。要知道,上司最反感的就是秘书不把他交代的事当回事,办了没有、办得怎样、中间遇到什么麻烦等,上司都很希望知道。所以,秘书每当办完一件事情后,应马上向上司报告办理结果,使上司放心。即使有些事情办理所需的时间较长,也应在中间向上司汇报办理情况,使上司随时了解办理进度,并求得上司的指示,秘书如果在办理过程中遇到阻力,自己能想办法解决的,尽量依靠自身的力量解决。实在解决不了的,再向上司报告,并向上司提出解决的建议。总之,秘书对上司交办的每一件事都应高度重视,抓紧办理、认真落实、及时回音。

复命时要注意三点:

(1)不失真。对完成任务情况要一是一、二是二;不扩大、不缩小、不隐匿问题和缺点。

(2)不吹嘘。不借机自我夸耀,不喋喋不休地表功、诉苦。

(3)不邀利。不因为完成了上司交办的工作而向上司要好处,提要求。

【范例展示】

军委秘书雷英夫

当时中央给军委秘书雷英夫下达的具体工作意图是:迅速及时地报告朝鲜战争动态。这本来是一项很普通的秘书例行工作,但雷英夫及其秘书班子却在普通的秘书例行工作中进行立体的三向整合创新思维。他们首先进行一度整合,将中央有关当时的朝鲜战争的方针、政策、目标与领导具体工作意图进行整合,在逻辑梳理与逻辑排序中,很快将"迅速及时的报告朝鲜战争动态"这一领导意图的核心点落实在美军的参战方式与参战地点的预测上。然后再进行二度整合,将对象群体与对象现实状况的构成要素及各要素中的组成因子引入,如朝鲜主力快速向南推进,后防空虚;韩国主力屯兵釜山,以决战姿态进行诱战;美军重兵进驻日本海;朝鲜半岛的蜂腰地形特点等。当这些要素在整合梳理中一旦出现合理的逻辑排序时,美军将以直接军事介入形式在朝鲜半岛的蜂腰地带登陆的新分析、新见解、新观点便自然形成。随之而来的是三度整合,以预测美军登陆地点为目的的梳理与排序。这些要素是朝鲜半岛蜂腰地带可供使用的港口,可供使用港口地理、水文条件优劣排序,横向截断朝鲜半岛的最短距离所在,对可供使用港口具有决定性选择权的美军最高统帅的个人性格和作战风格等,当这五大要素在整合思维的梳理过程中出现合理的逻辑排序时,又一新的观点跃然纸上,地理、水文条件最为恶劣的仁川将是美军的登陆点。这就是立体的三向整合创新思维,它是以方针、政策、目标和领导意图为始发点的再造性创新思维。

二、活动设计

(一)议一议

案例A　糊涂秘书

我国南方某公司来了位意大利客人。他在出发的前三周就发来传真,要求我方搞好签证,订好旅馆,我方公司总经理吩咐秘书做好此事。秘书接到任务后立即安排好了这一切。但因传真上未写明要为客人安排好来回接送的车子,秘书便没有帮他安排。意大利客人却按照他们的惯例,认为秘书会把这一切安排妥当,于是他下了飞机后,就等着车来接。可是左等右等,没有等到来接他的车。于是与总经理取得联系,总经理立即吩咐秘书去接。可是单位的车全不在,于是秘书在未准备任何识别标志的情况下打车赶往机场。2小时过去了也未接到客人,原来意大利客人在机场等了一会儿,没有看到接他的人和车于是径直去了旅馆。3 小时候后,总经理来到客人下榻的旅馆不见秘书,于是就打电话给秘书,秘书告知正在与几个朋友吃饭呢。总经理听罢感到非常气愤,不久秘书被调离。

问题探讨:该秘书在工作环节上出了哪些差错? 思维上出了哪些问题?

案例 B　推销鞋

两个推销人员到一个岛屿上去推销鞋。一个推销员到了岛屿上之后,发现这个岛屿上的每个人都是赤脚。于是他泄气了,这个岛屿上是没有穿鞋的习惯的,推销鞋怎么可能嘛。于是他马上打电话回去,告诉公司鞋不要运来了,这是第一个推销员。第二个推销员来了,看见这个情况他高兴得几乎昏过去了,不得了,这个岛屿上的鞋的销售市场太大了,每一个人都不穿鞋啊,要是一个人穿一双鞋得卖出多少鞋啊,于是他马上让公司赶快空运鞋过来。同样一个问题,你看,不同的思维得出的结论却是大不同的。

问题探讨:两个推销员问什么会有不同的思维结论?

(二) 练一练

1.今天是星期六,轮到李秘书值班。上午 10 点接到交警队电话,说单位一辆车出了交通事故。

提示:李秘书得知此事立即采取了以下措施:(1)首先向交警队了解了事故的大体情况;(2)利用自己的人脉资源,打电话给医院救治伤员;(3)找人代替自己值班;(4)前往事故现场,同时向领导报告。

李秘书这样处理得当吗? 李秘书如此处理突发事件,运用了哪些思维方式?

2.妮可是皇冠服饰(上海)公司销售部经理的秘书。这天下午快下班的时候,上司对妮可说:"明天早上一上班,我直接去大明公司与他们的陈总谈些事情。明天上午 10 点钟佳琪公司的欧阳经理要来公司,你与他联系一下,最好把他的来访时间推迟到明天下午 2 点钟之后。"妮可按照上司的指示开始工作。

如果你是妮可,你怎么处理这件事? 谈谈你的思路及运用了什么思维方式。

第四单元　临时事务处理思维实训

一、要点讲解

临时事务的处理对秘书的智能素质提出了较高的要求。秘书要处理好临时事务,离不开合理的知识结构,尤其是较宽的知识面和相关专业知识的掌握;离不开较强的观察力、记忆力、判断力、应变能力等一般智力素养;离不开表达能力、管理能力、交往能力、操作能力等工作才干;离不开正确把握政策、领会或贯彻领导意图的较高的见识水平。只有具备了相应的智能素质,秘书人员才能运用适当的思维方式,有效处理工作中的突发事件,完城上司交办的各项事务。

【范例展示】

活电脑

致远公司的刘秘书深得公司总经理的赏识,其中一个很重要的原因就是他有令常人羡慕的好记性,公司老总诙谐地称他为处理日常事务的"活电脑"。其实,刘秘书上任之初却很为他的坏记性苦恼过,为了防止屡次出现过的丢三落四问题,他也像许多人一样,常常随身携带笔记本,有什么需要记的事情都记录下来。这确实起了很大作用,但日常事务工作复杂多样,往往会出现某些场合不适于记录或来不及记录的情况。有一次,副总经理在和他共进工作餐时,让他通知有关业务部门的负责人在次日开会,由于当时没有记在笔记本上,吃饭后刘秘书给忘到了脑后,造成了工作的失误。事后他有意识地在处理事务工作中强化自己的记忆力,摆脱过分依赖笔记本的习惯。为此,他借阅了一些关于记忆方面的书籍,逐步摸索出了一套有效的记忆方法和技巧,并将其用于工作之中。没过半年,他就能够记住单位的重要部门及有业务往来单位的两百多个电话号码,而且处理事务工作很少用笔记录且不会遗漏。

一次,他随同总经理到外地出差,总经理忘记带与公司有重要业务联系单位的电话记录本。正在经理万分焦急的时候,没想到刘秘书却准确的报了出来,这着实让经理吃惊。事后总经理主动向他请教,他就给经理介绍了诸如谐音法、联想法、夸张法、挂钩法、图像法等记忆方法。老总听后高兴地说:"学了这些记忆方法,我的工作效率也能提高了。"

秘书大量的工作是处理事务。工作千头万绪,要把这些事情处理得有条有理、不出纰漏,就养成良好的记录习惯、具有良好的记忆力是重要条件,这也是每个秘书所应当具备的基本素质。本案例中,刘秘书处理事务性工作之所以能得心应手,主要得益于他良好的记录习惯和良好的记忆力。

二、活动设计

(一) 议一议

案例 A　三种处理方案

一天某县委马书记外出开会,上车前,对秘书小王说:"明天,派个车去机场接我爱人,班机12点到,别误了啊!我过几天才能回来,这件事一定要办好。"

小王秘书心想:去接他爱人明明是公车私用嘛,可书记又没说给油钱,前两天马书记还批评了公车私用的现象。这个车咋个派法?小王秘书一向反应快,眨眼的功夫,想出了三个办法。于是,连忙对马书记说:"您放心,绝误不了。"

小王想出的三种办法是:

第一,既然答应了书记那就得办。书记讲过不让公车私用,那就只好掏钱呗。钱,当然不能让书记掏,那就干认倒霉,拿钱买个人情,只当是给书记拍个马屁。

第二,要是一声不吭把车钱垫上,只能吃个哑巴亏。干脆一不做二不休,把事情嚷嚷出去,这样既完成了"任务",又给书记脸上贴了金。于是,他找到车务科的李科长,说明了要车的理由,又急忙去财务科交费。财务科的会计知道是去接书记的爱人,不肯收钱。小王秘书还主动做工作说:"这是书记的指示。书记模范执行纪律,这钱是让我们专门交车费的,一定要收。何况书记前两天还在会上强调了公车私用的收费制度,你们不收钱我怎么向书记交代,这也有损领导的形象嘛。"小王秘书说服了会计。

第三,如果借口工作忙走不开,请李科长去接书记夫人,并由李科长向夫人说明:用车的汽油费由王秘书代为垫付了,然后再请行政科长发一表扬通报,表彰书记带头执行制度,这也为书记树立良好的形象,并号召全机关工作人员都向书记和夫人学习,岂不更好。

问题探讨:从创新思维角度分析小王三种方案的得失。

案例 B　会场里的"生人味"

从四面八方来的负责人差不多到齐了,李董事长环视会场与到会的下属不断点头问好,满脸微笑。

"都到齐了吗?"他问秘书小张。

"都到齐了,整 20 位。"小张说。

突然,董事长脸上的笑容凝住了。他吸了吸鼻子,沉默了一会,一声不响地走出了会议室。

张秘书一下子紧张起来,也跟着走了出来。会议桌边坐定的与会者,只得坐在那里等待。

"董事长"张秘书轻声叫道,等待指示。

"小张,会场上怎么有股生人味?"董事长问。

"生人味?"张秘书不解地问。

"好像有不该参加的人来到了会场。"

"不会吧,"张秘书说,"名单您审定过,这里是您的签字。来的都是各地经销处的负责人。"他拿出经董事长审定的名单,递给董事长。

董事长没有接过名单,问道:"坐在我对面的那日本人怎么也到会了?"

"他是我们东京的代销商。"

"代销商和经销处长一样吗?"董事长严肃地问,"你难道不知道今天会议的议题?"

"今天是研究海外市场促销对策……"

"这是本公司的核心机密。代销商只是合作伙伴,并不是本企业的成员,更不是研究企业经营决策的核心成员。内外有别啊!"董事长说。

"名单上有李明,这代销商的中国名字也叫李明……"

"好了! 你还是呆会儿认真地再看看那名单吧!,"董事长一挥手说:"现在,你说该怎么办?"

"现在,现在能不能由我通知日本人让他退出会场?"张秘书说。

"你说呢?"董事长反问道。

"这样好像不妥,会影响关系的。"张秘书说,"是不是能改变会议议题?"

"现在也只有这样了。"董事长说,"今天上午的议题改为介绍东京代销商野田二郎先生与各经销处长认识,交流经销经验。主要请野田先生讲东京的市场状况和他们的对策,我介绍中国"三十六计"在日本商场的运用。用半天务虚,下午正式研究问题。你通知公关部下午派人陪野田游览市内风景名胜,并通知公关部下午派人陪野田到张家界国家森林公园去游览三天。三天后我抽出时间,再与他单独研究如何拓宽双方的合作。"说罢,董事长快步走进会议室。

　　小张待董事长离开后打开名单一看,除各销售处长的名单外,董事长亲笔加了"请东京的李明同志到会"一行字。东京的李明同志是指公司派往东京的市场调查员。而日本的野田二郎虽也叫李明,但不是"同志",只是合作者。

　　小张恍然大悟地急忙去公关部联系,然后打国际长途请东京的李明同志飞回总公司开会。

　　问题探讨:分析秘书小张在领会领导意图上出现了什么错误?

　　(二)练一练

　　1.你一早来上班,发现办公区域的饮水机坏了,你将怎样解决这个问题?

　　2.周六下午,正在公司值班的秘书小刘接到一个电话,报告人说三车间的一个仓库着火了。请问,如果你是小刘,你应该如何处理此事?

　　3.在宏远公司张总经理今天的工作日志上清楚地标注着:中午12点与香港客商周总在紫藤园宾馆共进午餐,商谈合作事宜。9点单位来了几个离退休工人,要见总经理,谈增加离退休人员工资问题,情绪比较激动。张总接待了他们,但这个问题一时半会儿那儿谈得好呢? 11点50分,张总高声问等待在外间的秘书:刘秘书,现在几点啦?

　　请问:张总为什么问刘秘书时间? 刘秘书该怎么做?(提示:从秘书思维角度分析)

三、思维拓展

　　秘书受命处理临时事项的范围非常广泛,大致包括:

　　(1)文书工作事项。如上司让秘书查阅文件、递送文件、承办文件、传达文件、清退文件等。

　　(2)会务工作事项。如上司让秘书通知开会、收集议题、准备会议室、参加记录、整理会议纪要,会后催办等。

　　(3)信访工作事项。如上司让秘书代写回信、代为接待来访者、安排来访者食宿、代买车票、代上司看望友人等。

　　(4)信息工作事项。如上司让秘书搜集某一信息、核实某一信息、报送某一信息、传达某一信息、发布某一信息等。

　　(5)调研工作事项。如上司让秘书临时做一个市场调查、了解一个情况、查阅一个资料、统计一个数字等。

　　(6)督查工作事项。如上司让秘书通过电话、信函或上门等多种途径,督促和检查上司某一批示的落实情况、某项决策的执行情况、某项任务的完成情况、某项工作的进展情况,并向上司及时报告。

（7）联络工作事项。如上司让秘书通过各种途径与有关部门和人员取得联系，并且建立密切的关系，为开展工作奠定良好的基础。

（8）协调工作事项。如上司让秘书代为召开协调会议，或从中穿针引线，协商解决某个问题，特别是那些涉及几个部门、容易发生推诿、扯皮等的事项。

（9）接待工作事项。如上司让秘书去接站，安排客人食宿，陪同参观游览，组织宴请活动，购买返程车、船、机票及送行等。

（10）其他交办事项。

学有所得：

作为参谋助手的秘书，除了做好常规性的事务工作，还要及时完成上司临时交办的事项，处理好突发事件。为此，秘书应加强自身个方面的素质修养，尤其是智能素养。在处理任何一项临时性事务时，必须用脑思维，懂得"思"先于"行"的道理。

四、习得交流

不管运用何种思维，完成什么样的临时事务，秘书应当注意以下问题：

（1）要态度和蔼，协商解决，不要打着上司的旗号发号施令。秘书办理上司交办事项时一定要注意态度和蔼，尽量与有关部门和人员平等协商，既要转达上司的意图，又要尊重各部门和有关人员的意见。既要把事情办成，又要给有关部门和人员留下一个好印象。千万不要以"二首长"自居，指手画脚，更不要打着上司的旗号，发号施令、为所欲为。否则，就会在群众中造成不良影响，不仅损害秘书自身形象，还会严重损害上司的形象和威信。

（2）要坚持原则、按章办事，不要违法乱纪，为达到目的而不择手段。秘书为上司办事也必须坚持原则、按章办事，决不能超越原则、违法乱纪、搞特殊化，甚至为了达到目的而不择手段。尤其是上司的专职秘书，更应注意这一点。近年来，发现一些领导人的秘书违反原则，假借领导人的名义到处伸手、插手，不仅公开索要礼品、礼金，而且插手人事问题。有的秘书甚至模仿领导人笔迹乱批条子，假借领导人名义乱打电话，托人办事，达到了无所顾忌、无法无天的程度，严重损害了党群关系和干群关系。所以，我们强调这个问题绝不是危言耸听，而是一个非常现实的重要问题。秘书人员一定要从维护党的形象和领导人形象的高度来认识这个问题，不要给领导人帮倒忙，甚至将领导人也推向犯罪道路。

（3）要一视同仁，不分亲疏，不要看人办事，有失公平。在一个组织中，往往不是只有一个领导人，而是一个领导班子，这个班子里的每一个领导人都有可能向秘书交办一些事情。秘书应以怎样的态度办理这些事项，先给谁办、后给谁办，这里就有一个掌握平衡的问题。否则，就会引发矛盾，伤害领导人的自尊心，进而伤害秘书与领导的关系。一般情况下，秘书办理领导交办事项，要尽量做到一视同仁，凡是领导交办的事项，都应以积极的态度认真去办，努力完成。决不能有亲有疏，看人办事，对主管领导人交办的事项完成积极，对副职领导人交办的事项就不积极；对资历老的领导人交办的事项完成积极，对资历新的就不积极；对能力强的领导人交办事项完成积极，对能力弱的就不积极；对在职领导人交办事项完成积极，对退居二线的领导人就不积极。这不仅仅是一个为人处事的原则问题，还反映了秘书的思想作风和道德水准。

第五篇　秘书工作思维案例

第十九部分　秘书工作思维案例20个

从秘书职业定位、秘书工作过程和方法等方面，认真体会下列案例中秘书的思维方式，思考秘书的做法，评估工作效果。

案例1　副总的私生活

公司有位年富力强的副总姓马，他的才能和魄力在公司上下都得到了一致的公认。但另一方面，特别在公司内部中也不时能听到一些有关他的风流韵事。这天，总经理问秘书："近来公司好像有人在议论马总，作为公司秘书你常去他的办公室，是否知道一些情况？"

事情是这样的：几天前，马总把秘书叫到自己的办公室说："麻烦你帮我办件事。我现在马上要准备出差了，后天下午你去王府井某某商店的首饰柜台，你说出我的名字后，人家就会给你一包东西。取到东西后，你再帮我送一下。"说着，递给秘书一张写着门牌号码的纸条。秘书在某某商店首饰柜台取到东西后准备离开，柜台里一位年纪较大的员工在身后又特地关照秘书："您是打出租吗？这包东西很贵重，在路上要小心一点。"秘书当然明白，在首饰柜台前说的贵重东西，不是几百元或者一两千元能买得起的。根据马总的纸条，秘书在亚运村找到了一栋高层公寓的××号房。出来给秘书开门的是一位穿着睡衣的年轻漂亮女郎，她接过东西，高兴得几乎有些忘形："啊！马哥连我的生日也没有忘记，真是太好了，谢谢马哥！"总经理问的就是这件事。

那么，对于总经理的询问，秘书应该怎样回答？

案例2　男朋友的工作调动

公司李秘书的男朋友是公司市场部胡毅。他俩早已到了谈婚论嫁的年龄。于是准备在明年春暖花开的时节定百年之好。但由于公司不允许员工之间谈恋爱，所以他俩的关系在公司内部至今尚无人知晓。这天上午公司开董事会，讨论人事问题。这时秘书来到会议室为大家倒茶水。"最近贵阳分公司的王军病得很厉害，那里的经理来电话让我们赶紧派人去顶替王军……"人力资源部的刘经理说，"派市场部胡毅去如何？他还没有结婚。"公司一位副总这样提议。"我看可以。"公司总经理说："那就这样定了吧，这个月底就发调令，让他过去。"人力资源部的刘经理马上回答："行！我们在月底前给胡毅办好调令。"于是胡毅去贵阳工作的事就这样定下来了。这天下班后，李秘书和胡毅又在那家幽静的小酒吧里约会。"我想我们明年春天最好还是去新马泰……"胡毅说着,递给秘书一本精致的新马泰旅游小册子。他的目光清澈纯真,脸上显着红晕,那是他已深深陶醉在蜜月旅行的幸福之中。此时此刻,李秘书是否应该把在董事会上听到的消息告诉胡毅?

案例3　秘书的忠告

一天,老板怒气冲冲地把秘书叫到自己的办公室,因为一位交往多年的代理商给他寄了一帮非常无礼的来信。他让秘书记录自己口述的回信:"我没有想到会收到你这样的来信,尽管我们之间已有那么长时间的往来,但事到如今,我不得不中止我们之间的一切交易。并且,我要让所有的同行知道你的行为!"老板命令秘书立即将信打印寄走。

对于老板的命令,秘书有4种处理方法

1. "好,我马上就办!"说完,秘书立即回到自己的办公室,将信打印寄走了。

2. 如果将信寄走,对公司和老板本人都非常不利。秘书想到自己是老板的助手,有责任提醒老板,为了公司的利益,得罪了老板也值得,于是对老板这样说:"老板,这封信不能发,别发算啦!"

3. 秘书不仅没有退下去写信,反而前进一步向老板提出忠告:"老板,请您冷静一点!给人家回一封这样的信,后果会怎么样呢? 在这件事情上,难道我们自己就没有值得反省的地方吗?"

4. 当天快下班的时候,秘书将打印出来的信递给已经心平气和的老板:"老板,可以将信寄走了吗?"

如果你是秘书,你采用哪种做法? 为什么?

案例4　无用功

小王是南京新宇食品公司市场部新来的秘书。这天,由于客服部的人工作推诿,将客户的问题从客服部转到了销售部,销售部又将这客户推到了市场部,小王正当班。按常理,小王也完全可以把这个客户推到客服部去,因为市场部没有义务处理客户投诉的问题。但是,小王并没有一推了之,为了帮助这个客户解决问题,他跑前跑后一个下午,最终帮客户把问题给解决了。但是,这事不仅惹得客服部的人不高兴,也遭到了市场部一些同事的嘲讽,说他这么卖力是做"无用功"。

你怎么看待小王的做法?

案例5　尊　严

小许是天津大华科贸公司销售部的新员工。这天她负责区域的一个客户来访,负责带她的师傅让她晚上一起陪客户吃饭,她勉强同意了。在宴请客户的时候,宾主双方酒兴正浓,不时有人讲些黄段子。小许不能喝酒,更不喜欢听这种黄段子。

送走客人的第二天,小许就对自己的经理"庄严"宣布:"从今以后我再也不陪这种无聊的客户喝酒了!"经理反问她为什么,她回答说:"我不是三陪,我有自尊。"经理反问她:"客户来了都得请人家吃饭,这是生意场上的规矩。如果这个不陪,那个也不陪,你的销售怎么做? 如果你完不成销售任务,你的尊严在哪儿?"

你认为小许该怎么做?

案例 6　我不同意

小雷是北京华联商贸公司市场部的员工，毕业不到半年，工作积极也善于动脑筋。这天开会，讨论市场部年底之前的工作安排。当轮到小雷发言时，他直截了当地说："刚才听了经理的发言，我不同意他的结论。我到几家大商场调查过，调查结果与经理说的有很大差距。"他拿出了一连串确凿的数据，本来以为同事们都会点头称是，可结果是既没人反对他的观点，也没人赞成，甚至可以说根本没有人理睬他。他心里很难过，会后他反思：为了这个问题，我从上星期就开始做准备，并不是信口开河，无的放矢，为什么就没有一个人认真听我说呢？我到底错在哪里？

案例 7　纸条上该写什么？

小殷是上海沪风经贸公司总经理秘书。这天上午 11 点左右，总经理正在跟一客户就合同价格进行激烈的讨价还价，这时另一个重要客户给小殷打来电话，要求改变谈判地点，将原定今天下午 1 点 30 分在本公司举行的谈判改到去他们公司谈。他们说了几条理由，要求马上答复，否则谈判就无限期推迟。小殷把电话内容记下来后，就匆匆来到会谈室向总经理请示如何答复对方。由于总经理正在谈判，所以小殷写了张纸条悄悄递给总经理。纸条是这么写的："老板，某某公司来电话，让您下午 1 点 30 分去他们公司谈判，并要求现在答复。您看我怎么答复他们？"看了这纸条后，总经理很不高兴地说："你没看我有事吗？"

小殷感到很委屈，也不知该怎么办好，于是出了会谈室便向总经理办公室主任汇报。主任听完小殷的汇报后，指出："总经理当时正在与客户讨价还价，怎么可能有时间仔细权衡这件事的得失，做出合理的决策呢？你让他当时回答'怎么办'，实际上就是在给他出难题。"

"那我应该怎么办？"小段问主任。

你认为应该怎么写这张纸条？

案例 8　紧急事件

小雪所在的公司是一家开发生产医疗麻醉设备的高科技公司，公司正准备明年在香港上市。星期一早晨一上班，小雪就收到一份传真。传真是青海一家医院发来的，说是本公司生产的麻醉机出现质量问题，造成严重的医疗事故，病人家属情绪很激动，不仅提出巨额赔偿要求，而且准备向新闻界披露，因此，院方要求公司尽快派人过去处理。公司总经理要求小雪赶快拿出处理方案。

你是小雪，你拿出了怎样的方案？

案例 9　老总临时变卦

公司与秦皇岛恒润公司就合作开发新型压缩机项目已谈了大半年了，由于在专利技术转让的估价问题上分歧较大，项目进展缓慢。根据事先约定，今天下午 2 点 30 分继续谈。上午 11 点 30 分，恒润公司的刘秘书给公司老总秘书于雪来电话，再次确认下午会谈的事，说他们马上开车出发。放下电话后于雪马上向老总作了汇报。

下午 2 点于雪去给老总送材料时，提起下午 2 点 30 分与恒润公司会谈的事。听于雪这么一说,老总说自己差点把这事忘了,并说不想见恒润公司的张总,让于雪自己处理一下。

于雪该如何处理?

案例10　"承包合同"中止

梅锦县供销社办公室王秘书,接待了一位姓张的来访者。据反映,3年前他与乡供销社签订了承包一供销门市点的合同,期限5年。前3年,因该门市点地处穷乡僻壤,群众购买力低,几乎是保本经营。后来许多农户也经营起农村日用品来,他承包的门市点生意更难做了,但他改变经营范围,向农民供应优良种籽和各种树苗,并学会栽培技术,帮助农民发展生产。本乡农民逐渐富裕起来了,乡里也通了公路,张某的供销门市点的生意日益兴隆。此时,与县供销社副经理关系密切的本乡农民周某,对门市点的经营十分眼红,通过"关系"中止了张某的承包合同。张某上访,请求县供销社领导主持公道。王秘书记录了张某反映的情况后,感到此事很棘手。

你说王秘书该怎么办?

案例11　当秘书处在矛盾焦点时

王县长收到一封"县粮食局下属的种子公司卖给当地农民杂交水稻稻种是假冒伪劣品种"的控告信。眼看着播种期已到,控告人要求县长"为民做主"。县政府组成由县政府办公室王主任、粮食局办公室李主任、种子公司女技术人员小张的三人调查组。王主任办事雷厉风行,30多岁;李主任经验丰富,年龄最大;小张朝气蓬勃,只有20多岁。在王主任的率领下,他们接到命令当天赶到事发地点。第二天上午便分头深入农户了解情况,中午返回驻地汇总情况。没想到一开始王主任和小张就发生了激烈的争论。

原来,王主任找到写信的农民,并察看了稻种和该农民试育的种子,出芽率仅为20%左右。回到驻地,他见小张正哼着流行歌曲,便劈头盖脑地责备起来:"你们种子公司为了小集团的私利,昧着良心,竟然干出坑害农民的事情来……"年轻气盛的小张还未等他说完便竖起脖子跟他吵起来,说完小张便冲出了住处。

这时,经验丰富的李主任回来了,见王主任一声不吭地吸香烟,觉得气氛有些不对头。

如果你是李主任,该怎么办呢?

案例12　报表有水分

一家建筑公司的老板看到各工地工程进度表后十分高兴,因为本月工程进度比上月提高了25%,这是了不起的成绩。可他的秘书小王在一旁提醒道:"这报表里可能有水分。"

"为什么这样说?"老板问。

"因为本月比上月阴雨天气多,施工困难大,加上主要施工机械又损坏了好几台,所以工程进度不可能提高这么多:一是,可能有虚报;二是,可能有只顾进度不顾工程质量的问题。"王秘书说。

老板觉得王秘书的话很有道理,决定派人到各工地调查。调查的结果证明,王秘书预计的两方面的问题都是存在的。老板立即采取了有力措施,严厉地处理了虚报进度和不顾质量的错误倾向,确保了建筑工程的顺利进行。

案例 13　湖水污染反弹

某县政府秘书小吴在信息综合中发现,前不久治污已经达标的县内的几个大湖,湖水污染又出现严重反弹。该县湖水的污染源主要是湖边的几家小化工厂、小造纸厂排放的污水废水。为了治理湖水污染,县里已令其停产治理。这次湖水污染出现反弹,是不是这些污染源又大量排放污染物了? 小吴带着这个问题对几家小化工厂、造纸厂进行了调查,调查的结果是先前的治污达标是有关乡镇"谎报军情"。其实,8 个污染严重的单位有 7 家未采取任何治污措施就重新开工生产了,还有 1 家虽采取了一些措施,但污染物排放量也未达标。小吴还发现这 8 家污染严重的单位的头头,都是乡镇的劳模和先进分子,都有上报到县里的典型材料,都是各自所在乡镇的利税大户。通过深入地思考,秘书小吴写了一篇题为《乡镇领导的环境保护意识是实现可持续发展的关键》的文章。县长看了此文后,十分重视,亲自加按语后,下发到各乡镇。后来各乡镇加强了环保意识,湖水污染问题终于得到了解决。

秘书小吴思考湖水污染反弹的问题,运用了哪些思维方法,最终的除了正确的结论?

案例 14　讲话稿

秘书小刘接到公司总经理的指示:草拟一份加强纪律性的讲话稿。于是小王以总经理的一贯思路和口气,对加强纪律的重要性、必要性作了反复强调,并提出了几条处罚违纪现象的措施。语气果断、严厉。可是,总经理在全体职工大会上讲话时,仅照讲话稿讲了一半,就话锋一转,深情而温和地说:"我知道,大家也有许多实际困难,特别是公司拖欠了两个月的工资。这对大家生活及精神压力都很大。但是,我们越困难,越要加强纪律性,强化战斗力,才能渡过难关……"接着,总经理从市场竞争需要加强纪律性,实现未来宏伟目标需要加强纪律性,现代化管理必须加强纪律性等方面进行阐述。讲话结束,赢得了全体职工的掌声。以后,该公司员工劳动纪律有了明显好转。

总经理为什么只照讲话稿讲了一半? 秘书小刘写讲话稿时思维出了什么问题?

案例 15　得力的秘书

某公司秘书胡朝荣陪同总经理出席大型博览会。按照本公司业务营运需要和总经理的初步意向,胡秘书拟定出参与博览会活动的计划。到博览会后,发现有几家与本公司业务密切相关的欧美公司也来参会。胡秘书考虑到总经理一定要与这几家欧美公司打交道,就连夜通过互联网查找这几家公司的相关资料。等到第三天总经理需要欧美公司的资料时,胡秘书将整理好的成套资料交给了总经理,总经理十分满意。由于资料准备详细,双方比较了解,总经理和几家欧美公司很快签订了合作协议书。协议书签订后,总经理立即回公司处理其他重要事务去了。胡秘书则留下来处理后续事务,包括陪同已签合作协议书的公司代表作市场调查,考察本公司的生产基地和营销网点,以及参与博览会的其他活动。直至博览会结束,签协议书的欧美公司签订正式合同书,胡秘书才结束这一阶段工作,回本公司上班。

总经理在一次工作例会上称赞胡秘书是公司"最得力的秘书"。

案例中胡秘书工作的得力点从何而来？

案例16　两全其美

某市素有"千湖之市"的美誉。但要想发挥千湖的生态优势和淡养殖的产业优势,关键在于科学技术。谁具有担此重任的科技实力呢？

该市政府办公厅秘书在信息综合中发现,就在本市的国家重点高校滨湖大学的生物专业、水产养殖专业等,都要求政府联系校外实践科研基地,以满足这些专业博士、硕士及学士教学实践与科研的需要。如果能将千湖的科技开发与滨湖大学的教学科研需要结合起来,岂不是两全其美。于是,办公厅组织专门班子作了调查研究,并写出了调查报告,分呈市政府、省政府及滨湖大学,调查报告立即引起各方面的高度重视。省、市、滨湖大学及其他相关部门专门开了几次联席会议进行研究,最后形成了产、学、研一体化运作体制,使该市"千湖"的开发走上了依靠高科技推动的正确道路。

市政府办公厅秘书是如何思维求得这"两全其美"的方案的？

案例17　渡过难关

远洋服装公司董事长兼总经理祝志宏近来吃不香、睡不安,公司的一批出口服装因质量问题被外方退货。服装界有名的混混汤浩找到祝总说他有路子,只要对退回的服装稍作变动,换个商标就可转手卖到某发展中国家去。若采纳汤浩的建议,自己是受到省市多次表彰的民营企业家,岂不是与混混一起干非法勾当？若不采纳,就要损失几百万美元。

祝总的秘书李娜是了解祝总的。他知道祝总此时最需要帮助,但又不愿向人表露内心世界。李秘书找来有关法规文件和金融危机对我国服装业出口的影响方面的文章,以及国际服装市场行情等资料放在祝总的办公桌上,有的资料上还划上记号或写了摘要供祝总阅知。

祝总认真地阅读了李秘书为他准备的文件资料。3天后,祝总对李秘书说："退货问题按合同办,汤浩若再来找我,你给我回绝了。就说他的建议我不接受,劝他也不要干这种事,出这种歪点子。"

李秘书见祝总又恢复了往日的风采,知道他已渡过了难关。

祝总渡过难关,李秘书起到了什么作用？

案例18　小许的苦恼

小许在读硕士研究生时,就是小有名气的笔杆子,在不少的报刊上发表过小说、散文和学术论文。通过公务员招聘考试当上市长的秘书后,小许的文才好像不够用了,为市长起草的讲话稿,总是让市长改得"满堂红",有时还要重写几次。小许似乎要对自己丧失信心了。

秘书长老王似乎看出了小许的苦恼,他找小许谈心说："秘书工作中的写作,也要讲究个主辅配合,你对起主导作用的领导者理解不够,自然也就写不出令他满意的文章来。"接着,他拿出市长出版的几部专著和一些发表的文章,说是读读这些材料,可能对小许会有所帮助。

小许认真读了市长的著作和文章,并对著作和文章中经常引用的马列原著、经济和管理方面的名著也系统地学习,又留心观察市长的工作思路、讲话风格。通过不断地学习、理解、观察,再写市长的讲话稿,思路就活起来了,市长也越来越满意了。

市长对小许说:"行,你进入角色快,改掉学生腔后我们配合得很好。"

你从案例中得到了什么?

案例 19　两封公关书信的得与失

第一封

新加坡太平洋贸易公司给中国纺织品进出口公司上海分公司业务联系的信函:

执事先生:

兹向贵公司介绍,我们是新加坡经营呢绒布匹的主要进出口商,愿与贵公司建立业务关系。

目前,我们拟进口各种呢绒一批,得知贵公司专门从事该项业务,为此函请您按照附表所列品种提供报价;同时请航寄有关剪样,以供我方参考。如果您的产品质量好,价格又有竞争性,我们将乐于向贵公司订购。

盼您及早答复

谨启者

太平洋贸易公司经理(签字)

××××年×月×日

第二封

××先生:

由于本公司工作安排有变化,我已无法于 6 月 10 日赴约。

我很失望,我曾期望到旧金山来。虽然我觉得不方便,但仍希望我们能再走一个约会。何时能重新安排请告知。

敬　启

××××年×月×日

请从写作思维的角度分析两封公关书信的得与失。

案例 20　研究生应聘秘书

有一位研究生到大洋公司总裁邬魁亮那里应聘秘书。他满怀信心地走进总裁的办公室,准备把自己的论文及证件交给总裁邬魁亮,并回答总裁提出的各种有关秘书方面的问题。可他万万没想到总裁提出了一个他始料不及的问题:

"你刚才所上的楼梯共有多少台阶?"总裁邬魁亮问。

研究生一时瞠目结舌。可他急中生智,果断地反问道:

"您能一准说出'邬魁亮'三个字一共有多少笔画吗?"

总裁邬魁亮高兴地哈哈大笑,决定聘用这位研究生做他的秘书。

你从这个案例中得到什么启示?

说明:部分案例根据谭一平《秘书工作案例分析与实训》和方国雄《秘书学》中的案例改编而成。

参考文献

[1] 艾晓宁,译. 智能技巧[M]. 北京:中国国际广播出版社,1992.

[2] 威廉·卡尔文. 大脑如何思维[M]. 杨雄里,梁培基,译. 上海:上海科学技术出版社,1996.

[3] 巴雷特. 逆向思维[M]. 刘永涛,译. 上海:上海人民出版社,1999.

[4] 陈东,蒋星五. 思维技巧趣谈[M]. 北京:气象出版社,1991.

[5] 王艳. 魔鬼思维[M]. 延吉:延边大学出版社,2001.

[6] 托尼·巴赞. 思维导图[M]. 李斯,译. 北京:作家出版社,1999.

[7] 斯科特·索普. 谁坏了你的大脑[M]. 蔡梵谷,译. 海口:南海出版公司,2002.

[8] 西勒. 像天才一样思考[M]. 李斯,译. 海口:海南出版社,2000.

[9] 袁劲松. 全脑思维训练场[M]. 北京:中央编译出版社,2002.

[10] 拉尔夫·L. 基尼. 创新性思维[M]. 叶胜年,叶隽,译. 北京:新华出版社,2003.

[11] 杰里·温德,科林·克鲁克. 超常思维的力量[N]. 周晓林,译. 北京:中国人民大学出版社,2005.

[12] 徐长福. 理论思维与工程思维[M]. 上海:上海人民出版社,2002.

[13] 黎航. 思考创造奇迹[M]. 上海:上海三联书店,2004.

[14] 贺壮. 走向思维新大陆[M]. 北京:中央编译出版社,2005.

[15] 蔡建文. 思维决定命运[M]. 哈尔滨:哈尔滨出版社,2006.

[16] 涂大杭. 毛泽东思想方式研究[M]. 北京:中共中央党校出版社,2006.

[17] 邱章乐. 思维风暴[M]. 北京:东方出版社,2009.

[18] 问道,王非. 思维影响人生[M]. 北京:华文出版社,2008.

[19] 伊迪·韦纲,阿诺德·布朗. 前瞻思维[M]. 杨剑雄,译. 北京:中国人民大学出版社,2009.

[20] 沧浪. 思维制胜[M]. 北京:中国妇女出版社,2009.

[21] 刘道玉. 创造思维方法训练[M]. 武汉:武汉大学出版社,2009.

[22] 江乐兴. 思维战争[M]. 北京:北京工业大学出版社,2009.

[23] 陈叔瑄. 思维工程. 福州:福建教育出版社,1994.

[24] 陶伯华,马禾. 超前思维[M]. 哈尔滨:黑龙江人民出版社,2000.

[25] 郑伟宏. 逻辑与智慧新编[M]. 北京:北京大学出版社,2005.

[26] 陈志良. 潜概念思维[J]. 求索,1990(2).

[27] 邓水松,李太华. 简论毛泽东公文写作的潜概念思维[J]. 秘书之友,1993(10).

［28］方国雄,方晓蓉.秘书学［M］.北京:高等教育出版社,2007.

［29］谭一平.秘书实务与案例分析［M］.北京:外语教学与研究出版社,2009.

［30］谭一平.秘书工作案例分析与实训［M］.北京:中国人民大学出版社,2007.

［31］王励,王瑞成.秘书理论与实务［M］.北京:科学出版社,2008.

［32］廖丽霞.秘书写作思维论[J].中山大学学报论丛,2005(2).

［33］张玲莉.秘书国家职业资格培训教程［M］.北京:中央广播电视大学出版社,2006.